Ehrhardt Bödecker

Preußen und die Wurzeln des Erfolgs

Meinen Kindern

Andreas
Cornelia

und meinen Enkeln

Johann
Sebastian
Felix
Nikola

Ehrhardt Bödecker

Preußen

und die Wurzeln des Erfolgs

OLZOG

Bibliographische Information der Deutschen Nationalbibliothek

Die Deutsche Nationalbibliothek verzeichnet diese Publikation in der Deutschen Nationalbibliographie; detaillierte bibliographische Daten sind im Internet über http://dnb.d-nb.de abrufbar.

ISBN 978-3-7892-8176-1

3. unveränderte Auflage 2007
2. überarbeitete Auflage 2005

Internet: http://www.olzog.de

Umschlagentwurf: Göbel+Gröner Grafisches Atelier GmbH, Berlin
Gestaltung und Satz: Göbel+Gröner Grafisches Atelier GmbH, Berlin
Druck- und Bindearbeiten: Himmer AG, Augsburg
Printed in Germany

Inhaltsverzeichnis

„Im Erfolg einer Wirtschaft spiegelt sich der Freiraum des einzelnen wider."

(Adam Smith in „An inquiry into the nature and causes of the wealth of nations", London 1776)

„Von der Verkündung der Menschenrechte über das kommunistische Manifest bis zum nationalsozialistischen Mythos sind es immer wieder Dogmen, die die Menschheit in Ekstase versetzt, auf Irrwege gelockt und verführt haben. Die Unterminierung eines hierarchischen Gesellschaftsaufbaus hat stets eine geistige Verflachung und Gefühlsverwilderung zur Folge."

(Professor Dr. Carlo Mötteli in „Licht und Schatten der sozialen Marktwirtschaft", Zürich 1961)

„Die Mehrheit umspannt das Denken mit einem eingrenzenden Ring. Innerhalb dessen Begrenzung ist der Schriftsteller frei; aber wehe ihm, wenn er ihn durchbricht. Er hat kein Ketzergericht zu befürchten. Aber die politische Laufbahn ist ihm versperrt. Die politische Mehrheit verweigert ihm alles. Seine Tadler reden laut, und die ehemals Gleichgesinnten, aber nicht Gleichtapferen schweigen und entfernen sich. Die Mehrheit sagt, du bist frei, nicht so denken zu müssen wie ich; du behältst dein Leben. Aber du bist jetzt unter uns ein Fremdling. Du behältst deine Rechte in der bürgerlichen Gesellschaft, aber sie nutzen dir nichts mehr. Du bleibst unter den Menschen, aber du büßest deine Ansprüche auf Menschlichkeit ein. Sie werden dich wie unreines Wasser fliehen. Ziehe hin in Frieden, ich lasse dir das Leben, es wird aber für dich schlimmer sein als der Tod."

(Alexis de Tocqueville in „De la démocratie en Amérique", Paris 1835)

Vorwort

Die Reeducation des deutschen Volkes nach dem Zweiten Weltkrieg, auch Umerziehung genannt, beruhte überwiegend auf den Ideen deutscher Soziologen und Historiker, die Deutschland unter dem Nationalsozialismus hatten verlassen müssen und in die USA emigriert waren. Sie standen unter dem Einfluß marxistisch-sozialistischer Theorien, die bereits seit dem 19. Jahrhundert Macht über das Denken und Handeln sozialistischer Kräfte in Deutschland gewonnen hatten. Mit ihren Empfehlungen knüpften sie an diese Gedanken an. Paradox, daß auf diese Weise die marxistische Philosophie sowie Gedanken und Ideen des französischen Sozialisten Pierre Joseph Proudhon (1809–1865) zur Grundlage der Reeducation wurden. Von sozialistischen Theorien abgeleitete Begriffe, wie Militarismus, Obrigkeitsstaat, Junkerdominanz, Aggressionslust, Eroberungssucht und Aufrechterhaltung „vorindustrieller" Zustände, bildeten das „politisch korrekte" Gerüst der antipreußischen Beschwörungsformeln. Sie gehören inzwischen zum politischen Alltag, und zwar trotz der erstaunlichen Leistungen Preußen-Deutschlands auf nahezu allen Gebieten.

Auch wenn es in den vergangenen Jahrzehnten von einigen wenigen Historikern und Journalisten den Versuch gegeben hat, das abschätzige Preußenbild zu korrigieren, ihre Bemühungen blieben ohne nachhaltige Wirkung. Die Meinungsmacher ließen sich nicht beeindrucken.

Der Marxismus hat sich zu einer entscheidenden gesellschaftspolitischen Kraft in der Bundesrepublik entwickelt (Rohrmoser). Die antipreußischen Vorurteile haben sich national und international fest eingenistet. Das ist auf der einen Seite das Ergebnis einer erstaunlich wirksamen Antipreußenpropaganda, auf der anderen Seite aber auch das Ergebnis eines eklatanten „Mangels an Kenntnissen" und „Fehlens von Tatsachen" (Gerhard Oestreich). Es kann dahingestellt bleiben, ob die Bereitschaft, sich die antipreußischen Thesen zu eigen zu machen, auf Leichtgläubigkeit beruht oder auf einer geschichtlichen Unkenntnis, die nach Friedrich Sieburg zum Wesen des modernen Deutschen gehört. Auf jeden Fall stoßen wir hier auf das Phänomen der Manipulierbarkeit des Denkens als Folge ständiger Wiederholung von unbegründbaren Behauptungen. Es ähnelt der Erscheinung, die Immanuel Kant im Dezember 1773 in seiner Aufklärungsschrift mit der Unfähigkeit zum eigenen Urteil umschrieb. Sapere aude! Habe den Mut, dich deines eigenen Verstandes zu bedienen, forderte Kant daher.

Auf die Beeinflußbarkeit der Menschen hat der französische Arzt Gustave Le Bon schon Ende des 19. Jahrhunderts in seiner weltbekannten Abhandlung über die „Psychologie der Massen" hingewiesen. Bis zum heutigen Tage haben die Feststellungen Le Bons nichts von ihrer Gültigkeit und Bedeutung eingebüßt. Selbst Bildung und Intelligenz eines Menschen schützen ihn nicht vor seiner Manipulierbarkeit.

Professor Dr. Wilhelm Röpke (1889–1966), einer der drei einflußreichsten Väter der Erhard'schen Marktwirtschaft, warnte in ahnungsvoller Voraussicht bereits im Jahre 1950 vor der Indoktrination durch sozialistische Ideen. Röpke lehnte den Nationalsozialismus von Grund auf ab und emigrierte schon 1933 ins Ausland. Hellseherisch prophezeite er, der Sozialismus werde das Band zerschneiden, das uns mit der Geschichte, mit unserer Tradition und mit der Erfahrung verbindet. Die Sozialisten werden unsere Geschichte so verbiegen, daß die Überlieferung vollkommen willkürlich wird. Denn ein Sozialist verachte die Geschichte und neige dazu, sie zu vergessen. Und doch sei die Vergangenheit eine der unentbehrlichsten Voraussetzungen für eine normale Existenz des Menschen in der Gegenwart.

Die Welt des Unternehmers lebt von Zahlen und von Fakten. Die Geschichte, mit seinen Augen betrachtet, erhält daher eine andere Färbung als die Geschichte aus der Sicht eines soziologisch geprägten Historikers. Wenn die hier vorgelegten Essays aus der Feder eines Unternehmers zur Nachdenklichkeit anregen, ist ihr Zweck erreicht. Mehr wird nicht erwartet. Die Menschen haben sich nicht verändert. Die Redner bleiben ihre Herren (Bismarck). Zu den Grundregeln des Redners gehören: behaupten, wiederholen und appellieren an das Gefühl. Keinesfalls darf der Redner den Versuch machen, Beweise zu erbringen. „Nie haben die Massen nach Wahrheit gedürstet. Von den Tatsachen wenden sie sich ab und ziehen es vor, den Irrtum zu vergöttern, wenn er sie zu verführen vermag“ (Le Bon).

In seiner weltbekannten und einflußreichen Schrift „An inquiry into the nature and causes of the wealth of nations“ (1776) kam der schottische Nationalökonom Adam Smith (1723–1790) zu dem Schluß, daß sich im Erfolg einer Wirtschaft der staatlich gewährte persönliche Freiraum des einzelnen widerspiegele. Wilhelm Röpke wiederum sah in einem obrigkeitlichen Staat ein unübersteigbares Hindernis für die Selbständigkeit der einzelnen Wirtschaftseinheiten, das Rückgrat einer florierenden Wirtschaft. In der Forderung nach freien Entfaltungsmöglichkeiten für den einzelnen als Voraussetzung einer erfolgreichen Wirtschaft stimmen daher Smith und Röpke überein. Im Umkehrschluß beweist demzufolge eine innovative und erfolgreiche Wirtschaft das Vorliegen von staatlichen Rahmenbedingungen, die dem einzelnen Freiraum und Unabhängigkeit einräumen. Preußen-Deutschland gehörte zum Beginn des 20. Jahrhunderts zu den erfolgreichsten Wirtschafts- und Wissenschaftsnationen. Was waren außer der individuellen Freiheit die Ursachen? Wie lauten die Antworten? Wirtschaft ist Psychologie und Überlieferung, außerdem noch Veranlagung, Wissen und Erziehung. Das sind Fragen an die Geschichte und die Gegenwart. Intuition, Analysen, Vergleiche, Einsichten und Erfahrungen erhellen das Ineinandergreifen dieser Bedingungen.

Auf einen wissenschaftlichen Anmerkungsapparat wird im Interesse der Lesbarkeit verzichtet. Am Ende eines jeden Kapitels stehen, geordnet nach der Numerierung des Literaturverzeichnisses, diejenigen Bücher, die unter anderem für die Texte herangezogen worden sind und zur zusätzlichen Lektüre empfohlen werden. In Einzelfällen wird in Klammern die jeweilige Seitenzahl des erwähnten Werkes noch zusätzlich angegeben.

Die Essays behandeln ausgewählte Themen und sind in sich abgeschlossen. Sie bedürfen nicht der Kenntnis der anderen Essays. Überschneidungen und Wiederholungen lassen sich allerdings bei dieser Darstellungsweise nicht vermeiden. Das muß in Kauf genommen werden und ist vom Leser zu berücksichtigen.

Ehrhardt Bödecker

Vorwort zur 2. Auflage

Ob der erfreulich zügige Absatz der 1. Auflage auf ein allgemein größeres Interesse an Preußen schließen läßt, kann nicht mit Sicherheit beantwortet werden. Doch angesichts der ernsten derzeitigen innenpolitischen und wirtschaftlichen Lage Deutschlands, wäre eine stärkere Hinwendung zu preußischen Maßstäben wünschenswert.

So wird die 2. Auflage, die nur ganz geringe Verbesserungen enthält, im wesentlichen aber unverändert ist, in diesem Sinne mit der Hoffnung auf den gleichen Erfolg, wie sie die erste Auflage erfahren hat, auf den Weg geschickt.

Ehrhardt Bödecker

I.
Preußen
und das Verbot der Erinnerung

Preußen und das Verbot der Erinnerung

Unter dem Recht der römischen Kaiser (31 v. Chr. – 476 n. Chr.) wurde gegen den Verurteilten bei bestimmten Straftaten das Verbot der Erinnerung (damnatio memoriae) ausgesprochen, man durfte sich seiner nicht mehr erinnern. Damit traf den Täter eine über seinen Tod hinausgehende entehrende Strafe. Das deutsche Strafgesetzbuch kannte bis zum Jahre 1969 die Aberkennung der bürgerlichen Ehrenrechte. Diese Strafe konnte auf Zeit oder auch auf Dauer verhängt werden. Seit Jahrhunderten gehörte die Ehre in Europa zum Wesensmerkmal der Menschen. Die deutsche Verfassung vom 23. Mai 1949 (Grundgesetz) spricht dagegen von der Unantastbarkeit der menschlichen Würde. Aus dem Strafgesetzbuch wurde das „Bürgerliche Ehrenrecht“ gestrichen. Dem Begriff der „persönlichen Ehre“, wie sie in den vergangenen Jahrhunderten in Europa verstanden wurde, bringen gegenwärtige Generationen kaum noch Verständnis entgegen. Daher stößt der Zweikampf, das Duell, als letztes Mittel zur Wiederherstellung der verletzten „Ehre“ auf Unverständnis. Aber bereits Kaiser Wilhelm II. hatte das Duell als überholt angesehen und in seinen Reden an Offiziere und Studenten die Gepflogenheit des Duellierens verurteilt. Strafrechtlich wurde das Duell spätestens mit der Einführung des Strafgesetzbuches für den Norddeutschen Bund am 31. Mai 1870 verboten. Die Anzahl der

Duelle nahm spürbar ab, auch unter den Offizieren. Doch als Prinzip, als Sühne für ehrverletzendes Verhalten, blieb es gesellschaftlich anerkannt. In der höchstrichterlichen Spruchpraxis der Bundesrepublik Deutschland zum Ende des 20. Jahrhunderts genießt die Meinungsfreiheit gegenüber der persönlichen Ehre den Vorrang. Als „Wertung“ ist die ehrverletzende Äußerung erlaubt, als unrichtige Darstellung eines Sachverhalts dagegen nicht. Fließende Grenzen, in der Regel wird es einem Journalisten, Schriftsteller oder Politiker stets gelingen, bei einer ehrverletzenden Äußerung das Vorliegen eines Werturteils nachzuweisen. „Rufmord“ bleibt ungesühnt. Der Spruch „Soldaten sind Mörder“ wurde vom deutschen Verfassungsgericht als eine erlaubte Wertung eingestuft.

Während sich die persönliche Sühne, das persönliche „Geradestehen“ für eine Tat, in den Anschauungen der aufgeklärten Länder als berechtigt erhalten hat, wurde die Blutrache als archaisches Relikt einer gesetzlosen Zeit nicht nur in Deutschland, sondern auch in den anderen „aufgeklärten“ Staaten seit dem 16. Jahrhundert aufgegeben. Bei der Blutrache haftet die ganze Gruppe als Kollektiv für das Vergehen eines einzelnen. Es war die Sippenhaftung, ein archaisches Ritual, das seit Jahrhunderten mit der Rechtskultur moderner kontinentaleuropäischer Staaten nicht mehr vereinbar war.

Die Männer des militärischen Widerstandes verübten das Attentat auf Hitler am 20. Juli 1944 in der klaren Erkenntnis, daß ein Erfolg des Attentats keine Erleichterung für Deutschland mehr bringen würde. Oberst Graf Schenk von Stauffenberg und Generalmajor Henning von Tresckow waren sich trotzdem darin einig, das Attentat unter allen Umständen durchzuführen. Denn die Welt müßte Kenntnis von der Existenz des deutschen Widerstandes erhalten. Es ginge um die Ehre der Deutschen Nation und in preußischer Tradition: „Nur um die Ehre“. Für diese Ehre gaben die Männer des Aufstandes vom 20. Juli 1944 ihr Leben.

Die Siegermächte des Zweiten Weltkrieges verurteilten das deutsche Volk in seiner Gesamtheit zum Schuldigen. Das Stichwort hieß „Kollektivschuld“. Jeder, der zur deutschen Schicksalsgemeinschaft gehörte, war betroffen, unabhängig von seinem Alter, von seiner persönlichen Schuld, von seiner persönlichen Verantwortung.

Mit dem Stuttgarter Schuldbekenntnis der Evangelischen Kirche vom 19. Oktober 1945, das unter anderem auch von Bischof Martin Niemöller, U-Boot-Kommandant im Ersten Weltkrieg, und Bischof Otto Dibelius unterschrieben worden ist, bekannte sich die Evangelische Kirche für das deutsche Volk zu Schuld und Mitschuld. Auch wenn diese Demutsgeste nur religiös gemeint war, wurde darin ein Bekenntnis zur „Kollektivschuld“ im politischen Sinne verstanden. „Es muß den Deutschen bewußt gemacht werden, daß sie die Schuld dafür tragen, was sie auf sich geladen haben. Deutschland wird nicht befreit, sondern als besiegter Feindstaat besetzt.“ So lautete 1945 der Befehl des amerikanischen Oberbefehlshabers Dwight D. Eisenhower an die amerikanischen Besatzungstruppen (Direktive JCS 1067).

Mit dem Begriff der Kollektivschuld war die Vorwerfbarkeit im kriminalrechtlichen Sinne gemeint, obwohl kein Rechtssystem der zivilisierten Welt juristisch eine Schuld des Kollektivs kennt. Der alliierten These von der kollektiven Schuld diente die Sippenhaftung als Vorbild. Rechtlich relevant kann jedoch nur die individuelle Schuld sein, das, was dem einzelnen an Fehlverhalten vorgehalten werden kann. Diese Schuld ist nachzuweisen. Amerikanische Geschworene entscheiden daher über „schuldig oder nicht schuldig“ des einzelnen Täters. Diese allgemeine Rechtstradition erklärt, daß der dem deutschen Volke gegenüber erhobene Vorwurf der kollektiven Schuld nicht von Juristen stammt, sondern von Politikern, Soziologen, religiösen Eiferern und Schriftstellern. Als herausgehobene Protagonisten für die Befürwortung der Kollektivschuld gelten neben den offiziellen Kriegspropagandisten der Siegermächte der bekannte Schweizer Theologe Karl Barth und die deutsch-amerikanischen Soziologen Herbert Marcuse, Theodor Adorno und Max Horkheimer, drei Soziologen, die als Repräsentanten der sogenannten „Frankfurter Schule“ gelten.

Der bekannte Staatsrechtslehrer Professor Dr. Georg Jellinek hat im Jahre 1900 in seiner „Allgemeinen Staatslehre“ darauf aufmerksam gemacht, daß soziologische Arbeiten nicht nach dem, was „gelehrt“ wird, zu beurteilen sind, sondern nach Charakter und Herkunft des Autors. Und Max Weber sagte in seiner Heidelberger Abschlußvorlesung: „Das meiste, was unter dem Namen Soziologie geht, ist Schwindel.“ Mit anderen Worten, Soziologie ist Sache der Charaktereigenschaft, sie kommt „aus dem Bauch“. Nach diesen Kriterien sollte man daher den Vorwurf der Kollektivschuld behandeln, denn als wissenschaftlich haltbar oder juristisch begründbar war dieser Vorwurf nicht gemeint, er wurde vielmehr als politische Waffe eingesetzt: in Abwandlung des Satzes von Carl von Clausewitz (1780–1831) als Fortsetzung der alliierten Kriegspropaganda „mit anderen Mitteln". Das innere Wesen der Deutschen war das Ziel, die Generationen sollten gespalten und das geschichtliche Selbstbewußtsein der Deutschen beschädigt werden.

Ernst Friedländer (1895–1973) war Angehöriger der gleichnamigen und bekannten jüdischen Familie aus Ostpreußen und Schlesien. Sie war eine unter den vielen konservativen jüdischen Familien in Preußen. Als Jude mußte Friedländer emigrieren. Er gehörte nach seiner Rückkehr nach Deutschland 1946 zu den ersten Redakteuren der „Zeit" in Hamburg. Aus seinem Exil richtete er im Frühjahr 1945 an den Schweizer Theologen Karl Barth einen Brief. Er schrieb: „Es gibt keine moralische Kollektivschuld der Deutschen am Nationalsozialismus, und deshalb ist natürlich auch jede darauf fußende Kollektivstrafe fehl am Platze, ganz abgesehen davon, daß keine irdische Stelle die Richterqualifikation besitzen könnte. Es gibt keine solche Schuld der Deutschen, weil es überhaupt eine solche Schuld eines ganzen Volkes niemals gibt und geben kann. Irgendwie scheint heute bei sehr vielen Menschen ein Verlangen zu bestehen, für das Ungeheuere, was sich abgespielt hat, Ursachen der gleichen Größenordnung nachzuweisen. Das führt zu diesem seltsamen Rätselraten um das deutsche Wesen und die deutsche Geschichte. Aus allem wird ein Zerrbild. Heldentum ist ein Verdienst, aber Nicht-Heldentum ist keine Schuld." Hierauf antwortete Karl Barth unter anderem: „Fragt man mich, wer hat mehr Verantwortung dafür, daß die Dinge in Deutschland so gelaufen sind, das halbe Prozent Nazi-Gangster oder die 99 % der Ordentlichen, so würde ich ohne weiteres sagen: diese, die Ordentlichen. Und das ist jedenfalls negativ sicher: daß seine frühen „Führer": Fridericus, Bismarck und die Männer von 1914/18 es dazu nicht erzogen und daß sie es jedenfalls mit dieser Unterlassung auf den hitlerischen Totalstaat vorbereitet haben. Ich bin der Überzeugung, daß das deutsche Volk sich nun endlich der Verantwortlichkeit seiner am 30. Januar bewiesenen politischen Verantwortungslosigkeit bewußt werden und damit einem System, dem es wohl schon seit dem Dreißigjährigen Krieg oder seit dem Bauernkrieg und dem Ende der Reichsstädte verfallen war, den Abschied geben sollte."

Es ist interessant, daß auch im soziologischen Sinne das Kollektiv als Adressat eines Schuldvorwurfs nicht anerkannt ist. Denn auch in der Soziologie besteht die zwingende Forderung nach Unterlassung der Verwendung von Kollektivbegriffen. Max Weber sagte am 9. März 1920 in seinem Brief an Robert Liefmann, „daß Soziologie nur durch Ausgehen vom Handeln des einzelnen oder vielleicht auch von wenigen einzelnen betrieben werden kann". Doch was für die Soziologie im allgemeinen gelten mag, hatte für die Thesen der „Frankfurter Schule" keine Verbindlichkeit. Horkheimer, Marcuse und Adorno, Erich Fromm könnte hinzugerechnet werden, hatten 1934 als Juden ihre Lehrtätigkeit in Frankfurt einstellen müssen. Sie emigrierten nach den USA und kehrten nach dem Krieg nach Deutschland zurück. Für sie spielten die geschriebenen oder ungeschriebenen Gesetze der Soziologie offenbar nur eine untergeordnete Rolle.

Die Spannungen zwischen dem „Westen“ und dem kommunistischen „Osten“ nahmen an Schärfe zu. 1950 begann der Korea-Krieg. Für die Aufrechterhaltung der westeuropäischen Unabhängigkeit gegenüber dem sowjetischen Druck wurde der westliche Teil Deutschlands, der sich jetzt Bundesrepublik Deutschland nannte, militärisch, wirtschaftlich und organisatorisch gebraucht. Das führte zur deutschen Wiederbewaffnung (1951/55), zum Beitritt in die Nato und zur Erlangung einer Teilsouveränität des westdeutschen Staates. Das ostdeutsche Regime mauerte sich 1961 zur Unterbindung des unerträglich gewordenen Flüchtlingsstroms von Ost nach West ein. Es war ein Höhepunkt der politischen Auseinandersetzung und zugleich das ostdeutsche Eingeständnis des völligen Versagens des Sozialismus auf wirtschaftlichem und ideologischem Gebiet. In ihrem Verhältnis zu den westeuropäischen Staaten und zu den USA hatte diese Entwicklung eine Normalisierung des Lebens der Westdeutschen mit sich gebracht, denn auch die offizielle ideologische Auseinandersetzung entspannte sich bis auf geringe Restbestände. Ganz anders verlief dagegen das Verhältnis gegenüber dem „Osten“, insbesondere gegenüber dem ostdeutschen Regime, das sich seit 1949 „DDR“ nannte. Von der DDR ging eine ideologische Unterwanderungsstrategie aus, die auf die Destabilisierung der Bundesrepublik zielte, um sie für die Übernahme durch den Sozialismus reif zu machen. Hierzu bedienten sich die Agitatoren aller massen- und individualpsychologischen Mittel. Es ist in der Psychologie bekannt, daß die Beeinflußbarkeit des Menschen mit der Abnahme seines Selbstbewußtseins zunimmt. Diese Erkenntnis wurde als wichtiges Stoßmittel der politischen Agitation eingesetzt. Mit dem Vorwurf der Aggressivität der deutschen Geschichte seit Martin Luther und mit der Behauptung, die „faschistoiden Strukturen" hätten sich in der Bundesrepublik erhalten, sollten die Menschen verunsichert und ihr Selbstbewußsein geschwächt werden. Die aus der Psychologie bekannte Erscheinung des Generationenkonflikts, es ist der häufig mit „Ärger" einhergehende Abnabelungsprozeß der Kinder von den Eltern, wurde ebenfalls politisiert und in die sozialistische Indoktrination transformiert. Obwohl sich Faschismus vom Nationalsozialismus durchaus unterschied, wurde der Begriff „Nationalsozialismus" aus dem Wortschatz der sozialistischen Propaganda gestrichen und statt dessen nur von „Faschismus" und „Antifaschismus" gesprochen. Sozialismus sollte dem „wahren" Sozialismus vorbehalten bleiben. In der Abkürzung „Nazi" oder neuerdings auch „Neonazi" schien es aber noch als wirksames Schlagwort brauchbar.

Die von Marxismus und Neomarxismus beeinflußten Linksextremen in Westdeutschland spielten ihren ostdeutschen Kollegen die Bälle zu, und das geschah ebenso umgekehrt. Die Jungsozialisten (Jusos) als Jugendorganisation der Sozialdemokratie gehörten neben den Kommunisten und den radikalen „Roten Zellen" zu den Kerntruppen dieser politischen Beeinflussungsschlacht. Ihre geistigen Grundlagen erhielten die aufsässigen 68er Studenten weitgehend von der neomarxistischen „Frankfurter Schule". Eine Haß- und Diskriminierungsideologie entstand, mit der die zum großen Teil von Krieg, Vertreibung, Vergewaltigung, Luftkriegsterror und politischer Demütigung traumatisierten „Eltern und Großeltern" in die Nachkriegsthesen von der Kollektivschuld einbezogen werden sollten.

„Urteile lassen sich ändern, Vorurteile nicht." Die antipreußischen Voreingenommenheiten stützten sich unter der „Frankfurter Schule" weniger auf die ursprünglich amerikanischen Vorgaben als jetzt mehr auf den sich zu jener Zeit bei der Jugend mehr und mehr ausbreitenden Glauben an Sozialismus, Maoismus und Marxismus. Karl Marx blieb die erstrangige Quelle antipreußischen Denkens. Angesichts des damals unter den Intellektuellen zunehmenden Antiamerikanismus änderte sich zwar die Herkunft der Preußenkritik, nicht aber ihr Inhalt. In den Redaktionsstuben und Universitätsseminaren herrschte nicht mehr die Neigung zur Bewunderung angloamerikanischer Lebensart, sondern eine sozialistische Denkweise, die sich in distanzierter intellektueller Überlegenheit gefiel. Gegen diese Spielart von Voreingenommenheit läßt sich mit Argumenten oder mit Fakten wenig ausrichten. Preußen blieb ein marxistisch ideologisches Thema, vorwiegend eine Bekenntnisfrage und keine Wissensfrage.

Historiker, die auf der Grenze zwischen Soziologie und Historiographie stehen, bekannten sich pseudowissenschaftlich zur Theorie von der Kontinuität der deutschen Geschichte, von Preußen und dem Deutschen Kaiserreich als unmittelbare Vorläufer und Verursacher des Nationalsozialismus. Das Buch von Professor Dr. Hans-Ulrich Wehler (Bielefeld) „Das Deutsche Kaiserreich 1871–1918“ aus dem Jahre 1973 wurde zum Vorreiter. Viele Studenten und Professoren folgten seinen Thesen. Kollektivschuld und Hitler als Ergebnis der „Kontinuität“ in der deutschen Geschichte waren die historischen Postulate, die als hoffähig anerkannt wurden. Bis dann Thomas Nipperdey in seinem dreibändigen Werk „Deutsche Geschichte von 1800–1918“ den „Vätern und Großvätern“ endlich Gerechtigkeit widerfahren ließ. Inzwischen sind Schüler und Anhänger der „Frankfurter Schule“ in zahlreiche meinungsbildende Positionen von Presse, Funk, Fernsehen, Politik und Justiz gelangt, wodurch sie als Gruppe ihrem Ziel, eine „kulturelle Hegemonie“ zu erreichen, recht nahe gekommen sind. Sie üben die Hegemonie des Denkens nicht direkt aus, sondern mit „Totschweigen“, Ausgrenzung und gelegentlich sogar mit Fälschungen. Es ist die Diktatur der „Politischen Korrektheit“.

Der Schweizer Theologe Karl Barth, der an einer deutschen Universität gelehrt hat, war 1935 in die Schweiz zurückgekehrt. Leben und Wort bildeten bei Barth keine Einheit. Sie strebten auseinander, denn im Gegensatz zu zahllosen katholischen und protestantischen Geistlichen hat Barth sein Renommee als Geistlicher nicht dafür eingesetzt, die nach dem Krieg unvorstellbar darbende Bevölkerung in Mitteleuropa mit Hilfsmaßnahmen zu unterstützen. Kannte er das Bibelwort (Korinther) nicht, wo es heißt: „Die Liebe ist langmütig und freundlich, die Liebe eifert nicht, die Liebe treibt nicht Mutwillen, sie blähet sich nicht, sie rechnet das Böse nicht zu“? Unmittelbar nach dem Krieg besuchte Karl Barth Berlin, damals die größte Trümmerlandschaft der Erde, Flüchtlinge mußten aufgenommen werden, eisige Kälte und Hunger herrschten. Karl Barth kam mit dem Flugzeug, hielt eine Philippika gegen die deutsche Bevölkerung und entschwand wieder. Das erzürnte den Berliner Bischof Otto Dibelius über die Maßen. Kein Wort des Trostes aus dem Munde des Gottesverkünders Karl Barth. Damals auch keine unmittelbar von ihm ausgehende Initiative für Hilfsmaßnahmen, kein Mitgefühl für die leidenden Menschen. Die Berliner haben Otto Dibelius verstehen können. Als Karl Barth später noch das stalinistische Regime in Sowjet-Rußland und die Teilung Deutschlands verteidigte, verlor er seine letzten Sympathien. Er war ein Mann der Feder, ein Mann des Wortes, nicht der christlichen Tat.

Die Beschuldigung des „Gewußthabens" richtet sich sowohl gegen die Zuschauer als auch gegen die Wegschauer, sie folgt in der Regel einem Muster, das sich mit den folgenden Sätzen und Fragen kennzeichnen läßt:

- du hast es gewußt
- du hättest es wissen müssen
- du hättest es wissen können
- warum hast du es nicht gewußt?

Kollektivschuld und der Vorwurf des „Gewußthabens" gehören zusammen, sie verfolgen das politische Ziel der persönlichen Demütigung und Erniedrigung. Von wenigen Ausnahmen abgesehen, ist dieses Ziel durch die Agitation der neomarxistischen „Frankfurter Schule" erreicht worden. Es heißt im Neuen Testament, Matthäus Kapitel 23 Verse:

27. „Wehe euch Schriftgelehrten und Pharisäern, ihr Heuchler, die ihr gleich seid wie die übertünchten Gräber, welche auswendig hübsch scheinen, aber inwendig sind sie voller Todtenbeine und alles Unflaths!"

28. „Also auch ihr; von außen scheinet ihr vor den Menschen fromm, aber inwendig seid ihr voller Heuchelei und Untugend."

30. „Wären wir zu unserer Väter Zeiten gewesen, so wollten wir nicht theilhaftig sein mit ihnen an der Propheten Blut."

Die Generation der 68er, sie war in den sechziger Jahren die junge Generation, fühlte sich den Älteren gegenüber moralisch überlegen und trug ihren Dünkel vor sich her, ohne die Einzelumstände erfahren oder verstehen zu wollen. Ihre ideologische Aufgeblasenheit, ihre Gläubigkeit, mit der sie den Protagonisten der „Frankfurter Schule" lauschte und folgte, gebar den gleichen Menschentyp, den sie verurteilte. Die unausweichliche Folge war eine geistige Unduldsamkeit, die zur Niveauabsenkung nicht nur der Universitäten, sondern auch der anderen deutschen Bildungseinrichtungen (Pisa-Studie) und der Institutionen der Informationsvermittlung geführt hat. An die Stelle der geistigen Auseinandersetzung trat die persönliche Anfeindung. Aus der weltbekannten deutschen Ordinarienuniversität wurde die politisch motivierte Gruppenuniversität. Die gefährlichen Folgen für die deutsche Volkswirtschaft wurden erst 20 Jahre später sichtbar.

Auf die Gefahr des Bildungsniedergangs hat schon Professor Dr. Wilhelm Röpke 1956 in seinem Aufsatz

„Die Massengesellschaft und ihre Probleme“ hingewiesen. Er schrieb damals: „Man denkt an die Verflachung, Einebnung, Unselbständigkeit, Herdenhaftigkeit und banale Durchschnittlichkeit des Denkens, die wachsende Herrschaft der Halbbildung, die Zerstörung der Hierarchie, der geistigen Leistungen und Funktionen. Das Schicksal der klassischen Bildung in unserer Massengesellschaft scheint schon deshalb besiegelt, weil sie von Massenmenschen mit einem wahren Haß, dem Haß desjenigen verfolgt wird, für den diese Bildung schon wegen der von ihr geforderten geistigen Disziplin außer Reichweite ist. Es ist die Einebnung der geistigen „Einkommensunterschiede“ nicht nach oben, sondern nach unten hin.“

Es wäre unrealistisch zu erwarten, das deutsche Volk in seiner Gesamtheit hätte den Nationalsozialisten Widerstand leisten und Heldentum beweisen müssen. Welche innere Kraft der „Widerstand“ erforderte, enthält ein Merkblatt der „sozialistischen“ Aktion vom Mai 1936. Gefahr und Risiko sind mit jeder Widerstandshandlung verbunden. Das Merkblatt ermahnt in eindringlichen Worten, der Freiwillige dürfe den Weg des Widerstandes nur einschlagen, wenn er sich stark genug fühle, ihn bis „zu Ende“ zu gehen. Generalmajor Henning von Tresckow, der Kopf des militärischen Widerstandes, sagte im Juli 1944, bevor er die Pistole auf sich selbst richtete: „Niemand von uns kann über seinen Tod Klage führen. Wer in unseren Kreis getreten ist, hat damit das Nessushemd angezogen. Der sittliche Wert eines Menschen beginnt erst dort, wo er bereit ist, für seine Überzeugung das Leben hinzugeben.“

Für die bestialischen Untaten an den europäischen Juden trägt Deutschland, unabhängig von dem Wissen des einzelnen, die Verantwortung. Es bleibt ein schwarzer Fleck auf der preußisch-deutschen Geschichte, der sich niemals tilgen läßt, weder durch Zeitablauf noch durch Vergessen. Dieser unbegreifliche, aus der von Toleranz geprägten preußischen Geschichte nicht erklärbare Frevel läßt sich auch nicht durch Vergleich oder Aufrechnung mit Verbrechen ähnlicher Art in seiner moralischen Bewertung abschwächen oder auslöschen. Er bleibt angesichts der deutschen Geschichte auf ewig unfaßbar.

Verantwortung für Unrecht tragen aber auch Amerikaner, Engländer und Russen. Sie haben Verbrechen zu verantworten, deren Unrechtsgehalt ebenfalls weder durch Vergleich oder Aufrechnung noch durch eine Berufung auf Hitler in ihrer moralischen Bewertung gerechtfertigt werden kann. Rechtsstaatlichkeit, auf die sich die Alliierten gern und oft berufen, fordert gleiche rechtliche Behandlung gleicher Tatbestände „ohne Ansehung der Person" und „ohne Ansehung der Nationalität".

Der Vorwurf der deutschen Kollektivschuld blieb nicht bei der Erlebnisgeneration oder der nachfolgenden Generation stehen, sondern wurde auf die deutsche Geschichte ausgedehnt. Soziologen und Historiker machten unsere Vorfahren ebenfalls zum Gegenstand des Schuldvorwurfs, sie konstruierten eine Kausalkette, die von Luther über Friedrich den Großen bis zu Hitler führte, der allerdings selbst zur Plausibilität dieses kausalen Zusammenhangs einen – zwar anfechtbaren – Beitrag geliefert hatte, indem er sich der Nachfolgeschaft von Friedrich dem Großen und Bismarck rühmte. Auf diese (falsche) historische Behauptung Hitlers beriefen sich Alliierte und Soziologen gern, auch wenn sie Hitler und seine Ideologie sonst auf das Heftigste ablehnten. Eine solche Widersprüchlichkeit im Denken grenzt an Absurdität. Aus der Abneigung der englischen öffentlichen Meinung gegenüber Preußen, die eigentlich nur bis zum Beginn des Berliner Kongresses im Jahre 1878 zurückreicht, ergab sich fast zwangsläufig, daß Preußen als der Hauptverursacher des Nationalsozialismus umgedeutet und die von dem preußischen Ministerpräsidenten Otto von Bismarck herbeigeführte deutsche Einigung als das Hauptübel und als entscheidende Ursache für das europäische Unglück ausgemacht wurde. „Preußen ist zum roten Tuch geworden“ (Friedländer, a.a.O. 1945). „Das große Alibi hieß Preußen, und der Nachweis, schon immer gegen Preußen gewesen zu sein, genügte häufig zur Glaubhaftmachung guter demokratischer Gesinnung“ (Friedrich Sieburg, 1954). So erklärt es sich, daß Preußen mit einem Erinnerungsverbot (damnatio memoriae) belegt wurde. Eine positive Rückbesinnung auf diese erstaunliche Staatsbildung war politisch nicht erwünscht. Sie war „politisch nicht korrekt“. Lediglich eine herabsetzende Darstellung oder, wie man später sagte, eine „kritische“ Darstellung der preußischen Geschichte wurde akzeptiert. Hieran hat sich bis heute wenig geändert, trotz der Preußenausstellungen in Berlin (1981 und 2001) und in Potsdam. Die zunehmend in geschichtlichen und journalistischen Darstellungen verwendete Bezeichnung Preußen-Deutschland war im Gegensatz zu den vorangegangenen Jahrzehnten nicht mehr anerkennend gemeint, sondern dahinter verbarg sich die Absicht, Deutschland in seiner Gesamtheit im Sinne der negativen Bewertung Preußens zu diskriminieren. Es war die politisch gewollte Herabsetzung des gesamten Staates. Andererseits konnten die herausragenden Leistungen des preußischen Staates, wenn ein Historiker noch ernstgenommen werden wollte, nicht vollständig übergangen werden. Um auch hierfür eine politisch annehmbare Lösung zu finden, sprach und spricht man im Zusammenhang mit Preußen von seiner Ambivalenz oder Janusköpfigkeit, so als wenn es irgendeinen Staat auf der Welt gäbe, der nicht ebenfalls anerkennenswerte und weniger anerkennenswerte Leistungen aufzuweisen hätte. Es ist daher nicht verwunderlich, daß keine historische Untersuchung über England, Frankreich oder die USA von der Ambivalenz dieser Staaten als eines ihrer typischen Merkmale spricht. Hinzu kommt, daß dieser Ambivalenz eine geschichtliche Bewertung nach Maßstäben zugrunde gelegt wird, die entweder in den historischen Tatsachen nicht zutreffen oder sich an der Gegenwart orientieren. Beides ist wissenschaftlich unzulässig. So sehr es mancher Historiker zum politischen Selbstschutz versucht, sich dem Problem Preußens mit der Ambivalenztheorie zu nähern, auf diese Weise kann er diesem Staat nicht gerecht werden.

Eine andere Schwäche dieser Betrachtung liegt darin, daß es immer noch keine substantielle vergleichende Geschichtsdarstellung gibt, die eine wissenschaftlich seriöse Bewertung Preußens im Vergleich zu den anderen wichtigen europäischen Staaten ermöglicht. Auf diese Schwäche hat Professor Dr. Peter Baumgart, Würzburg, schon im Jahre 1981 hingewiesen, ohne daß sich die deutsche Geschichtswissenschaft dieses Themas bisher angenommen hätte. Im Gegenteil, an den hierfür besonders geeigneten Universitäten in Berlin und Brandenburg sind die Lehrstühle für preußische Geschichte eingestellt worden, ebenso sind der Historischen Kommission zu Berlin von der Stadt die Mittel fast vollständig entzogen worden. Ein ähnliches Schicksal erlitt das Institut, das Professor Dr. Hans-Joachim Schoeps, der nach Schweden emigrierte jüdische Wissenschaftler, an der Universität in Erlangen nach dem Krieg gegründet hatte. Als Folge seines beispiellosen Engagements für Preußen erfuhr Schoeps in den sechziger Jahren erhebliche Kritik. Er wehrte sich, doch ohne Erfolg. Für die „68er"-Revoluzzer war er ein Störfall. Sein Institut in Erlangen wurde geschlossen. Die Studenten störten seine Vorlesungen, hinderten ihn am Vortrag und beschimpften ihn als SS-Juden und jüdischen Obersturmbannführer. Die von Schoeps erbetene Ehrenerklärung lehnte die Fakultät unter ihrem Dekan, dem Professor Dr. Michael Stürmer, ab. Wer sehen wollte, konnte es sehen: was die 68er Studenten unter Demokratie, Meinungsfreiheit und unter Toleranz gegenüber dem Andersdenkenden verstanden. Die sozialistischen Akademiker demonstrierten es an den Universitäten, für jedermann sichtbar.

Kann mit dem Fluchtversuch in die Ambivalenz wenig Aufhellendes über Preußen gesagt werden, so ist endlich die Bezeichung „Janusköpfigkeit" für die Bewertung Preußens völlig ungeeignet. Sie ist in der deutschen Geschichtsschreibung sehr gebräuchlich, um auf die Leistungen Preußens hinzuweisen, aber gleichzeitig dem Verdacht einer zu wohlmeinenden Beurteilung Preußens zu entgehen. Janus war einer der vornehmsten altrömischen Götter. Seine frühen Abbildungen zeigen ihn mit einem Doppelgesicht, er schaut vorwärts und rückwärts, gelegentlich erscheint er sogar vierköpfig. Unter seinem Schutz standen alle Durchgänge und die Haustüren. Sein doppeltes Gesicht deutet nicht auf einen zwiespältigen Charakter des Gottes hin. Wer Preußen Janusköpfigkeit zuschreibt, und zwar im Sinne von Gut und Böse, verkennt die Gestalt des Gottes Janus, der sich bei den Römern großer Verehrung erfreute. Wenn man im Sinne der römischen Mythologie den Gott Janus mit Preußen in Verbindung bringt, dann kann das nur im Sinne einer Verehrung dieses Staates verstanden werden. Selbst an diesem, eigentlich nebensächlichen Beispiel zeigt sich, wie verfälschend die preußische Geschichte im Interesse eines ideologisch erwünschten Ergebnisses noch immer dargestellt wird.

Nach allem wird offensichtlich, daß in der Frage der Umerziehung, des Vorwurfs der Kollektivschuld und der Umdeutung der deutschen Geschichte eine Metamorphose der geistigen Urheber stattgefunden hat. Die Soziologen aus den USA kamen zunächst in der „Uniform der US-Armee“ nach Deutschland und schlüpften dann, bildlich gesprochen, in die Uniform eines „fortschrittlichen“ deutschen Professors: das waren Bluejeans und Rollkragenpullover. Auf diesem Wege konnte die bis 1960 aus realpolitischen Gründen in den Hintergrund getretene Umerziehung wieder revitalisiert werden, nun aber nicht mehr unter dem Befehl der Sieger, sondern in einer mit Wissenschaftlichkeit angestrichenen Maske der

„Frankfurter Schule", hinter der die sozialistisch-ideologischen Ursprünge auch für manche Historiker nicht mehr erkennbar waren und für viele immer noch nicht erkennbar sind.

Nachdem sich Westdeutschland als Bundesrepublik Deutschland wirtschaftlich konsolidiert und als braver demokratischer Schüler bewährt hatte, blieb für die Erfüllung sozialistischer Träume nur noch die DDR übrig. Die Einbindung der Bundesrepublik in den Westen wurde aus Gründen der europäischen Stabilität allgemein bejaht. Die sozialistischen Umerzieher hofften nun, die DDR könnte sich ebenfalls konsolidieren und sich als überzeugendes Alternativmodell erweisen. Marxistische Historiker traten daher unter Außerachtlassung der Rechtsprechung des Bundesverfassungsgerichts und unter Mißachtung der Wünsche der DDR-Bevölkerung (Selbstbestimmungsrecht) für eine deutsche Zweistaatlichkeit ein. Auch die von Henry A. Kissinger schon 1960/61 geäußerte Ansicht, eine auf Dauer angelegte deutsche Zweistaatlichkeit würde den Weltfrieden gefährden, ließ die Befürworter der deutschen Teilung völlig unberührt. Mit einer recht grobschlächtigen Antipreußenpropaganda wurde im Gewand der Wissenschaftlichkeit der Versuch unternommen, die deutsche Einheit als erstrebenswertes Ziel historisch und politisch zu diskreditieren. Professor Dr. Hans-Ulrich Wehler (Bielefeld) verdammte die „Wiederbelebung der Erinnerung an den preußisch-deutschen Nationalstaat" und forderte seine Historikerkollegen 1978 auf, nicht „Opfer einer neuen (preußischen) Nostalgiewelle" zu werden. Umerziehungspostulate wurden nicht nur zur Gewöhnung der Menschen an eine neue Regierungsform eingesetzt, sondern auch zur Durchsetzung außenpolitischer und sozialistischer Ziele.

---

11 – 14 – 18 – 22 – 33 – 49 – 51 – 52 – 54 – 56 – 57 – 58 – 63 – 64 – 66 – 85 – 93 – 106 – 108 – 124

II.
Preußen und die historischen Mythen

Preußen und die historischen Mythen

Sowohl das Kriegsbündnis der USA mit der marxistischen Sowjetunion als auch die kommunistisch gesinnte Umgebung des amerikanischen Präsidenten Franklin D. Roosevelt (1933–1945) führten dazu, daß marxistische Theorien schon während des Krieges und unmittelbar danach die westliche Antipreußen-Propaganda beherrschten. Fast 60 Jahre nach Kriegsende sind sie noch wirksam, sogar unter Historikern, die ihre Nähe zum Marxismus leugnen.

Die westliche Methode der sozialpsychologischen Umerziehung hat die Sowjetunion nicht übernommen, sondern den Deutschen in der DDR ein marxistisches Umdenken „verordnet". Es wurden Glaubenssätze gegen Preußen aufgestellt, die den Ideen von Karl Marx entstammten. Begriffe und Behauptungen wie Bourgeoisie, Kapitalismus folgt dem Militarismus, Unterdrückung, Ausbeutung, Kadavergehorsam, autoritäre Verformung des Staates, soziale Ungerechtigkeit, Obrigkeitsstaat und böse Junker wurden zu abstoßenden marxistisch-sozialistischen Gedankenbildern, die dem offiziellen Preußenbild in der DDR zugrunde gelegt wurden.

Inhaltlich unterschieden sich die Analysen westdeutscher Historiker von denen ihrer Kollegen aus der ehemaligen DDR nur unmerklich. Im Gegensatz zur DDR, wo aus der marxistischen Quelle der Geschichtsdeutung kein Hehl gemacht wurde, umgaben sich Geschichtsschreiber der Bundesrepublik Deutschland mit dem Mantel einer objektiven, der Besonnenheit, Freiheit und Menschlichkeit verpflichteten Wissenschaft. Trotzdem konnten auch sie dem jahrhundertealten Dilemma der persönlichen Färbung und Verzerrung von Geschichtserzählung nicht entgehen. Sebastian Haffner schloß daraus, daß es keine Geschichtswissenschaft gäbe, sondern nur eine Deutungskunst.

Jedes Geschichtswerk hängt nicht nur von zeitbedingten Einflüssen, sondern auch von der persönlichen Sicht des Autors ab. Berichte über die Vergangenheit sind daher ebenso subjektiv und parteilich wie Berichte über Personen und Ereignisse der Gegenwart. Kein Geschichtswerk kann dieser Schwäche entgehen. Eine weitere Einschränkung der Verläßlichkeit von historischen Darstellungen sind die Motive der Autoren, die entweder von Verständnis und Zuneigung oder von Anklage und Ablehnung geleitet werden. Letzten Endes fehlen vielen Historikern, worauf der junge Historiker Eckart Kehr schon in den zwanziger Jahren des vorigen Jahrhunderts hingewiesen hat, wirtschaftliche Erfahrungen, um Gesamtzusammenhänge beurteilen zu können. Dieses Urteil trifft auf den Großteil der Gesamtdarstellungen preußisch-deutscher Geschichte der letzten Jahrzehnte zu. Es sei nach Gerhard A. Ritter auch ein Mangel, daß deutsche Historiker nicht gelernt hätten, Statistiken zu lesen und auszuwerten. Der Interpretationsstreit in den achtziger Jahren über die deutsche Geschichte, der mit „Historikerstreit" etikettiert wurde, zeigte trotz der wortreich vorgetragenen

Meinungen ebenfalls eine deutliche Ignoranz der beteiligten Diskutanten gegenüber den wirtschaftlichen Nöten, Zwängen und Leistungen des Deutschen Kaiserreichs.

Nach Professor Dr. Friedrich List, dem Vordenker der europäischen Wirtschaftseinheit und des Deutschen Zollvereins (1834), ist nichts natürlicher als daß Historiker, die bloß ihre Vorgänger oder andere Autoren abschrieben und all ihr Wissen aus Büchern geschöpft hätten, höchst beunruhigt und verblüfft sind, wenn ihnen lebendige, ihrem Schulwissen widerstreitende Erfahrungen und ganz neue Ideen gegenübertreten. Diese Verblüffung trat 1980 offensichtlich bei den „politisch korrekten" deutschen Historikern ein, als die beiden jungen englischen Historiker David Blackbourn und Geoff Eley ihr im Verlag Ullstein erschienenes Büchlein über die Mythen deutscher Geschichtsschreibung veröffentlichten. Hierin warfen sie ihren deutschen Kollegen Unkenntnis der englischen Geschichte vor und eine falsche Interpretation der Lebensumstände im Deutschen Kaiserreich von 1871–1914. Sie bezweifelten die Berechtigung, die englischen Verhältnisse als vorbildhaft und nachahmenswert für die deutsche Politik hinzustellen. An vielen Beispielen weisen sie nach, daß in dieser Zeit in Deutschland nicht von einer Feudalisierung des Lebens, sondern von seiner Verbürgerlichung gesprochen werden muß. Sie haben Recht. Deutschland hatte die modernste und fortschrittlichste Verfassung eines Industrie- und Wirtschaftsstaats des 19. und 20. Jahrhunderts. Um das beurteilen zu können, muß man allerdings einen Standort wählen, der einen ungetrübten, das heißt einen ideologiefreien Blick ermöglicht.

Die Bundesrepublik Deutschland bleibt für viele Historiker die Erfüllung aller historisch erhofften und erstrebten Wünsche. Hieraus leiten sie das Recht ab, Preußen, das Deutsche Kaiserreich und seine Zustände als unmodern und autoritär zu verurteilen. Es mutet schon recht eigentümlich an, über das Kaiserreich als einen unmodernen Staat in einer Zeit zu sprechen, in dem sich die politische Klasse der Bundesrepublik Deutschland als unwillig erwiesen hat, die notwendigen Strukturen für die Anpassung der deutschen Wirtschaft an Globalisierung und Industrialisierung vorzunehmen.

Warum fragen sich Politiker nicht, was die Gegenwart aus den außergewöhnlichen wirtschaftlichen und wissenschaftlichen Erfolgen der damaligen Zeit lernen kann? Auf solche Fragen lägen viele Antworten bereit.

Behaupten und wiederholen sind die Mittel zur Beeinflussung von Menschen. Man sollte nicht versuchen, Tatsachen oder Beweise vorzutragen. An Beweisen sind Menschen nicht interessiert. So lauten die einfachen Propagandaregeln des französischen Arztes Gustave Le Bon (1841–1931) in seinem weltberühmten, im Jahre 1895 erschienenen Buch „Die Psychologie der Massen“. Als besonders wirksam erweisen sich Behauptungen und Wiederholungen, aber auch als höchst fragwürdig, wenn sie unter dem Mantel der Wissenschaftlichkeit vorgetragen werden. Die These von dem unmittelbaren Zusammenhang der Strukturen des Deutschen Kaiserreichs mit dem Nationalsozialismus beruht auf solchen willkürlichen Behauptungen und Spekulationen, nicht auf Analysen, schon gar nicht auf Beweisen.

So mischten sich der Vorwurf der Kollektivschuld, das Verbot der Erinnerung (damnatio memoriae), der Glaube an die Kontinuität und die Kausalität, die These vom Sonderweg der deutschen Geschichte, die Wiederbelebung der Behauptung von der alleinigen Kriegsschuld Deutschlands am Ersten Weltkrieg und endlich das Bekenntnis zu den in der deutschen Nation traditionell angelegten Charaktereigenschaften wie Militarismus, Rassismus, Gewalttätigkeit und Autoritätsgläubigkeit zu einem unentwirrbaren Knäuel von Verdächtigungen, von abstrusen historischen Mythen und politischen Phrasen. Sie richten sich gegen die Deutschen ganz allgemein sowie gegen ihre kulturellen Überlieferungen und ihr traditionelles Denken.

Es sind abwegige Vorstellungen, wenn Politiker und Historiker die Überzeugung haben sollten, mit einer abstoßenden Schilderung deutscher Geschichte bei der deutschen Bevölkerung Toleranz und demokratische Gesinnung hervorrufen zu können. Noch paradoxer wird diese Haltung, wenn umgekehrt in einer anerkennenden Bewertung der preußisch-deutschen Geschichte eine antidemokratische, vielleicht sogar eine unannehmbare rechtslastige Gesinnung vermutet wird. Ahnenkult, die Erinnerung an die Vergangenheit und eine bewußte, gelegentlich sogar verklärende Hinwendung zu den Vorfahren sind wesentliche Elemente menschlichen Zusammenlebens. Hierin unterscheiden sich weder Rassen noch Religionen. Zwar hat sich als Folge der Zunahme von naturwissenschaftlichen Erkenntnissen das Verhalten zur Vergangenheit und zu den Toten verändert, aber unabhängig davon bleiben auch bei den modernen Völkern die Vorfahren und ihre Toten der Stoff, aus dem nicht nur Selbstbewußtsein, sondern auch die eigene Versicherung der Zusammengehörigkeit erwächst. Für uns Europäer sind die ägyptischen Pyramiden das hervorstechende Wahrzeichen für den „Blick zurück". Überall dort, wo die Menschen zu schreiben und zu lesen verstanden und sich Literatur entwickelte, wurde die Vergangenheit angenommen und literarisch verarbeitet, vielfach mit anerkennenden und pädagogischen Absichten. Stellvertretend für viele andere Autoren sei erinnert an den Griechen Homer mit der Ilias und der Odyssee, an den ebenfalls in Griechenland beheimateten Thukydides (460–400 v. Chr.) und an den Römer Cornelius Tacitus (um 55–nach 115 n. Chr.) Tacitus hielt sich im großen und ganzen an sein Versprechen „sine ira et studio" zu berichten. Mit seiner Schilderung von den Germanen „De origine et situ Germanorum" verfolgte er nicht nur berichtende, sondern im Blick auf den Verfall des Römischen Reiches auch belehrende Absichten. Immer bedeutete aber Geschichtsschreibung zuvörderst, über Ereignisse zu berichten. Geschichtsschreiber wollten beschreiben, Ereignisse schildern, die überliefert oder von ihnen selbst erlebt worden sind.

Anfang des 19. Jahrhunderts forderten Barthold Georg Niebuhr (1776–1831) und Leopold von Ranke (1795–1886) nachprüfbare Belege für die zu schildernden Begebenheiten. Es hat sich eingebürgert, diese Belege als Quellen zu bezeichnen. Seitdem gehört zu den Grundforderungen einer seriösen Historiographie die persönliche Distanz des Historikers zu seinem Stoff. Trotzdem enthielt bei allem Streben nach Objektivität der historische Text auch weiterhin die Handschrift des Autors und seine persönlichen Bevorzugungen. Mit dem Nationalsozialismus begann sodann eine neue Epoche der Geschichtsschreibung. Es wurde von Historikern erwartet, gesellschaftliche und rassische Einflüsse in die Bewertung historischer Ereignisse einzubeziehen. Schon weit früher hatte Karl Marx (1818–1883) dem Klassenantagonismus eine entscheidende Bedeutung für die Entwicklung der Völker und der geschichtlichen Abläufe zugeschrieben. Nationalsozialismus und Marxismus gaben den Anstoß zu der heute weit verbreiteten gesellschaftlich und ideologisch orientierten Geschichtsschreibung. Neben Marxismus und Nationalsozialismus gehört der sich selbstrechtfertigende und moralisierende Puritanismus als Dritter zu diesem Bunde.

Die Subjektivität und ideologische Einfärbung der Geschichtsschreibung gelangten nach dem Ende des Zweiten Weltkrieges zu einem Höhepunkt. Obwohl junge Historiker die persönliche Anpassung einiger Geschichtslehrer an den Nationalsozialismus anprangern, sind sie selbst nicht von Opportunismus frei. Ihre Willfährigkeit gegenüber den alliierten Vorgaben verdrängt die Abgewogenheit ihres eigenen Urteils, Tatsachen treten in den Hintergrund. Wortreich wird Wissenschaftlichkeit vorgetäuscht, wo es sich in Wirklichkeit nur um Anpassung an Denkgebote handelt. Charakteristisch hierfür dürfte die Feststellung von Michael Stürmer im Januar 1977 sein, daß deutsche Historiker in der Beurteilung des kaiserlichen Deutschlands kaum noch andere Schlußfolgerungen entwickelten als ihre angelsächsischen Kollegen. Wolfgang J. Mommsen schrieb in der Frankfurter Rundschau am 1. Dezember 1986, daß die historiographischen Positionen der mittleren Generation in enger Fühlungnahme mit der westlichen „Forschung" erarbeitet worden seien. Es sei selbstverständlich gewesen, daß sich historische „Forschung" (!?) explizit an den Grundwerten einer demokratischen Gesellschaft zu orientieren und Geschichte im Lichte dieser – offen deklarierten – Werthaltungen zu orientieren hatte. Diese Art der Geschichtsschreibung sei auf politische Motivationen zurückzuführen. Der preußische Staat sei in diesem Zusammenhang zur Unperson erklärt worden.

Das Ergebnis einer solchen Geschichtsschreibung schildert später wiederum Wolfgang J. Mommsen im Vorwort zu seinem zweibändigen Werk über das Deutsche Kaiserreich, wonach die deutsche Geschichte des Kaiserreichs zunächst in allzu rosigem Licht gesehen wurde, dann eine unabweisbare Neuorientierung gefolgt sei, sodann eine Revision des älteren Bildes vom Kaiserreich, und nun sei in der Tat eine neue umfassende Deutung überfällig, die eine angemessene Würdigung der großen „Leistungen und Hervorbringungen" dieser Zeit enthalten müsse. Eindrucksvoller läßt sich der Verlust von Wissenschaftlichkeit in der Darstellung der jüngeren deutschen Geschichte während der Jahrzehnte der Nachkriegszeit kaum darstellen. Denn diese Feststellung Mommsens, der nicht zum konservativen Lager zu rechnen ist, heißt nichts anderes als: Bisher sind die Leistungen Preußens wissenschaftlich nicht angemessen dargestellt worden. Es überrascht daher nicht, daß die heftigen Auseinandersetzungen unter Historikern in den siebziger und achtziger Jahren über die Reizthemen Kontinuität, Sonderweg und Einzigartigkeit der Judenverfolgungen in einem ungeheuren soziologischen Wortschwall ausgetragen und dabei Fakten und Ursachen fast völlig ausgeklammert wurden. Daß sich viele Thesen dieser politisch motivierten Geschichtsschreibung bei der Menge durchgesetzt haben, darf nicht verwundern. „Der Herdentrieb der Menge und der Troß der Nachbeter", wie es Immanuel Kant vor 200 Jahren nannte, zeigten Wirkungen.

Nur wenn die Thesen der Reeducation in die deutschen Schulbücher eingegangen seien und von den nachfolgenden Generationen geglaubt würden, könnte von einem Erfolg der Reeducation in Deutschland gesprochen werden. So beschrieb in den fünfziger Jahren der bekannte amerikanische Journalist Walter Lippmann in aller Offenheit das Ziel der Umerziehung. Es ging nicht um Wahrhaftigkeit, sondern um Agitation, um psychologische Kriegsführung. Schon im Ersten Weltkrieg (1914–1918) war Lippmann maßgebend für die abstoßende und perverse, aber durchaus wirksame Kriegspropaganda der Alliierten gegen Deutschland verantwortlich.

Unwissenschaftlich wird behauptet, das deutsche Volk habe im Gegensatz zu den anderen westlichen Ländern im 19. Jahrhundert den revolutionären Umbruch versäumt, es sei nicht verbürgerlicht, sondern feudalisiert worden. Es habe 1848 die Demokratisierung als Folge der adligen Feudalherrschaft in den deutschen Bundesstaaten zu seinem Nachteil verpaßt. Deutschland habe sich nicht an der modernen Entwicklung Großbritanniens orientiert, sondern sei in autoritär verformten und unmodernen staatlichen Strukturen verhaftet geblieben.

Die unmittelbare Folge dieses preußisch-deutschen „Sonderwegs“ sei der Nationalsozialismus gewesen, mit allen seinen beklagenswerten Erscheinungen.

Der Vorwurf, Deutschland habe sich nicht rechtzeitig demokratischen Verhältnissen geöffnet, mündet wie von selbst in die Frage nach der Beschaffenheit eines idealen Staates. Die Grundlagen der allgemeinen Staatslehre beruhen auf dieser Frage. Seit dem Zeitalter der sokratischen Lehre (469 v. Chr.–399 v. Chr.), von Plato (427 v. Chr.–347 v. Chr.) und von Aristoteles (384 v. Chr.–322 v. Chr.) suchte die griechische Philosophie nach dem Idealtypus eines Staates. Das Nachdenken über den idealen Staat bildete das wichtigste Objekt politischer Spekulationen. Es waren die Philosophen, die sich als erste mit den Gesetzen und Zwängen des menschlichen Zusammenlebens beschäftigten. Später übernahmen die Rechtsgelehrten das Thema, indem sie nicht nur ergänzende Facetten hinzufügten, sondern es zur Domäne ihres Faches erhoben. Im Zeitalter der Aufklärung standen dann Philosophen und Rechtsgelehrte auf diesem Gebiet gleichberechtigt nebeneinander. So übten

Thomas Hobbes (1588–1679)
Samuel Pufendorf (1632–1694)
John Locke (1632–1704)
Christian Thomasius (1655–1728)
Jean-Jacques Rousseau (1712–1778)
Christian Wolff (1679–1754)
Immanuel Kant (1724–1804)
Friedrich Hegel (1770–1831)

einen unübersehbaren Einfluß auf das politische Nachdenken über den idealen Staat aus. Dabei darf jedoch eins nicht übersehen werden: die staatsrechtlichen oder philosophischen Überlegungen zur idealen Staatsform bezogen sich auf den agrarisch geprägten Staat, in Ausnahmefällen auch auf den Handelsstaat (England), doch nicht auf einen Industriestaat. Ihn gab es noch nicht. Er entwickelte sich zwar in unerwarteter Schnelligkeit, war aber ein Kind des 19. Jahrhunderts. Dieser grundlegende Unterschied zwischen der Zeit in und nach dem 19. Jahrhundert und den Jahrhunderten davor wird generell im Diskurs über die ideelle Staatsform außer acht gelassen. Es sind nicht vergleichbare staatliche Zustände, die jeweils völlig andere Anforderungen an Verwaltung und Regierung stellen. Und vielleicht auch an die Regierungsform?

Zum Gegenstand eigener Betrachtung wurde die Lehre vom Staat in der Folgezeit auch von Historikern beansprucht. Im historischen Rückblick trauten sie sich auf das Glatteis der Prognose, was sie häufig zu Fehlurteilen verleitete. Ihr Urteil und ihr Fehlurteil waren abhängig von ihrer Bildung, die entweder spekulativ philosophisch oder historisch politisch war. Dennoch wurden die Historiker von den juristischen Vertretern der Staatslehre auf der Grundlage ihrer damals noch wissenschaftlichen Arbeitsweise als befruchtend und auch als Gewinn anerkannt. Dagegen blickte man mit einer gewissen Verachtung auf die Soziologen, als auch sie sich der Staatslehre als Thema zu bemächtigen anschickten. Georg Jellinek, Rechtsprofessor in Heidelberg und einer der bedeutendsten deutschen Wissenschaftler der Staatslehre zum Ende des 19. Jahrhunderts, formulierte sarkastisch, die Ergebnisse der soziologischen Forschung hingen von der Persönlichkeit des Forschers, von der Trivialität seiner Gesinnung, von seiner Weltanschauung und der Schwäche seines Charakters ab. Auch der Umfang seiner Erfahrung habe Einfluß auf sein politisches Urteil.

Mit dem Vorwurf englischer Historiker, deutschen Kritikern ermangele es an Kenntnissen der englischen Verhältnisse und der englischen Geschichte, wird die Einschätzung Georg Jellineks über die Arbeitsweise von Soziologen nachträglich bestätigt. Otto Hintze schreibt in seinem Aufsatz „Wesen und Wandlung des modernen Staats" (1931): „Nur einzelne deutsche Territorialstaaten haben sich im Laufe der Zeit zu modernen Staaten entwickelt, namentlich Preußen. Aber das Endstadium des nationalen Staates konnten auch sie nicht erreichen, erst das Deutsche Reich Bismarcks war ein moderner Staat im vollen Sinne." Das entspricht allerdings nicht der Sichtweise moderner Historiker, die Deutschland als unmodern bezeichnen und in Preußen Militarismus, Rassismus, Autoritarismus und wirtschaftliche Ausbeutung als wichtigste Wegweiser zur deutschen Tragödie erblicken. Sie bemängeln die Rückständigkeit und mangelnde Modernität der staatlichen Verhältnisse in Deutschland. Keiner dieser Kritiker läßt allerdings durchblicken, in welche Staatsform die deutsche Entwicklung hätte einmünden sollen. Den Sozialisten beispielsweise stand der „klassenlose" Funktionärsstaat vor Augen, der ohne bürgerliche Freiheit auszukommen hatte. Sozialistische Staaten sind nicht demokratisch, sie können es aus ideologischen Gründen auch gar nicht sein. Mit der verfälschenden Bezeichnung „Deutsche Demokratische Republik" erreichte die irreführende sozialistische Semantik ihren Höhepunkt.

Die bürgerlich liberalen Kräfte andererseits erhofften sich im modernen Staat eine repräsentative Parlamentarisierung. Es ist hierbei nicht erkennbar, ob sie die englische Spielart mit einem allmächtigen Parlament wünschten, das nach dem Mehrheitswahlrecht gewählt wurde und faktisch keine Kontrollinstanz über sich duldete. Es ist ein System ohne rechtsstaatliche Gewaltenteilung. Oder bevorzugten sie das amerikanische System mit einer chaotischen Rechtsprechung, die mit der kontinentaleuropäischen Rechtsstaatlichkeit wenig gemein hat, und mit einem Präsidenten, dem rechtlich mehr Entscheidungsbefugnisse zugestanden wurden, als sie dem deutschen Kaiser verfassungsrechtlich jemals eingeräumt waren? (Seine verfassungsrechtlichen Beschränkungen hat der Kaiser stets beachtet.)

Die Wahlmacher und Parteiagenten der siegreichen Partei erhalten in den USA nach dem jeweiligen Wahlsieg die Stellen, aus denen die anderen weichen müssen. „Dem Sieger die Beute", lautete die Parole des 7. Präsidenten der USA Andrew Jackson (1767–1845). Der finanzielle Aufwand für die Wahlkämpfe überschreitet jedes in Europa vorstellbare Maß. In der Regel stammten und stammen die Finanzmittel von den großen Firmen, dem „Big Business". Der politische Einfluß der Geldgeber war und ist in den USA beträchtlich. Er war mitbestimmend für den Eintritt der USA in den Ersten Weltkrieg gegen Deutschland.

Worin sich die angebliche Rückständigkeit des preußisch deutschen Staates manifestierte, warum die verfassungsmäßigen Zustände im Deutschen Kaiserreich den Anschluß an die Modernität versäumt haben sollen, ist von den Kritikern nicht zu erfahren. Sie schließen sich den diffusen Thesen derjenigen ihrer Kollegen an, die ohne Begründung und Nachweis von der Rückständigkeit der deutschen Verhältnisse sprechen. Der Forderung des spanischen Historikers Josep Fontana ist daher zuzustimmen, daß jedes Land nach seiner eigenen Entwicklung zu beurteilen sei; es sei verfehlt, die allgemeine Geschichte so zu deuten, als wenn alles auf das System der angloamerikanischen Regierungsform hinauszulaufen habe. Der aggressive Egoismus, das „pursuit of happiness“, der westlichen Gesellschaften habe sich festgelaufen und kulturell wenig Überlebenschancen. Es ist leider eine Tatsache, daß die waffentechnische Überlegenheit des Westens seine abnehmende kulturelle und moralische Substanz nicht auszugleichen vermag. Erst heute zum Beginn des 21. Jahrhunderts wird spürbar, wie richtig das Empfinden des 19. Jahrhunderts war, zwischen Kultur und Zivilisation zu unterscheiden.

Mit ihrer oberflächlichen Kritik an der preußischen Staatsordnung übersehen die Kritiker das wichtigste Kriterium: Es geht nicht allein um Wahlrecht, noch weniger um die Abhängigkeit der Regierung von einem Parlament. Das sind Erfordernisse, die mit Modernität wenig oder sogar nichts zu tun haben. Das parlamentarische System nutzt nur den Parteien und ihren Funktionären, dagegen nicht „ipso iure“ der Bevölkerung und dem Staat als ganzem. Das hat Professor Dr. Friedrich Meinecke, der erste Rektor der Freien Universität Berlin, schon im Jahre 1916 ziemlich klar zum Ausdruck gebracht: „Das parlamentarische

System soll den Volkswillen zur alleinigen Geltung im Staate bringen. Es bringt immer und immer nur die Parteien und innerhalb dieser wieder nur ganz kleine Schichten und Gruppen ans Ruder, die dann als Drahtzieher der herrschenden Partei eine wundervolle Gelegenheit erhalten, den Staat für sich auszubeuten. Volkswille ist nicht schlechthin identisch mit Mehrheitswillen. Das parlamentarische Regime entspricht nicht den Interessen der deutschen Arbeiterschaft, denn Parteienregierungen sind eine sehr schlechte Bürgschaft für gute Sozialpolitik und gerechte Steuerverteilung. Nicht die westlichen parlamentarischen Staaten, sondern Deutschland hat die Bahn gebrochen für die moderne soziale Versicherungsgesetzgebung. Der soziale Gemeingeist, der in unserem Staate lebendig ist und unserer aller Freiheit sichert, verlangt eine andere Regierungsform als die des bürgerlichen Klassenstaats."

Einem Staat wie dem des Deutschen Kaiserreichs, der mit durchschnittlich 2 % die geringste Arbeitslosigkeit in Europa aufzuweisen hatte, der in Bildung, Wissenschaft, Wirtschaft und Rechtssicherheit eine Spitzenstellung im Weltvergleich einnahm, der Vorreiter der sozialen Absicherung und des betrieblichen Arbeitsschutzes für die arbeitenden Menschen war und der im 18. und 19. Jahrhundert an weniger kriegerischen Auseinandersetzungen teilgenommen hat als die USA, England, Frankreich oder Rußland, mangelnde Modernität vorzuwerfen, zeugt nicht von Urteilsfähigkeit.

Aber auch staatsphilosophisch stellte sich Deutschland als ein durch und durch „moderner" Staat dar. Doch darf man bei dieser Sichtweise einmal nicht den ideologischen Vorgaben der Umerziehungssoziologen folgen. Auf einen einfachen staatsrechtlichen Nenner gebracht, kann das Kaiserreich als eine Synthese von Thomas Hobbes und Immanuel Kant aufgefaßt werden, zugleich in der pietistisch-adligen Tradition Preußens von „Allgemeinwohl" und „Schirm" stehend. Es ist der rechtlich gebundene und fürsorgliche starke Staat, der seinen Bürgern inneren Frieden, Sicherheit und persönliche Entfaltungsmöglichkeiten gewährt. In diesem Staat wird das Aufeinanderprallen von Interessengegensätzen kanalisiert, dadurch werden Energien gespart und Raum geschaffen für die Erreichung wichtiger, anderer persönlicher Ziele. Mit Rechtsstaatlichkeit und Rationalität können Parteiegoismen begegnet und den Forderungen der modernen industriellen Welt besser entsprochen werden als mit den unfruchtbaren Auseinandersetzungen und Streitigkeiten von gesellschaftlichen Interessengruppen. Christian Wolff beschrieb diese Erscheinung im Jahre 1725 wie folgt:

> „Und ist der Gehorsam um so viel mehr nöthig, weil die Unterthanen nicht immer in dem Stande sind zu urtheilen, was zum gemeinen Besten gereichet, weil sie von der Beschaffenheit des gantzen gemeinen Wesens und seinem wahren Zustande nicht gnugsame Erkäntnis haben. Sie urtheilen gemeiniglich bloß darnach, ob es ihnen vortheilhafft sey, was befohlen wird, oder nicht. Allein es pfleget gar offt zu geschehen, daß dem gantzen gemeinen Wesen ersprießlich ist, was einem oder dem andern von den Unterthanen nachtheilig befunden wird. Im gemeinen Wesen aber muß die gemeine Wohlfahrt der besondern vorgezogen

werden. Öffters verstehen auch die Unterthanen selbst nicht, was zu ihrem Besten dienet und halten für gut, was ihnen schädlich seyn würde. Und demnach dienet nicht wenig sie zum Gehorsam bereit und willig zu machen, wann man ihnen deutlich zeiget, daß zu ihrem Besten gereiche, was die Obrigkeit befiehlet: welches theils durch öffentliche Schrifften, theils auch durch den Unterricht der öffentlichen Lehrer geschehen kan."

Runde Tische, Sonderparteitage und gegenseitige Konsultationen von euphemistisch mit Sozialpartnern bezeichneten Interessenvertretern, wie sie zum Beginn des 21. Jahrhunderts Mode geworden sind, vernebeln Schwäche und Lähmung des „modernen" Staates mit katastrophalen Wirkungen auf Wirtschaft und Beschäftigung. Hiervon hängen jedoch die Sicherung der Lebensgrundlagen der Menschen und der innere Frieden ab. Modern ist nicht der schwächelnde, sondern der verantwortungsbewußte rechtlich eingebundene starke Staat. Hinzu kommt, daß der angeblich so moderne Staat der Gegenwart seine Bürger ständig in einem Umfang finanziell in Anspruch nimmt, wie es in der preußischen Geschichte niemals vorgekommen ist. Der politische Streit kostet Geld, viel Geld sogar, und das muß von den steuerzahlenden Bürgern aufgebracht werden.

Konrad Adenauer liebte Preußen nicht. Er ging eine kompromißlose Bindung an den Westen ein. Preußen konnte daher in der alten Bundesrepublik nicht mehr auf zustimmendes Interesse hoffen. Die westliche Welt mit ihrer Betonung individueller Rechte, materiellen Ansprüchen und der sozialen Belohnung von wirtschaftlichem Erfolg wurde zur Bezugsgröße der westdeutschen Staatsraison. Das preußische Ethos des Dienens, der Verpflichtung des einzelnen gegenüber dem allgemeinen Wohl, der Forderung nach Bevorzugung des Gemeinwohls gegenüber den subjektiven Bedürfnissen einer politischen Partei fand keine Befürworter mehr. Im Gegenteil: Der sozialdemokratische Politiker Oskar Lafontaine, vom linken Flügel, erklärte die preußischen „Tugenden" zu Sekundärtugenden, mit denen man auch ein KZ führen könne. Er machte diese Tugenden mitverantwortlich für die NS-Untaten an der jüdischen Bevölkerung. Historisches Wissen hätte ihn vor diesem Fehlurteil bewahren können, denn die geistigen Väter der preußischen Tugenden, es sind dies Christian Thomasius (1655–1728), Christian Wolff (1679–1754) und August Hermann Francke (1663–1727), forderten Ungehorsam bei unsittlichen Befehlen. Unter der Überschrift „Von der Macht und Gewalt der Obrigkeit" schrieb Christian Wolff 1725 wörtlich: „Wollte aber die Obrigkeit etwas befehlen, da wir Unrecht thun müssen, als z. E. einen unschuldigen Menschen totschlagen; so muß man alsdenn allerdings seinen Gehorsam verweigern. Weil nun das natürliche Gesetz zugleich das göttliche Gesetz ist; so muß man solcher Gestalt mehr gehorchen als dem Menschen." Für den Ungehorsam gegenüber unsittlichen Befehlen der Obrigkeit gibt es in der preußischen Geschichte genügend Beispiele.

Beim Vergleich der englischen Verfassungszustände mit denen Preußen-Deutschlands fällt zunächst das Wahlrecht auf. Das allgemeine, gleiche, direkte und geheime

Wahlrecht, mit denen die Abgeordneten des deutschen Reichstags gewählt wurden, war nicht nur moderner, sondern auch demokratischer als das englische. Erst 1918 führte Großbritannien das gleiche, geheime und direkte Wahlrecht ein, allerdings unter Aufrechterhaltung des Mehrheitswahlrechts. Bis dahin wurden Wohnungsbesitzer und Adlige in England bei der Wahl privilegiert. Es herrschte ein einseitig diskriminierendes Klassenwahlrecht. In England und Deutschland waren, wie es damals allgemein üblich war, nur Männer ab dem Alter von 25 Jahren wahlberechtigt. Während in Deutschland rund 22 % der Bevölkerung zur Urne gehen durften, waren es in England sogar nach der Wahlrechtsreform 1884 nur 14%, vor der Wahlreform dagegen nur 9 %. In beiden Ländern waren die Regierungschefs abhängig von der Mehrheit des Parlaments. Bis 1914 hat kein deutscher Reichskanzler gegen die Mehrheit des Reichstags regieren können. Doch in Deutschland ernannten nicht die Parteien den Reichskanzler, sondern die Ernennung erfolgte durch den Kaiser. Der deutsche Reichskanzler war mit der Gesetzgebung und vor allem mit dem Haushalt, wie in England, vom Parlament, dem Reichstag, abhängig. Großbritannien war im Gegensatz zum Deutschen Kaiserreich kein Bundesstaat, daher dürfen die Parlamente der deutschen Einzelstaaten nicht zum Vergleich herangezogen werden. Das Dreiklassenwahlrecht, das in Preußen und Sachsen bis 1914 Gültigkeit hatte, wurde in seiner Bedeutung von den Sozialdemokraten aus agitatorischen Gründen politisch überbewertet, denn die wichtigen deutschen Gesetze wurden nicht in den preußischen und sächsischen Landtagen, sondern im Reichstag verabschiedet. Auf der anderen Seite erlebten Gemeinden und Städte in Deutschland eine starke politische Beteiligung der Bevölkerung, was den schon wiederholt erwähnten Staatsrechtslehrer Georg Jellinek veranlaßte, das englische „local government" als überholt und nicht mehr effektiv zu bezeichnen. Es sei auf der Vorherrschaft der aristokratischen Gesellschaftsklasse aufgebaut und daher von der modernen Entwicklung überholt worden. Der Kreis der im „local government" herrschenden Personen gehöre derselben nobility und gentry an, welche die Mitglieder beider Häuser des Parlaments umfasse. Die Selbstverwaltung der Gemeinde- und Städteverfassung in Deutschland hatte Vorbildcharakter, nicht nur in England, sondern mehr noch in den USA. Der Begriff der Selbstverwaltung wurde erstmals von Heinrich Matthias Zöpfl (1807–1877), Staatsrechtler in Würzburg, in den wissenschaftlichen Diskurs eingeführt.

In die Angelegenheiten der deutschen Gemeinden und Städte wurden die Einwohner über verschiedene Institutionen eingebunden, so daß sich Bismarck veranlaßt sah, den verwaltungsmäßigen Mehraufwand zu rügen: „Man hatte gehofft, daß die Staatsbehörden durch die Einführung der heutigen lokalen Selbstverwaltung an Geschäften und an Beamten würden entbürdet werden; aber im Gegentheile, die Zahl der Beamten und die Geschäftslast derselben sind durch Correspondenzen und Frictionen mit den Organen der Selbstverwaltung von dem Provinzialrathe bis zu der ländlichen Gemeindeverwaltung erheblich gesteigert worden. Es muß früher oder später der wunde Punkt eintreten, wo wir von der Bürokratie erdrückt werden."

Mit der Selbstverwaltung wurde zwar die gewohnte Effektivität der preußischen Verwaltung behindert, aber die demokratische Öffnung erwirkte eine bis dahin unbekannte Mitwirkung der Bevölkerung. Es war Demokratie von unten. Englische Regierungsdelegationen besuchten mehrmals Berlin zum Studium der preußischen Selbstverwaltung. Auch in der Verwaltung selbst hat sich die englische der preußischen Verwaltung mehr und mehr angenähert, obwohl der innere Geist der preußischen Verwaltung nicht übertragbar war. „So hat sich in England eine Form der Verwaltung herausgebildet, die sich der auf dem Kontinent herrschenden mehr und mehr angenähert hat" (Georg Jellinek).

In Bewahrung der europäischen Traditionen fand in vollständiger Ideologiefreiheit ein Geben und Nehmen zwischen den europäischen Staaten auf allen Gebieten des menschlichen Zusammenlebens statt. Das schloß Bereiche wie die von Kultur, Bildung, Wissenschaft, Verwaltung und Staatslehre ein.

Die Bedenken der deutschen Industrie gegenüber der großen Zahl ausländischer Studenten an den deutschen Technischen Hochschulen wies die preußische Regierung zurück. Der Studentenaustausch liege im Interesse der von Deutschland gewünschten und praktizierten Weltoffenheit. Die Sorgen der Industrie um ihre Wettbewerbsfähigkeit habe demgegenüber zurückzutreten. In diesem Sinne regte Preußen auch einen Professorenaustausch mit den USA an, der bei seinem Zustandekommen zum großen Teil aus der kaiserlichen Schatulle bezahlt wurde.

Bewundert, gefürchtet, beneidet und nachgeahmt wurde Preußen im 18. und 19. Jahrhundert nicht nur von seinen Nachbarn, sondern auch von fernen Ländern. Hervorstechende Beispiele sind die Aufhebung der Hexen- und Ketzerverfolgung (1714), die Einführung der allgemeinen Unterrichtspflicht (1717), das Bürgerliche Gesetzbuch (BGB) (1900) und die Struktur der deutschen Universitäten. Letztere ging auf die Gründung der Friedrich-Wilhelms-Universität 1810 in Berlin zurück. Mit dieser von Wilhelm von Humboldt konzipierten Universität setzte Preußen Weltmaßstäbe für den inneren Aufbau und die Unabhängigkeit der Universitäten.

Mit der Allmacht des britischen Parlaments war der Deutsche Reichstag nicht zu vergleichen. Nicht unter, sondern neben dem Parlament stand der Reichskanzler. Er war als Repräsentant der Regierung eine gleichrangige Macht im Staat, ebenso wie die Justiz; im deutschen Kaiserreich herrschte der klassische Zustand der Lehre von der Gewaltenteilung im Staat (Charles de Montesquieu, 1689–1755). Das englische System entbehrte der Gewaltenteilung. Die Siedler in den Neu-Englandstaaten hatten die Verfassung der Vereinigten Staaten von Amerika gegen die staatlichen Zustände in England geschaffen, die amerikanische Verfassung war ein Protest gegen den englischen Staat. Mit der Abschaffung des Lordkanzlers im Juni 2003 zeigt England die ersten schüchternen Ansätze für eine rechtsstaatliche Gewaltenteilung. Das Oberhaus als oberstes Gericht und gleichzeitig als mitwirkend an der Gesetzgebung zeigt deutlich, wie schwach die politische Rechtsstaatlichkeit in England bisher entwickelt war.

Zur besseren Durchsetzung der Gewaltenteilung wurde der amerikanische Präsident mit bestimmten Machtbefugnissen ausgestattet, die ihm unabhängig vom Parlament zustanden. In den ersten hundert Jahren der amerikanischen Verfassung wurde streng auf die Trennung von Regierung, Justiz, Verwaltung und Parlament geachtet, später verwischten sich diese Grenzen. Daß in der Bundesrepublik Deutschland schon wenige Jahre nach Einführung des Grundgesetzes diese trennenden Grenzen trotz des entsprechenden Verfassungsgebots von den Parteien nicht eingehalten wurden, rechtfertigen willfährige und botmäßige Verfassungsjuristen mit gewohnheitsrechtlicher Übung. Das bedeutet, daß ein fundamentaler Grundsatz der Verfassung, wie es die Gewaltenteilung darstellt, in Deutschland durch „verfassungswidrige Gewöhnung" außer Kraft gesetzt werden konnte.

Bei aller Kritik an den Verfassungsstrukturen einzelner Staaten muß in einem Punkt jedoch Klarheit herrschen: Nicht das Parlament, nicht die Parteien und nicht die Justiz regieren einen Staat. Das ist und bleibt immer Sache der Verwaltung. Nur mit einer in Rechtsstaatlichkeit eingebundenen Verwaltung ist das Überleben eines Staates möglich, und zwar unabhängig von den moralischen, politischen und intellektuellen Qualitäten der Parlamentarier, Funktionäre und Regierungsvertreter. Dieser von Theodor Eschenburg zu seinem 90. Geburtstag zutreffend geäußerte Standpunkt verweist die Überbewertung der Parlamente in den Bereich politische Agitation. Es gehört zu den vielen Ungereimtheiten in der Diskussion über die Modernität eines Staates, daß die Verwaltung dabei zu kurz kommt und nicht den Platz für das Funktionieren eines Staates einnimmt, der ihr zusteht.

Stimmen zur Verwaltung:

Otto Braun (1872–1955), bis 1932 der letzte preußische Ministerpräsident, Sozialdemokrat: „Die preußische Verwaltung ist die beste Verwaltung gewesen, die die Welt je gesehen hat."

Bertrand Russell (1872–1970), Engländer, Nobelpreisträger, sozialwissenschaftlicher Philosoph, der dem linken Flügel der Labour-Partei nahestand: „Die (preußische Tradition) unterstützte ganz bedeutend die Entstehung einer tüchtigen ehrlichen Bürokratie, ohne deren Hilfe sich die deutsche Wirtschaft nie zu dem hätte entwickeln können, was sie wurde."

Joseph Alois Schumpeter (1883–1950), österreichisch geborener Harvardprofessor und bekannter Wirtschaftswissenschaftler: „Die preußische Verwaltung gehörte zu den besten der Welt. Es war eine gut ausgebildete Bürokratie von hohem Rang, guter Tradition, starkem Pflichtgefühl und einem nicht weniger starken ‚esprit de corps'."

Otto Hintze (1861–1940), Rechtshistoriker in Berlin, Neuausgabe seiner Werke 1982: „Der Geist der Kollegialität im Beamtentum gehört zu den stärksten sittlichen und sozialen Faktoren der Standesmoral und ist für das öffentliche Leben ein völlig unentbehrliches Element. Neben den Schwächen der Bürokratie stehen ihre hohen Tugenden, an denen es im deutschen Beamtenstand zu keiner Zeit gefehlt hat. Rechtschaffenheit, Pflichtgefühl, uneigennütziger Fleiß, Gemeinsinn, unbeugsames Rechtsgefühl und schlichte Treue. Es gibt gottlob noch viele Beamte, die von sich sagen können: patriae inserviendo consumor (im Dienst für das Vaterland verzehre ich mich). Die ganze Seelenverfassung des preußischen Beamtenstandes ist ein Ergebnis langer Standeserziehung und familienhafter Züchtung. In dem freien Spiel der wirtschaftlichen Kräfte hätte sich dieses Produkt nicht herausbilden können. (Im preußischen Beamtentum) ist etwas eigenartiges, irrationales, was sich nur historisch begreifen läßt."

Fritz Fleiner (1867–1937), Schweizer Staatsrechtslehrer: „Die beste Verfassung eines Staates ist eine gute Verwaltung."

Christian Wolff (1679–1754), Philosoph, Mathematiker, brandenburgischer Wegbereiter der Aufklärung: „Tue, was die Wohlfahrt der Gesellschaft befördert; unterlaß, was ihr hinderlich oder sonst nachteilig ist." „Die Untertanen sind nicht immer in dem Stande zu urteilen, was zum gemeinen Besten gereicht, weil sie von der Beschaffenheit des ganzen gemeinen Wesens und seinem wahren Zustand nicht genügende Erkenntnis haben."

Theodor Eschenburg (1904–1999), Staatsrat in Württemberg und später Professor für Politikwissenschaft in Tübingen:

„Das preußische Beamtentum verdankte sein Ansehen nicht nur seiner durch die politische Entwicklung und den gesellschaftlichen Status bedingten Stellung, sondern seiner vielgerühmten Tüchtigkeit und seiner Integrität. Die Amtsehre leistete dem Beamtendünkel Vorschub. Die deutsche Verwaltung entsprach im internationalen Maßstab allerhöchster Geltung. Daß Deutschland eine Revolution nicht erlebt hat, war der Tatsache zuzuschreiben, daß sie sich wegen der guten Verwaltung nicht lohnte.“

Man wird Otto Hintze zustimmen müssen, daß häufig Ideal und Wirklichkeit in einem Staat auseinanderklaffen. Unabhängig davon sollte Einigkeit in den Zielen staatlichen Handelns in seinen Hauptaufgaben bestehen: Es ist die Herbeiführung von Recht, Frieden, Sicherheit und Souveränität. Diese Zweckbestimmung des Staates ist schon im Allgemeinen Landrecht für die Preußischen Staaten von 1794 festgeschrieben. Wenn ein Mann von der tiefgründigen, umfassenden historischen und staatsrechtlichen Bildung wie Otto Hintze den preußischen Staat als einen modernen, vielleicht sogar als den modernsten Staat seiner Zeit einschätzte, dann hat dieses Urteil jedenfalls Gewicht. Theodor Eschenburg wiederum stellte den Rechtsstaat in seiner Bedeutung für die Menschen über alle anderen Werte und Interessen. Daß der preußisch-deutsche Staat ein Rechtsstaat in diesem Sinne war, wird von keinem bestritten, auch nicht von seinen ideologischen Kritikern.

Unter dem heutigen Zeitgeist bleibt es für Historiker wie auch für Politologen äußerst schwierig, das preußische

Staatsethos zu begreifen. Wer nicht wenigstens einige Protokolle der Reichstagsdebatten kennt, wer nicht die grundsätzlichen Entscheidungen des Reichsgerichts und des preußischen Oberverwaltungsgerichts studiert hat, wer nicht die pietistisch beeinflußte preußische Aufklärung (Wolff, Thomasius, Francke) versteht, sollte über Geist und Verfassung des Deutschen Kaiserreichs nicht urteilen.

In keinem anderen Staat berührt die weitere und nähere Vergangenheit und ihre erzählerische Behandlung so eng die Gegenwartspolitik wie in der Bundesrepublik Deutschland. Wird einer solchen Darstellung vorgeworfen, apologetisch, verharmlosend, unkritisch, unausgewogen oder einseitig zu sein, dann handelt es sich um eine politisch motivierte Ablehnung, um die Kritik an einer nicht als „politisch korrekt" eingestuften historischen Darstellung. Berührt der kritisierte Text allerdings die jüngste deutsche Vergangenheit, setzt sich der Autor sogar der Gefahr aus, als Verharmloser, als Relativierer oder als Leugner der nationalsozialistischen Verbrechen gebrandmarkt zu werden.

---

10 (8. Band, Seite 9) – 11 – 12 – 13 – 22 – 23 – 27 – 31 – 44 – 45 – 46 – 51 – 54 – 56 – 70 – 77 – 78 – 79 – 89 – 90 – 96 – 99 – 104 – 106 – 109 – 113 (Seite 449) – 121 – 127 – 128 – 130

III.
Preußen und die Widersprüche seiner Auflösung

Preußen und die Widersprüche seiner Auflösung

Nach dem verlustreichen und über 6 Jahre dauernden Zweiten Weltkrieg kapitulierte die Wehrmacht des Deutschen Reichs im Mai 1945. Die Niederlage war total. Das Land lag in Trümmern. Von 250.000 Gebäuden in der Reichshauptstadt Berlin waren 180.000 zerstört. Von den 850.000 Wohnungen konnten 600.000 nicht mehr bewohnt werden. Insgesamt waren mehr als 5 Millionen Wohnungen in Deutschland nicht mehr bewohnbar. Im ehemaligen Bundesgebiet waren etwa 60 % aller Wohnungen betroffen. Trotzdem lebten nach dem Kriegsinferno in Berlin, in dieser größten Trümmerlandschaft der Erde, noch 2,8 Millionen Menschen, notdürftig zwar, aber sie lebten und krochen aus ihren Kellern. Was von den Industrieanlagen in Deutschland noch übriggeblieben war, wurde demontiert und abtransportiert. An eine Selbstversorgung der Bevölkerung war nicht zu denken. Fischerboote durften nicht auslaufen, die Verteilung von Saatgut war verboten. Der von den Alliierten festgesetzte Verpflegungssatz lag unter dem Existenzminimum. Etwa 3 Millionen Menschen sind in Deutschland in dieser Zeit nach offiziellen Schätzungen erfroren oder an Hunger gestorben.

Die Sieger zerteilten das Deutsche Reich in vier Zonen, und damit zertrennten sie auch das einheitliche deutsche

Wirtschaftsgebiet. Sie beschlossen die Abtretung der ostdeutschen Gebiete, es waren die preußischen Kernprovinzen, und veranlaßten die Austreibung der dortigen Bevölkerung. 13 Millionen Menschen waren davon betroffen; 2,3 Millionen kamen dabei ums Leben, viele von ihnen auf bestialische Weise. Die Deutschen wurden zusätzlich einer mehrjährigen Nahrungsmittelbeschränkung unterworfen, die Forschungsergebnisse und Patente deutscher privater Firmen und Personen enteignet sowie Wissenschaftler zur Ausbeutung ihrer Kenntnisse in die Länder der Siegermächte gebracht. Diese geistige Beute ersparte der amerikanischen und russischen Forschung milliardenschwere Investitionen und jahrzehntelange Forschungsarbeit. Hinzu kamen die Demontage wichtigster Fabriken und die Wegnahme privater und staatlicher Vermögenswerte im Ausland. Die Umerziehung, eine „geistige Demontage", richtete sich in erster Linie nicht, wie es nahe gelegen hätte, gegen die Ideen des Nationalsozialismus, sondern sie hatte eine klare antipreußische Tendenz. Die preußisch-deutsche Monarchie der Hohenzollern war bereits im November 1918 als Folge der Niederlage nach dem Ersten Weltkrieg zuende gegangen. Ein unmittelbarer Zusammenhang des Kaiserreichs mit dem Nationalsozialismus bestand daher nicht. Für die antipreußische Umerziehungspropaganda mußte zum Nachweis der Kontinuität eine andere Begründung gefunden werden. Es war das zu Propagandazwecken aufgestellte historische Fehlurteil Hitlers, in der Nachfolgeschaft Friedrichs des Großen und Bismarcks zu stehen. Diese Behauptung wurde von den Alliierten – ebenfalls aus Propagandagründen – übernommen. Die Berufung der Alliierten auf Hitler stellt eine merkwürdige

Absurdität dar, denn den Deutschen wurde die kritiklose Übernahme nationalsozialistischer Gedanken allgemein zum Vorwurf gemacht. In diesem Fall scheuten sich die Alliierten selbst nicht, eine historisch unhaltbare These der Nationalsozialisten als historisch zutreffend zu übernehmen.

Hitler hatte im Interesse seiner Akzeptanz bei der deutschen Bevölkerung im März 1933 den sogenannten „Tag von Potsdam“ inszeniert, womit die Alliierten ein plausibles, doch mit der historischen Wirklichkeit nicht übereinstimmendes Argument erhielten, das Deutsche Kaiserreich und Preußen als Vorläufer und Verursacher von Hitler zu erklären. Demokratische Gesinnung wird seitdem mit antipreußischer Haltung gleichgesetzt. Ausgeblendet wurden dagegen Inhalt und Folgen des Friedensschlusses von Versailles sowie die Instabilität der demokratischen Regierungen in der „Weimarer Zeit“. Es gab 19 Regierungen von 1919–1932, eine dramatisch hohe Arbeitslosigkeit, schier unbezahlbare Reparationszahlungen und eine nahezu vollständige Vermögensvernichtung durch Inflation. Diese Ereignisse werden von den Protagonisten der „Verursachungskette“ unbeachtet gelassen. Wer die Verwaltungs- und Verfassungsstruktur des Kaiserreichs und Preußens zur Ursache Hitlers erklärt, verfälscht die Geschichtswissenschaft zur Teleologie.

Der Jurist unterscheidet zwischen Verschulden und Verursachen. Dem objektiven Merkmal der Verursachung wird damit ein Korrektiv beigefügt. Seit den Zeiten des Reichsgerichts hat sich aus rechtspraktischen Erwägungen für den Nachweis der Verursachung die Adäquanztheorie durchgesetzt. Danach werden in der deutschen Rechtstradition nur solche Folgen einer Handlung oder eines Zustandes als strafrechtlich relevante Ursachen bewertet, mit deren Eintritt nach der menschlichen Lebenserfahrung vom Standpunkt des Kundigen gerechnet werden konnte. Treten außergewöhnliche Ereignisse dazwischen, wird die Kausalkette unterbrochen. Zu solchen die Kausalität unterbrechenden Ereignissen zwischen Kaiserreich und Hitler gehören der Erste Weltkrieg, der Friedensschluß von Versailles, die Inflation und die hohe Arbeitslosigkeit, die Demütigung des Deutschen Volkes durch die Alliierten, letztlich die Unfähigkeit der Parteien zu politischen Kompromissen. Gerade weil Historiker von Kontinuität im Sinne von Ursächlichkeit sprechen, sollten sie sich an diese bewährten Regeln der Strafrechtsprechung halten. Dann würde es sich sofort als Irrtum erweisen, Preußen und das Kaiserreich als ursächliche Vorläufer von Hitler zu erklären. Weiter könnte man ohne Scheu die Unterschiede des staatlichen und sozialen Aufbaus des Kaiserreichs im Vergleich zu anderen Ländern, auch im Vergleich zu Deutschland unter dem Nationalsozialismus, untersuchen, ohne dabei in die ungewollte Rolle eines Anklägers oder eines Verteidigers zu geraten.

Wie widersprüchlich und irrational die These vom Kaiserreich als Wurzel des Nationalsozialismus ist, wird auch darin erkennbar, daß linke und rechte Ideologen hierfür vollständig gegensätzliche Begründungen liefern. Während linke Kritiker eine unterbliebene Liberalisierung und Parlamentarisierung und damit die gleichzeitige Beibehaltung „obrigkeitlicher" Strukturen für die Selbstauflösung und den Untergang des Kaiserreichs verantwortlich machen, vertreten die rechten Kritiker (Carl Schmitt) genau den gegenteiligen Standpunkt. Der Verfassungskompromiß 1866 und die sogenannte Indemnität hätten den liberalen Kräften einen für den deutschen Staat ungesunden Auftrieb gegeben und den monarchisch-soldatischen Geist Preußens, die Seele dieses Staates, unheilbar beschädigt. An diesem Widerspruch zweier Kräfte, Liberalismus und Monarchie, sei endlich das Kaiserreich zerbrochen.

Hitler lehnte die Strukturen des Kaiserreichs ebenfalls entschieden ab. Er argumentierte gegen diesen Staat nicht nur mit zu großer Judenfreundlichkeit von verantwortlichen Politikern, sondern auch mit Entschlußlosigkeit und Feigheit des Adels. Ein sehr diffuses Urteil. Hätte Hitler nur etwas mehr von Rechts- und Staatslehre verstanden, hätte er sicherlich der Ansicht von Carl Schmitt zugestimmt. Wir stehen damit vor dem recht merkwürdigen Phänomen, daß sich Konservative, Sozialisten, Kommunisten, Nationalsozialisten und Parlamentarier in der Ablehnung des Deutschen Kaiserreichs einig waren und vielfach heute noch immer sind: nach der einen Ansicht bestand zu wenig, nach der anderen Ansicht zu viel Liberalismus. Das einzige, was beide Seiten gemeinsam haben, ist ihre Abneigung gegenüber Tatsachen. Sie werden konkret nicht behandelt. Auch die Frage, ob die rechtsstaatliche Forderung nach Gewaltenteilung im Kaiserreich erfüllt worden ist, wird von allen Seiten ignoriert. Es wird daraus mehr als deutlich, daß wir es nicht mit Wissenschaft zu tun haben, sondern mit politischer Agitation. Die bereitwillige Annahme dieser Thesen von einem Großteil der Bevölkerung deutet nicht nur auf den „Herdentrieb der Menge" hin, sondern auch auf die Unmündigkeit der Menschen und auf ihr Unvermögen, sich ihres Verstandes ohne Leitung durch einen anderen zu bedienen (Immanuel Kant).

Unter dem streng rechtsstaatlichen Preußen hat es eine rassische oder auch anders motivierte Verfolgung von Menschengruppen niemals gegeben. Seine sprichwörtliche Rechtssicherheit machte Deutschland zum beliebtesten europäischen Einwanderungsland der osteuropäischen Juden. Ein „königlich-preußisches" Konzentrationslager wäre eine historisch irreale und völlig unvorstellbare Denkfigur. Die Verfolgung und Tötung von Menschengruppen wegen ihrer Religion, ihrer Rasse oder ihres Herkommens hat es in den USA, in England, Russland und auch in Frankreich gegeben, doch niemals im Hohenzollernstaat Brandenburg-Preußen oder später in Preußen-Deutschland.

Zu einem besonders traurigen Kapitel eines solchen Gruppenhasses nach dem Zweiten Weltkrieg entwickelte sich das Schicksal der Kosaken, die während des russischen Bürgerkriegs (1918–1921) geflohen und über alle Gebiete Europas verteilt waren. Sie kämpften als ordentliche Soldaten freiwillig auf der Seite der Wehrmacht und begaben sich 1945 in Österreich unter britischen Schutz. Sie wurden in der Nähe von Klagenfurt in Sammellagern mit ihren Frauen und Kindern zusammengefaßt. Unter Einsatz von Panzern und Maschinengewehren lieferten englische Soldaten diese hilf- und schutzlosen Menschen mit Gewalt und gegen ihren Willen an die Sowjetrussen aus. 170.000 Männer, Frauen und Kinder wurden, wenn sie sich nicht vorher selbst das Leben genommen hatten, nach ihrer Auslieferung umgebracht. Viele von ihnen zogen den Tod ihrer Auslieferung an die Sowjetrussen vor. Sie ließen sich von den um das Lager postierten englischen Panzern überrollen oder von den englischen Maschinengewehren erschießen. Warum hat keiner der britischen Offiziere die Ausführung dieses grausamen Befehls verweigert?

Um ihrer gegen Preußen gerichteten Umerziehungspolitik die Krone aufzusetzen, bestimmten die Siegermächte am 25. Februar 1947 mit dem Kontrollratsgesetz Nr. 46 die Auflösung des Staates Preußen. Seit jeher sei er Träger des Militarismus und der Fortschrittsfeindlichkeit (Reaktion) gewesen. Auf diese von Geschichtsunkenntnis und Unversöhnlichkeit diktierte Anordnung reagierte die deutsche Bevölkerung in ihrem damaligen Elend mit Teilnahmslosigkeit. Niemand in dem besiegten und ausgeplünderten Land interessierte sich noch dafür, daß Preußen in den letzten Jahrhunderten das Schicksal Deutschlands entscheidend bestimmt und die von der Mehrheit der Deutschen langersehnte Einheit 1871 herbeigeführt hatte. Preußen hatte Deutschland zum weltweit höchsten Rang von Wissenschaft und Bildung, Wirtschaft und Technik, Verwaltung und Recht sowie sozialer Verantwortung geführt.

Wie der erste englische Presseoffizier der Nachkriegszeit Professor Michael Balfour auf einer Historikertagung im

Jahre 1974 berichtete, war es in den Nachkriegsjahren unerwünscht, über den Widerstand der preußisch gesinnten Offiziere gegen Hitler zu berichten: „... to suppress the publication of information about the German ‚Widerstand' on the grounds that it was inconvenient to the policies (of Reeducation)* of those Governments ...".

Die Bezeichnung des preußischen Königs Friedrich II. als Friedrich der Große, wie es international üblich war und immer noch ist, war unerwünscht. Die Alliierten haben die von ihnen lizenzierten Presseerzeugnisse zur Einhaltung ihrer antipreußischen Vorgaben angehalten. Neben den Medien paßten sich auch deutsche Historiker der Umerziehungspolitik an. Bei den Journalisten kann für diese Haltung mangelndes Wissen und vielleicht auch eine unzureichende historische Bildung unterstellt werden. Für Historiker gilt das natürlich nicht. Die alliierten Vorgaben wurden von deutschen Historikern weitgehend beachtet, so daß der französische Historiker Paul-Pierre Sagave auf einer Historikertagung 1982 in Berlin seinen deutschen Kollegen dies zum Vorwurf machte. Er wies darauf hin, daß der preußische König in Frankreich immer noch Frederic Le Grand, und nicht Friedrich II. genannt werde. Weder für Journalisten noch für Historiker gibt es in der Gegenwart staatliche Anweisungen zu entsprechenden Meinungen oder Äußerungen. Beide Gruppen jedoch folgen mit der Beachtung der sogenannten „Political Correctness" einem Rudelverhalten, dem Herdentrieb der Menge (Immanuel Kant).

---

*Einfügung durch den Autor

Sie werden damit vor dem existenzgefährdenden Ausschluß aus dem Rudel bewahrt. Es ist eine Erscheinung unter Historikern, die der bekannte Psychiater und Hirnforscher Professor Dr. Wolf Singer so beschreibt: „Und so wird jeweils in die Geschichte als Tatsache eingehen, was die Mehrheit derer, die sich gegenseitig Kompetenz zuschreiben, für das Zutreffende halten. Unbeantwortet bleibt dabei, wie nahe diese Feststellungen der idealen Beschreibung kommen, weil es diese aus unserer Perspektive nicht geben kann."

Deutsche Schriftsteller und Publizisten verstanden sich im Sommer 1996 zu einer denkwürdigen Erklärung: „Politische Korrektheit ist die Diktatur von Meinungen. Die Welt braucht selbständig denkende Menschen, Rebellen, die gegen den Strom von Vorurteilen schwimmen und die mutig für ihre Überzeugung eintreten, auch wenn sie damit gegen anerkannte politisch korrekte Gebote verstoßen."

Zu welchen geistigen Entgleisungen die Willfährigkeit des Denkens durch Historiker führen konnte, läßt sich anschaulich am Beispiel des Politologen Professor Dr. Kurt Sontheimer, Berlin und München, zeigen. Er sagte auf einer Historikertagung im Jahre 1981, 36 Jahre nach Ende des Krieges, daß er es aus umerzieherischen Gründen für unverzichtbar halte, an der These vom Preußisch-Deutschen Kaiserreich und seinen Strukturen als Vorläufer Hitlers festzuhalten, und zwar unbeschadet der Richtigkeit dieser These. Nur dann könne der Weg zur Demokratisierung in Deutschland fortgesetzt werden.

73

Verfälschende Geschichtsdarstellung als Grundlage demokratischer Gesinnung?

---

6 – 46 – 51 – 52 – 60 (Seite 140) – 65 – 99 – 106 – 134 (Seiten 261 und 628)

IV.
Preußen und die deutsche Einheit

Preußen und die deutsche Einheit

Gegen innere und äußere Widerstände führte Preußen nach dem siegreichen Krieg 1870/71 gegen Frankreich die langersehnte deutsche Einheit herbei. Mit seiner Kriegserklärung an Preußen hatte Frankreich den Bündnisfall für die süddeutschen Staaten ausgelöst, die geschlossen auf die Seite Preußens traten. Damit wurde diese anfänglich französisch-preußische Auseinandersetzung zum französisch-deutschen Krieg. Bis zu dieser staatlichen Einigung durch Preußen im Jahre 1871 war die Stabilität Europas durch Deutschlands Schwäche und durch seine Teilung in viele souveräne Einzelstaaten bedroht. Es war das Tummelfeld für andere europäische Mächte, die aus der Rivalität der deutschen Fürsten Nutzen zogen, um die Teilung Deutschlands aufrechtzuerhalten. Daraus entstanden europäische Kämpfe: um die deutsche Einheit zu verhindern oder um zu verhindern, daß eine andere Macht in Deutschland die Vorrangstellung erlange (Henry Kissinger 1961).

England und Frankreich erlangten ihre nationale Einheit schon im Jahr 1453. In diesem Jahr war der Hundertjährige Krieg zwischen beiden Ländern zu Ende gegangen und in diesen Ländern das Bewußtsein begründet worden, jeweils eine Nation zu sein. Der Entwicklung zum neuzeitlichen Staat stand auf deutschem Boden die Zersplitterung und Zergliederung in selbständige

Herrschaftseinheiten hemmend im Wege. Das Deutsche Reich nannte Samuel von Pufendorf (1632–1694), Historiker am Brandenburger Hof, daher ein „unregierbares Monstrum“. Die Zersplitterung in kleinste Wirtschaftsräume hat im Vergleich insbesondere zu England den wirtschaftlichen Verkümmerungsprozeß in Deutschland gefördert. Die Folge war die Zerstörung der europäischen Wirtschaftseinheiten mit den großen Wirtschaftsräumen in Flandern, Mittelmeerraum, Ostsee, Niederrhein, Nordfrankreich, Sachsen, Ober- und Mittelitalien (Walter Eucken).

Nach den Bestimmungen des „Westfälischen Friedensvertrages“ im Jahre 1648 in Münster, der den sogenannten „Dreißigjährigen Krieg“ beendete, mußte der deutsche Kaiser auf den letzten Rest seiner Reichsmacht verzichten. Die deutschen Länder (Fürstentümer) erhielten das Recht, untereinander und mit ausländischen Mächten Bündnisse zu schließen (Libertät). Diese Bestimmung trug die Handschrift des französischen Kardinals Richelieu, der Frankreich unter dem schwachen König Ludwig XIII. von 1624 bis 1642 regierte. Er koordinierte die Gegner Habsburgs, des deutschen Kaisers, und verfolgte ausschließlich französische Machtinteressen. Seit Richelieu gehörte die Aufrechterhaltung der Zersplitterung und Aufteilung Deutschlands in selbständige Staaten zur französischen Staatsräson. Fortan wurden daher die meisten europäischen Kriege auf deutschem Boden ausgefochten. Als die napoleonischen Kriege im Jahre 1815 auf dem „Wiener Kongreß“ vertraglich abgeschlossen wurden, hatte es die französische Diplomatie unter Talleyrand erneut verstanden, die anderen Mächte von der Notwendigkeit der Zersplitterung Deutschlands zu überzeugen. Nicht einmal die Einheit von Finanzen, Recht, Verkehr, von Maßen, Währung und Gewichten konnte die preußische Delegation durchsetzen. Es waren die Forderungen der deutschen „Demokraten“, die unter Brechung der „Fürstenmacht“ eine Zentralregierung anstrebten. Auf Deutschlands Zersplitterung, auf seine Schwäche und der Behinderung seiner wirtschaftlichen Entwicklung wurde der Frieden gegründet, der bis heute als europäisches „Gleichgewicht“ gepriesen wird.

Als in Deutschland die „demokratische“ Bewegung im Jahre 1848 Erfolg zu haben schien, schreckte der französische Außenminister Jules Bastide auf und erklärte: „Wir werden einen Triumph der demokratischen, nach Einheit strebenden Tendenzen in Deutschland bekämpfen; wir werden durch unsere moralische Stütze die deutschen Fürsten halten; und deshalb werden wir auch keine Gesandten einer deutschen Zentralgewalt in Paris amtlich empfangen.“ Im Jahre 1866, bei der Gründung des Norddeutschen Bundes durch Bismarck, erklärte Adolphe Thiers, Führer der Opposition in der französischen Kammer und späterer französischer Ministerpräsident: „Der oberste Grundsatz europäischer Politik seit dem Westfälischen Frieden (1648) ist, daß Deutschland sich aus unabhängigen Staaten zusammensetzt. Wenn die deutschen Einzelstaaten in Deutschland aufgehen, so ist dies ein Attentat gegen Europa.“ Auch Rußland unternahm 1866 in London und Paris den Versuch, auf diplomatischem Wege die Gründung des Norddeutschen Bundes unter Hinweis auf die Kongreßakte des „Wiener Kongresses“ zu verhindern. Diese auf wirtschaftlichem

Unverstand beruhende Fehleinschätzung der wichtigen europäischen Mächte, die sich mit dieser Politik selbst Schaden zufügten, wurde noch einmal virulent bei der Beendigung des Ersten Weltkrieges im Jahre 1918/1919.

Die Herstellung der deutschen Einheit 1871 bedeutete angesichts dieser politischen Vergangenheit so etwas wie eine internationale Revolution. Dessen war sich nicht nur Bismarck bewußt. Wenn die führenden Staatsmänner in Europa mehr Verstand und mehr Einsicht in die Notwendigkeiten der wirtschaftlichen Entwicklung Europas besessen hätten, wäre mit der Einheit Deutschlands schon damals ein Kristallisationspunkt entstanden, der dem Kontinent eine wirtschaftliche Entwicklung ermöglicht hätte, die den USA und dem Fernen Osten ebenbürtig gewesen wäre. Neid, Haß und Uneinsichtigkeit der europäischen Staatsmänner haben diese Chance für Europa verhindert.

Der preußische Ministerpräsident und Reichskanzler Otto von Bismarck, der Schöpfer der deutschen Einheit, lebte eingedenk der historischen Erfahrung bis zu seinem Tode (1898) in der Furcht, benachbarte Feindmächte (Einkreisung) oder innere Gegner (Revolution) könnten die mühsam errungene deutsche Einheit wieder zerstören. Ferner bedrohten regionale, kulturelle und soziale Unterschiede die deutsche Einheit, die schon wegen der wirtschaftlichen Entwicklung unvermeidlich geworden war. Als Realist war sich Bismarck durchaus der Tatsache bewußt, daß die sogenannten eigenen „Interessen“ der im deutschen Bundesstaat zusammengefaßten Länder zu

Lasten der Einheit wieder die Oberhand gewinnen könnten. Noch wenige Jahre zuvor hatten einige der Länder im preußisch-österreichischen Krieg auf der Gegenseite des preußischen Staates gestanden. Darüber hinaus war eine Gefährdung durch die nationalen Minderheiten wie Polen und Franzosen, die sich mit ausländischen Mächten verbünden konnten, nicht auszuschließen. Endlich stellte auch der Gegensatz zwischen Katholizismus und Protestantismus einen Unsicherheitsfaktor dar, der den Bestand des Reiches sprengen konnte. Zu diesen Schwierigkeiten kamen noch zwei weitere überaus ernste Probleme hinzu: die dramatische Bevölkerungszunahme und das Anwachsen der Anzahl von industrieabhängigen Arbeitern. Letzteres war die Folge der Industrialisierung, die wiederum ursächlich wurde für den Beginn eines Vermassungsprozesses, dessen Folgen wir am Anfang des 21. Jahrhunderts täglich erleben. Soziale Entwurzelung und Zerfall von Gemeinschaften sind wohl die sichtbarsten Begleitumstände dieser Entwicklung. Mit der Herauslösung des einzelnen aus seinem natürlichen „Sozialgewebe“ wird er nicht nur isoliert, sondern auch sozial desintegriert. Seine Anfälligkeit für Agitation nimmt zu.

Trotz oder vielleicht sogar wegen seiner Befürchtungen im Blick auf die Zukunft des Deutschen Reiches gab Bismarck diesem „wesentlich von ihm geschaffenen Staatswesen“ die modernste Wirtschafts- und Sozialverfassung, Rechtsordnung und Verfassungsstruktur in ganz Europa (Lothar Gall) und machte die preußische Verwaltung zum tragenden Unterbau des neuen Staates, das preußische Staatsministerium zum eigentlichen Regierungsapparat. Dieser „Regierungsapparat“ hing in der Gesetzgebung vom Reichstag ab, der, ebenfalls nach dem Willen Bismarcks, mit dem freiheitlichsten Wahlrecht in Europa, dem allgemeinen, gleichen und geheimen Wahlrecht, gewählt wurde. Dieses Wahlrecht wurde in Großbritannien erst 1918 eingeführt.

Bei der Gründung des Deutschen Kaiserreichs als Bundesstaat im Jahre 1871 durch die deutschen Fürsten und die Städte Lübeck, Hamburg und Bremen betrug die Einwohnerzahl rund 40 Millionen. Bis zum Jahre 1914 war die Bevölkerung durch Geburtenüberschüsse auf über 67 Millionen angewachsen. Jeder zweite Deutsche wohnte nicht an seinem Geburtsort. Der Bevölkerungszuwachs betrug über einen Zeitraum von 43 Jahren jährlich 600.000 Personen. Zwei Drittel der Bevölkerung waren 30 Jahre und jünger, das heißt im Jahre 1913 waren rund 42 Millionen Einwohner nicht älter als 30 Jahre. Das Kaiserreich hatte eine junge Bevölkerung. Die Bewältigung dieser Bevölkerungsentwicklung stellte das vordringlichste Problem des Kaiserreichs dar, nicht der Kampf der Parteien untereinander, auch nicht die Gegnerschaft der Sozialdemokraten zum Staat und schon gar nicht die Aufrechterhaltung des Dreiklassenwahlrechts in Preußen und Sachsen. Denn die entscheidenden Gesetze wurden nicht im Preußischen oder Sächsischen Landtag verabschiedet, sondern im Reichstag. Zudem gab das preußische Wahlrecht prozentual mehr Bürgern die Wahlberechtigung als das Privilegiertenwahlrecht in England. Das gilt auch noch für die Zeit nach der englischen Wahlrechtsreform. Verwaltung und Regierung standen vor einer gigantischen Aufgabe. Sie war nicht vergleichbar mit den Problemen der bereits seit Jahrhunderten etablierten Nationen wie Frankreich, England oder sogar Rußland. Die allgemeine Zustimmung der Bevölkerung, die der Einigung der deutschen Länder entgegengebracht wurde, hätte eigentlich dazu führen müssen, die Regierung in ihrer Arbeit zu unterstützen. Aber der Deutsche ist, wie Bismarck einmal vor dem Reichstag sagte, von Grund auf ein Nörgler. Deshalb konnte die kritische Presse mit einer großen Resonanz in der Bevölkerung rechnen. So hat die linke und linksliberale Presse wesentlich dazu beigetragen, die Regierungstätigkeit noch zusätzlich zu erschweren, indem sie die ideologischen, sozialen und religiösen Gegensätze schürte, statt sie zu kalmieren. Bismarck übte am 26. November 1884 vor dem Reichstag Kritik an dem sich ausbreitenden Berufsparlamentariertum, an den vielen Abgeordneten, die nicht für die Politik, sondern von der Politik lebten. Das einträgliche, im Reichstag stark vertretene „Pressgewerbe“ sei die ökonomische Basis dieser „Abgeordneten von Beruf“, die im Parlament nicht die Landesinteressen, sondern ihre eigenen Interessen zum Zweck ihrer eigenen Herrschaft vertreten würden. Der Anspruch von Journalisten auf Meinungsführerschaft und ihre meist oppositionelle Einstellung gegenüber konservativen Regierungen haben sich bis heute nicht geändert. „Es ist eine weitverbreitete, aber unberechtigte Auffassung, als ob auf seiten der Opposition immer die größere Tüchtigkeit sei als auf seiten derer, die mit der Autorität in Frieden leben“ (Otto Hintze).

Nicht nur die sozialdemokratischen Stimmen, sondern auch liberale Zeitungen haben die negative Einschätzung der Leistungen der preußischen Verwaltung, wozu die

Bezeichnung autoritärer Obrigkeitsstaat zu rechnen ist, bis zum heutigen Tage bestimmt. Der Chefredakteur des Berliner Tageblatts, Theodor Wolff, hielt das Dreiklassenwahlrecht in Preußen und Sachsen, das Mehrheitswahlrecht zum Reichstag, die Pressegesetze und die Mängel im parlamentarischen System für die besonderen Schwächen des Reiches. Bedenkt man, daß in England bis heute das von Theodor Wolff angegriffene Mehrheitswahlrecht gilt, kann man leicht die Realitätsferne seiner Argumente erkennen. Die linke und die „liberale" Presse wollte es nicht zur Kenntnis nehmen, daß die Arbeitslosigkeit in England mindestens viermal höher war als in Deutschland, daß für England 349 Millionen Menschen in den Kolonien arbeiteten, daß noch keine Sozialgesetze in England durchgesetzt werden konnten, daß englische Regierungsmitglieder in Deutschland die Sozialgesetze, die Arbeitsschutzgesetze, die Städte- und Gemeindeverfassung studierten, daß das Schulsystem in Deutschland vorbildlich in der Welt war; all das fand in dieser kritisierenden Presse keinen ausreichenden Niederschlag. Aber 1931, als die chaotischen Zustände in Deutschland kaum noch eine Steigerung zuließen, plädierte Theodor Wolff für die Verzögerung von Reformen und statt dessen für die Bekämpfung der Arbeitslosigkeit. So kann es einem Journalisten ergehen, der gewisse Erscheinungen des staatlichen Lebens als selbstverständlich unterstellt, wozu im Kaiserreich die stabilen Verhältnisse und die für die damalige Zeit guten Arbeitsmarktbedingungen gehörten.

Die der wirtschaftlichen und politischen Wirklichkeit völlig entrückte Behandlung der deutschen Wiedervereinigungsfrage durch einflußreiche Zeitungen und Journalisten in der Zeit von 1965 bis 1990 sollte Anlaß sein, zu Meinungsäußerungen von Journalisten, ganz gleich aus welcher Zeit sie stammen und welche Richtung sie vertreten, Abstand zu halten und sie kritisch zu lesen und zu beurteilen. Der sozialdemokratische Journalist Egon Bahr, einer der „Vordenker“ der sozialliberalen Ostpolitik, schrieb in seinem Buch „Zum europäischen Frieden“ im Jahre 1988, nur ein Jahr vor der deutschen Wiedervereinigung: „Der europäische Frieden wird (nur)* mit zwei deutschen Staaten erreicht werden. Und nur dann, wenn – von innen gesehen – das deutsche Volk seinen Frieden in seinen beiden deutschen Staaten findet.“ Dagegen Henry Kissinger, Außenminister der USA (von 1973–1977) einige Jahre früher: „Solange Deutschland geteilt bleibt, besteht immer die Gefahr einer kriegerischen Explosion, auch wenn die anderen Mächte es nicht wünschen.“ Bei Egon Bahr liegt die Analyse eines Intellektuellen vor, der sich weigerte, die Realitäten zur Kenntnis zu nehmen. Bahr schrieb viel über Nato, Rüstung, Abrüstung, Abschreckung, Unantastbarkeit der jeweiligen Grenzen und Systeme, aber kein einziges Wort über Wirtschaft, kein einziges Wort von den Wünschen und Bedürfnissen der Menschen, keinen einzigen Gedanken über die wirtschaftliche Existenz- und Überlebensfähigkeit der DDR. Dieser sozialistische Staat sollte als wirtschaftlicher Krüppel den Frieden in Europa sichern helfen, ohne russische Besatzung. Ein durch und durch unrealistischer Gedanke. In ihrem Grundsatzprogramm von 1959 in Bad Godesberg (Godesberger Programm)

---

*Anmerkung des Autors

zeigte die Sozialdemokratie noch Realitätssinn: „Die Spaltung Deutschlands bedroht den Frieden. Ihre Überwindung ist lebensnotwendig für das deutsche Volk."

Mit ähnlicher Realitätsferne wie Egon Bahr und zahlreiche Historiker der Gegenwart schrieben auch viele bedeutende Journalisten im Kaiserreich. Sie ignorierten die großartigen Leistungen des Staates, die in erster Linie den jungen Menschen zugute gekommen sind, wie Arbeitsbeschaffung, Wissenschaft, Bildung, Ausbildung, Einkommen und soziale Sicherungen. Sie wollten nicht danach fragen, welche staatlichen Einflüsse und Traditionen zu diesen Leistungen geführt haben. Ganz anders dagegen urteilte der englische Kulturphilosoph Bertrand Russell, der analytisch zutreffend die korrekte preußische Verwaltung als eine der wichtigsten Voraussetzungen einschätzte für die wirtschaftliche und wissenschaftliche Leistungsfähigkeit Deutschlands. Zur Erhaltung dieser Leistungsfähigkeit hielt die kaiserliche Regierung sozialrevolutionäre und linksliberale Einflüsse von der Verwaltung fern, weil der Staat neben den heftigen politischen Anfeindungen im Reichstag und in der Presse eine Destabilisierung der Verwaltung nicht auch noch hinnehmen konnte. Das hätte nicht dem „gemeinen Wohl" gedient. In seiner Rede vor dem Deutschen Bundestag am 17. Mai 1974 sagte Kanzler Helmut Schmidt: „Gegner unserer verfassungsmäßigen Grundordnung gehören nicht in die öffentliche Verwaltung."

Das war der Realitätssinn der preußischen Verwaltung, den die deutsche Linke seit ihrer Geburtsstunde im Kaiserreich niemals aufgebracht hat. War es Überheblichkeit gegen das eigene Volk? Es lohnt sich, Brigitte Seebacher-Brandt aus ihrem Buch „Die Linke und die Einheit“ (1991) zu zitieren: „Wie oft wird entworfen, was man für richtig hält, und sodann unterstellt, daß die Menschen es ebenso richtig finden – oder zu finden haben. Die Interessen des Vierten Standes zu vertreten war möglich nur unter Berufung auf die Gleichheit aller. Doch, daß das individuelle Freiheitsrecht darüber verdrängt wurde, blieb ein deutsches Charakteristikum der Linken. Die deutsche Sozialdemokratie hat ihre Prägung im Deutschen Kaiserreich empfangen – aus der Wirklichkeit fliehend. Wer auf einer starken innergesellschaftlichen „Scheidelinie“ beharrt, ist für die Kämpfe der Welt und deren Widersprüche nicht gerüstet. „Diesem System keinen Mann und keinen Groschen“ war jahrzehntelang der Schlachtruf der sozialdemokratischen Verweigerung.“

Die Mehrheitsverhältnisse im Reichstag hatten sich seit der Reichsgründung für die Regierung und für die Verwaltung unbefriedigend entwickelt. Es wäre fast zu einer Lähmung der Regierungsarbeit gekommen. Innerhalb der Opposition waren die Gegensätze chaotisch, auf ein einheitliches Programm konnten sich die Parteien nicht einigen, sie waren koalitionsunfähig. Bismarck hatte mehrmals auf die politische Unreife der Parteien hingewiesen, ihre Regierungsunfähigkeit kritisiert und es als staatsschädigend bezeichnet, mit diesen zu einem politischen Kompromiß unwilligen Parteien ein parlamentarisches Regierungssystem zu errichten. Eine solche Politik würde das Gemeinwohl beschädigen. Diese Einschätzung teilte auch der liberale, aber oppositionelle Verwaltungsjurist und Vater der neuen Gemeindeordnung Rudolf von Gneist. Er setzte sich im Interesse der Stabilisierung und Handlungsfähigkeit der Regierung für die Beibehaltung des sogenannten „Dreiklassenwahlrechts" in den beiden wichtigsten Industriestaaten des Deutschen Reiches, nämlich in Preußen und Sachsen, ein. Denn zwischen dem Klerikalismus des Zentrums, dem doktrinären Liberalismus der Freisinnigen und dem revolutionären Marxismus der Sozialdemokraten gab es keine Gemeinsamkeiten, die zur Regierungsfähigkeit unter diesen Parteien hätten führen können. Im Grunde verließen sich die Parteien auf das Funktionieren des Staates, den sie gleichzeitig bekämpften. Ihr Selbstverständnis bezogen sie aus der Verantwortungslosigkeit gegenüber dem „gemeinen Volk", ein noch in der Gegenwart häufig anzutreffendes Phänomen unter den Parteien.

Diese gegensätzlichen und kompromißunfähigen Parteien wurden 1919 zu Trägern des neuen deutschen Parlamentarismus. Erschwert wurde die Lage seit 1920 noch dadurch, daß zu den etablierten Parteien zwei radikale Parteien hinzukamen: die Kommunisten und die Nationalsozialisten. Unter diesen Umständen stellte die von Hugo Preuß formulierte Verfassung vom 11. August 1919 einen schwerwiegenden Geburtsfehler der Weimarer Demokratie dar. Diese Verfassung zeugte von Realitätsferne. Sie trug den politischen Mißerfolg in sich. Anstatt sich an den Erfahrungen der älteren Demokratie in England und den USA zu orientieren und das Mehrheitswahlrecht einzuführen, wollte Deutschland es in seiner sozialistischen Besserwisserei demokratisch perfekter machen, indem es das Verhältniswahlrecht ohne prozentuale Beschränkung der wählbaren Parteien einführte. Dieses Verhältniswahlrecht ohne Regelung der Nachfolge des Kanzlers bei seinem parlamentarischen Sturz führte zur Atomisierung der politischen Landschaft mit den heute bekannten und beklagten Folgen. In den letzten Jahren der Weimarer Republik erwiesen sich die Parteien nicht nur als unfähig zum Kompromiß, sondern sogar als unfähig zum konstruktiven Handeln. Eine Bevölkerung, die an Stabilität, Ordnung und Erfolg gewöhnt war, nach dem verlorenen Krieg und den erlittenen Demütigungen in ein politisches Chaos zu stürzen, zeugte von politischer Unreife oder vielleicht auch von politischer Überheblichkeit. Nachdem die englischen Verhältnisse in der liberalen deutschen Presse jahrzehntelang glorifiziert worden waren, ist es völlig unverständlich, daß man in einer politischen Extremsituation, wie es der staatliche Zustand nach dem verlorenen Krieg und dem demütigen Friedensschluß nun einmal war, und in einem falschen demokratischen Überlegenheitsgefühl einen eigenen Weg (Sonderweg) beschreiten wollte. Nicht das Verhältniswahlrecht, sondern das von Theodor Wolff (Berliner Tageblatt) kritisierte Mehrheitswahlrecht hatte in England zu einer relativen Stabilität geführt. Nicht an den preußischen Beamten, nicht an den Junkern, auch nicht an den preußischen Traditionen, sondern an der Verfassung und den unfähigen Parteien und Gewerkschaften mit ihren Funktionären ist die Weimarer Republik zugrunde gegangen.

Und doch müssen wir wiederum Henry A. Kissinger zitieren: „Bismarck fügte Deutschland so fest zusammen, daß das von ihm geschaffene Reich die Niederlagen in zwei Weltkriegen, zwei Besetzungen und eine zwei Generationen dauernde Teilung (und die Abtretung preußischer Gebiete)* überstand."

---

*Anmerkung des Autors

4 – 24 – 30 (Seite 393) – 48 (IV, Seite 973) – 62 – 63 – 91 – 96 – 98 – 110

V.
Preußen und der Adel

Preußen und der Adel

Von der Adelsherrschaft ging ein bedeutender Einfluß auf die preußische Geisteshaltung aus. Der Adel gehörte mehr als tausend Jahre zu den wichtigsten Strukturelementen in Europa und stellte die kleinste oder sogar die einzige Herrschaftseinheit dar, solange es noch kein durchgehendes staatliches Gewaltmonopol gab. Neben dem römischen Recht und der hierarchischen Organisation der Kirche mit ihrem religiös moralischen Einfluß leistete der Adel einen unschätzbaren Beitrag zur Entstehung des modernen Staates. Adelsherrschaft bedeutete im Mittelalter Herrschaft nicht nur über Grund und Boden, sondern auch über die Menschen, die auf dem Boden „saßen“ und ihn bebauten. Unter „Herrschaft“ wurde sowohl ihre Ausübung verstanden als auch die Herrschaftsträger selbst. „Das ist das Haus unserer Herrschaft“, sprach der Bauer. Diese Bezeichnung hat sich bis in das 20. Jahrhundert gehalten. Haus oder Burg war der Sitz der Herrschaft, der Begriff „Herrenhaus“ hat sich als Kennzeichnung für das spätere Gutshaus ebenfalls erhalten. Der Herr bot „Schutz und Schirm“, hierauf „beruht Ruhe und Sicherheit bäuerlichen Lebens“ (Otto Brunner). Demgegenüber schuldete der Bauer dem „Herren“ „Rat und Hilfe“. Das waren Dienste und Treueverpflichtungen unter Einsatz der ganzen Person. Von dieser Dienstpflicht wurde der Bauer frei, wenn der Herr ihn nicht ausreichend beschirmte.

Gegen göttliche Gebote durften die Forderungen des Herrn, die sich aus der Treuepflicht des Bauern ergaben, nicht verstoßen. Diese gegenseitigen Pflichten prägten seit dem Mittelalter nicht nur die Mentalität des Adels, sondern auch die der Bauern. Auf den ostdeutschen Gütern war diese Einstellung von und zur „Schirmherrschaft“ bei den Gutsherren noch bis zum Ende des Zweiten Weltkrieges lebendig.

Auf dem Stettiner Landtag der brandenburgischen und pommerschen Ritterschaft im Jahre 1602 hatten die Ritter feierlich geschworen, denjenigen für einen Unmann, Schelm und Bösewicht zu halten, mit dem man weder essen noch trinken werde, der sich weigern sollte, seine Schulden prompt zu bezahlen. Versündigungen gegen das Vaterland, Höhnung des Gottesdienstes, grobe Indolenz und mutwilliger Bankrott sollten künftig mit dem Verlust der ritterlichen Ehre und Vorrechte geahndet werden. Der Betroffene sollte seinen Grundbesitz aufgeben und ihn an einen würdigen Agnaten übertragen. Dieser „Stettiner Schwur“ war für den gesamten preußischen Adel eine „Magna Charta“ des ethischen Verhaltens, nach der sich später selbstverständlich auch die bürgerliche Führungsschicht richtete.

Die Urzelle von Familie und Stamm hätte sich ohne den Adel nicht zum modernen Staat entwickelt. Noch bis zum Anfang des 20. Jahrhunderts gehörte der Adel in England, Preußen und Rußland zu den entscheidenden Gestaltungskräften der Nation. Während sich der Adel in England über das von ihm erstrittene und beherrschte „Parlament“ eine Mitwirkung gegenüber dem König als

Träger der staatlichen Gesamtrepräsentation sicherte und dadurch eigene Interessen bei der staatlichen Gestaltung durchsetzen konnte, wurde der preußische Adel in den Staat selbst eingebunden. „Ich ruiniere den Adels seine Souverenität", ein bekannter Ausspruch Friedrich Wilhelms I. (1688–1740). Der souveräne Staat war erst in der Entstehung. Im Mittelalter gab es ihn noch nicht, zumindest nicht im neuzeitlichen Sinne. Der Entwicklung zum neuzeitlichen Staat stand auf deutschem Boden im Gegensatz zu Westeuropa die Zersplitterung und Zergliederung der über 380 Herrschaftseinheiten hemmend im Wege. Ein „unregierbares Monstrum" nannte Samuel von Pufendorf (1632-1694) daher das Deutsche Reich.

Die Einbeziehung in den preußischen Staat, die Erziehung des Adels zum patriotischen Sinn, zur freiwilligen Beachtung der Gesamtinteressen und zum eigenen Standesbewußtsein, ihn dazu zu bringen, sich in erster Linie als Preuße zu fühlen und seine Dienste vorwiegend seinem Vaterland zu widmen, haben die Hohenzollern mit Konsequenz und auch mit Härte durchgesetzt. Das ethische Verhalten des Adels blieb daher nicht ohne Einfluß auf die Staatsraison. In seinem politischen Testament betonte Friedrich der Große die Notwendigkeit der Einbindung des Adels in den Staat.

Zu einer Ministerrevue am 1. Juni 1770 in Potsdam rief der König sämtliche Minister des Generaldirektoriums nach Potsdam. Es wurde über den Zustand der Domänen und Finanzen und des Staates gesprochen. Über den Adel sagte der König: „Meine Herren, ich empfehle Ihnen besonders die Erhaltung und Unterstützung meines Adels; ich halte viel auf ihn, denn ich brauche ihn für meine Armee und meine Staatsverwaltung. Es ist Ihnen bekannt, wie viele wichtige Männer ich bereits daraus gezogen, und was ich durch sie ausgerichtet habe. Ich bemerke mit Unzufriedenheit, daß er hie und da zu sinken anfängt, und das möchte und wollte ich nicht gern, besonders da es mir jetzt viel Freude macht, daß er anfängt, gesitteter, ordentlicher und brauchbarer zu werden."

Ein tiefer Einschnitt in der preußischen Geschichte war der Dreißigjährige Krieg (1618–1648). Er verursachte einen entscheidenden und folgenreichen Bewußtseinswandel des Volkes. Die von Krankheit, Hunger, Mord und Gesetzlosigkeit entvölkerten Landschaften mit armen Böden wurden wieder befriedet, sicher und fruchtbar gemacht. Mit einem strengen protestantischen Glauben, mit Gebet und Arbeit, wurde den Verfallserscheinungen entgegengewirkt. Aber das allein war keine ausreichende Stütze für den neuzuerschaffenden Staat Brandenburg. Seine Gebiete erstreckten sich von der Memel bis an den Rhein, waren über Norddeutschland weit verstreut. Voneinander verschieden waren Religionen, Traditionen und Mentalitäten der Bevölkerung, die noch kein gemeinsames Staatsbewußtsein kannte. In Brandenburg herrschte Religionsfreiheit. Daher war die Religion im Gegensatz zu allen anderen Staaten in Europa zur inneren Disziplinierung der Bevölkerung nicht geeignet. An die Stelle des konfessionellen Staates setzten die Hohenzollern den administrativen Staat, von den Gottesstaaten der Muslime abgesehen, heute die herrschende Staatsform. Zur Durchsetzung seines Strebens nach einem einheitlichen Staat brauchte der Große Kurfürst (1640–1688) eine Führungsschicht, die Maßstäbe im kulturellen Verhalten, in Form und Führung sowie in der Loyalität zum Staat setzen konnte. Diese Aufgabe übertrug er dem Adel. Der Kurfürst straffte die Verwaltung und richtete Finanzbehörden ein. Zu den vorhandenen Verschiedenheiten der einzelnen Provinzen kamen die Einwanderer mit ihren anderen Traditionen hinzu. Sie wurden im Interesse der „Peuplierung" in Brandenburg aufgenommen. Diese Einwanderer kamen aus Frankreich (Hugenotten), Holland, Österreich, Böhmen, Schweden und Polen.

In England hatte sich der Adel eigene Rechte neben oder sogar über dem König bewahren können. In Brandenburg-Preußen wurde der Adel Bestandteil des Staates, er verlor seine eigenen Rechte gegenüber dem Staat, seine „Souveränität". Allerdings war auch der Adel nicht so ohne weiteres in Brandenburg bereit, die ihm zugedachte Rolle in Botmäßigkeit zu übernehmen. Der Widerstand der „Provinzen" gegen die einheitlichen Bestrebungen des Kurfürsten war zunächst recht beträchtlich. In Cleve-Mark mußte der Kurfürst auf Wunsch der einheimischen Stände die nicht „eingeborenen" Beamten entlassen. In (Ost-)Preußen wies man geheime Räte aus Berlin als Beamte eines fremden Potentaten zurück. Die uneingeschränkte Loyalität des Adels zu erwerben, stellte für den Herrscher anfänglich eine äußerst schwierige Aufgabe dar. Das galt sogar noch für seinen Enkelsohn Friedrich Wilhelm I.

Um das Ansehen des Hauses Hohenzollern zu erhöhen, ertrotzte sich Kurfürst Friedrich III. die Zustimmung des deutschen Kaisers zu seiner Selbstkrönung am 18. Januar 1701. Königsherrschaft besaß in dem noch tief monarchischen Europa die gleiche Zauberkraft, wie sie heute von dem Wort „Demokratie“ ausgeht. Die Königswürde stärkte das Zusammengehörigkeitsbewußtsein der Provinzen. Behörden, Armee und Adel waren künftig nicht mehr brandenburgisch, sondern „Königlich-Preußisch“. Der Adlige war als Offizier nicht mehr „nur“ kurfürstlich-brandenburgisch, sondern „Königlich-Preußisch“. Das stärkte nicht nur sein europäisches Ansehen, sondern auch seine Stellung im Staat. Friedrich Wilhelm I. drückte die Stellung von Adel und Beamten in einer Marginalie mit seinen derben Worten so aus: „Man muß dem Herren mit Leib und Leben, mit Hab und Gut, mit Ehr und Gewissen dienen und alles daransetzen, nur nicht die Seligkeit; die ist vor Gott, aber alles das andere muß mein sein!“

Das bis 1914 kontinuierlich abnehmende Übergewicht des Adels in den Führungspositionen der preußischen Verwaltung erklärt sich in erster Linie aus der Bevölkerungsentwicklung. Der Adel nahm im Verhältnis zur Gesamtbevölkerung zahlenmäßig ab. Seit der Zeit des Großen Kurfürsten hatte sich der Adel von einem „selbständigen“ in einen staatlich eingebundenen politischen Stand umgebildet, und zwar mit einer untadeligen, staatstragenden Ethik, der sich der Adel in seiner Gesamtheit stets verpflichtet fühlte. Der Adel spielte auch weiterhin in der Beamtenschaft eine führende, in ihrer Bedeutung jedoch abnehmende Rolle. So gehörten schon die Hälfte der hohen Regierungsbeamten im Jahre 1870 zum Bürgertum und ein Viertel der Generäle in der preußischen

Armee. Diese Entwicklung verstärkte sich in der Zeit bis 1914. Der Einfluß des Adels bestand nicht in seiner quantitativen Teilhabe, sondern in seiner verhaltensprägenden Lebensführung, welche die Befolgung ungeschriebener Regeln (Etikette) einschloß. Das „comme il faut" bestimmte nicht der Kaiser, nicht ein höherer Beamter, mochte er adliger oder bürgerlicher Herkunft sein, sondern unausgesprochen „der Adel" als Institution. Aufgrund der Ausbildung der Beamten und ihrer Dienstauffassung entstand zusätzlich der „Dienstadel", ein in sich geschlossener, dem König und dem Staat verpflichteter Beamtenstand, der stolz auf seinen Stand war. Er fühlte sich dem „gemeinen Wohl" und der adligen Tradition verpflichtet, wonach der Staat über den konkurrierenden Interessen der bürgerlichen Gesellschaft zu stehen habe.

In dem sich seit 1866 zunächst in Preußen, sodann in Deutschland entwickelten Parteienstaat, in dem sich die Sozialdemokratie offen zum revolutionären Umsturz bekannte, vertraute die Regierung einer verläßlichen, staatstragenden Verwaltung. Außerdem lag nichts mehr im Interesse der Menschen als Ordnung und Stabilität. Bundeskanzler Helmut Schmidt sagte vor dem Bundestag am 17. Mai 1974: „Gegner der staatlichen Grundordnung gehören nicht in den öffentlichen Dienst."

In den Jahren von 1919 bis 1932 haben die Regierungen im parlamentarischen System Deutschlands 19mal gewechselt. Diese Instabilität zerstörte den Staat. Nach der Reichseinigung im Jahre 1871, als 25 Länder und Städte unter einen Hut gebracht werden mußten, hätte eine solche Instabilität unmittelbar nach der Reichsgründung ebenfalls zur Zerrüttung des neuen deutschen Reiches geführt. Viele Hindernisse mit regionalen, kulturellen, religiösen und sozialen Ursachen standen einer ungestörten Entwicklung zur nationalen Einigung entgegen. Seit der Reformation hatten sich in den großen europäischen Kriegen deutsche Staaten mit außerdeutschen gegen ihre deutschen Nachbarn verbündet. Es war daher für die neue deutsche Reichsregierung durchaus nicht selbstverständlich, daß die eigenen Interessen der Bundesstaaten und Städte nicht doch wieder einmal die Oberhand gewinnen würden. Außerdem waren Katholiken nach Ausscheiden Österreichs aus dem Deutschen Reich in der Minderheit, und der Staat, dem sie jetzt angehörten, stand unter einer protestantischen Dynastie. Die konfessionelle Spaltung in Deutschland wurde erneut unübersehbar. Aber auch die Minderheiten mit ihrem Störpotential mußten beachtet werden. Zahlenmäßig die größte Minderheit mit 3 Millionen Angehörigen waren die Polen, danach die Dänen, Franzosen, Litauer, Wenden und Tschechen. Diese Minderheiten waren überwiegend katholisch, bei den Polen verband sich die katholische Konfession eng mit ihrem Nationalbewußtsein. Auch von diesen nationalen Minderheiten drohte für das Zusammenwachsen des Deutschen Reiches Gefahr. Im Verein mit auswärtigen Mächten konnten sie den Bestand des Reiches erneut bedrohen.

Eine weitere Gefahr drohte dem neuen Staat aus der Industrialisierung. Das für politische Agitation empfängliche und im wesentlichen junge Industrieproletariat stellte eine latente und stets vorhandene innere Gefährdung des

Reiches dar. Die jungen Menschen stammten zu einem großen Teil vom Lande, wo sie keine Arbeit mehr fanden. Ihre Landflucht, der hierdurch eintretende Verlust der gewohnten dörflichen „Nestwärme", vergrößerte ihre Anfälligkeit für politische Beeinflussung. Jeder zweite Einwohner des Deutschen Reiches wohnte nicht mehr an seinem Geburtsort. Die geordnete Entwicklung des Reiches hing angesichts dieser gegenläufigen Kräfte im wesentlichen von der Verwaltung ab. Die innere Stabilität der Beamtenschaft war nicht zuletzt auf den Einfluß des Adels zurückzuführen. Neben der Beamtenschaft hat die zunächst von Bismarck nicht erwartete loyale Mitwirkung der 25 Länder und Städte in den ersten Jahrzehnten einen nicht zu unterschätzenden Beitrag für den Erfolg der Reichsgründung geleistet. Es war wohl nicht zu Unrecht Bismarcks Überzeugung, daß die Reichsgründung über ein parlamentarisches System mit den in sich völlig zerstrittenen und zur Koalition unfähigen Parteien nicht erfolgreich verlaufen wäre.

Zu den Kennzeichen des Adels gehörte die Haus- und Familiengemeinschaft. Hieraus hat sich eine umfangreiche Hausväterliteratur entwickelt, die stilbildend für das Verhalten des Adels geworden ist. Der Adlige hatte ein guter Hausherr zu sein, Gott zu fürchten, sein Weib, seine Kinder und sein Gesinde mit großer Bescheidenheit zu regieren, Selbstdisziplin zu üben und die Einhaltung der Regeln eines höflichen Umgangs mit Gleichgestellten und Untergebenen zu beachten. Seine Statussymbole sicherten ihm seine Autorität. Dazu gehörten: Wappen, Kleidung, Gestik, Anredeform und ein von Kindheit an eingeübtes Verhalten. Aus den über Jahrhunderte bestehenden Jagdprivilegien des Adels entwickelten sich Eigenschaften, die der Adlige vorzuleben und zu zeigen hatte: Selbstkontrolle, Mut, Geschicklichkeit im Reiten und Kämpfen, klaglose Hinnahme von Beschwernissen und Schicksalsschlägen, Zuverlässigkeit in gefahrvollen Situationen, Ertragen von Kälte, Hitze und Regen.

Friedrich August Ludwig von der Marwitz, Herr auf seinem Rittergut in Friedersdorf im Oderland, schrieb Anfang des 19. Jahrhunderts:
„Es hat niemals eine Institution gegeben, in welcher das Rittertum ähnlicher wieder aufgelebt wäre als im Offiziersstand des großen preußischen Königs. Es war die Entsagung jedes persönlichen Vorteils, jedes Gewinnstrebens und jeder Bequemlichkeit – wenn ihm nur die Ehre blieb. Das Leben des Offiziers erfüllte sich in der Aufopferung für die Ehre, für seinen König, für sein Vaterland, für seine Kameraden, für die Ehre der preußischen Waffen. Im Herzen Pflichtgefühl und Treue, für den eigenen Leib jedoch keine Sorge."

Sebastian Haffner schrieb dazu in seinem Buch „Preußen ohne Legende": „Der preußische Adel war im Gegensatz zum französischen, österreichischen oder auch polnischen kein Staats- oder Hofadel, sondern selbstarbeitender Landadel, von Standespersonen im Reich deshalb oft als „Krautjunker" oder „besserer Großbauer" über die Schulter angesehen. Es gab in Preußen keine Magnaten. Die Symbiose zwischen den Junkern und „ihren" Bauern war eng, der Junker für den Bauern kein ferner anonymer Ausbeuter (Feudalherr), sondern ein persönlich bekannter Betriebsleiter; und als solcher meist respektiert, manchmal sogar beliebt. Leuteschinder gab es auch, aber daß dieses Schimpfwort gerade in Junkerskreisen zu Hause war, bewies zweierlei: daß sie eher eine Ausnahme waren und daß sie von ihren Standesgenossen mißbilligt wurden."

Im ganzen gewinnt man nicht den Eindruck, daß die sozialen Verhältnisse auf dem Lande im Preußen des 18. Jahrhunderts für die Bauern unerträglich gewesen wären; funktionsfähig waren sie auf jeden Fall. Und daß sie im Laufe des Jahrhunderts ins Militärische übertragen wurden, scheint das Selbstgefühl der Bauernsoldaten einer Armee, die sich bald mit Ruhm bedecken sollte, eher gehoben zu haben. Es ist verbürgt, daß die preußischen Grenadiere auf dem Marsch in die Schlacht bei Leuthen sangen (es ist immer ein gutes Zeichen, wenn eine Armee singt), und zwar sangen sie die Choralstrophe „Gib, daß ich tu mit Fleiß, was mir zu tun gebühret."

Eindrucksvoll ist auch der französische Reiseschriftsteller Jules Huret in seiner Schilderung „Berlin um Neunzehnhundert" aus dem Jahre 1909. Er beschreibt seine Eindrücke von dem Besuch eines Ritterguts in südöstlicher Richtung von Berlin: „Es gibt auch arme Rittergutsbesitzer. Manche Jahre waren schlimm für die Landwirtschaft, so daß viele Güter höher belastet sind, als sie eintragen. Aber die Junker hängen mit leidenschaftlicher Liebe an ihrer Scholle. Mir sind solche bekannt, die ihr Vermögen leicht zu sechs bis sieben Prozent in der Industrie und im Handel anlegen und auf diese Weise ein ungebundenes, sorgenfreies Dasein in der Stadt führen

könnten, die aber vorziehen, ihre Güter selbst zu bewirtschaften, wobei sie mit Mühe und Not nur zweieinhalb Prozent herausbekommen.
Haben sie ihr Erbe angetreten, besuchen sie noch, wie fleißige Studenten, etwa zwei Jahre hindurch eine landwirtschaftliche Schule und widmen sich dann dem Ackerbau und der Viehzucht...

...

Ich gelangte allmählich zu der Erkenntnis, daß der deutsche Landwirt weder der bäurische Gutsbesitzer noch der müßige Aristokrat sei, als den ich mir ihn vorgestellt hatte. Ich sah ihn jetzt vor mir, auf steten Fortschritt bedacht, als rührigen Viehzüchter, als gebildeten Landwirt, als Meteorologen, Geologen, Fischzüchter, Jäger, Fabrikanten und gewiegten Kaufmann. Ich wurde mir der Liebe des Preußen für seinen Boden bewußt, aber nicht minder der staunenswerten, manchmal heldenhaften Bemühungen, die die Sandflächen Pommerns und die Moore Brandenburgs in prächtige Wälder und fruchtbares Erdreich gewandelt haben. Ich würdigte jetzt das Verständige dieses Verfahrens, diesen fortschrittlichen Sinn, diese Freude an den Neuerungen, diesen Geist der Solidarität, die den Sieg über gefährliche Krisen davontrugen, und vor allem diese unermüdliche Energie und Ausdauer, die eine karge Natur zwingt, alle die Elemente zum Reichtum, die sie in ihrem Schoße birgt, herauszugeben.
Ich konnte meine lebhafte Bewunderung meinem Gastgeber gegenüber nicht zurückhalten."

Die aristokratische Natur Friedrichs des Großen, der sich dem Adel innerlich verbunden fühlte, wird in seinem eigenen Verhalten sichtbar, das ihn bis zu den letzten Stunden seines Lebens beherrschte. Die Wahrnehmung von Führungsaufgaben und das Meiden von Kauf- und Handelstätigkeiten gehörten zu den Attributen des preußischen Adels. Friedrich List schrieb, daß unter Karl V. (1519–1556) die Idee aufgekommen sei, Handel und Gewerbe zu betreiben, sei schimpflich für den Adel. Es ist zu vermuten, daß mit diesem Verhaltensgebot die wirtschaftliche Abhängigkeit des Adels vom Kaiser und die Bindung zum Kaiser aufrechterhalten werden sollte.

Henry A. Kissinger, der ehemalige Außenminister der USA, schreibt in seinem Buch „Diplomacy“: „So sollte den preußischen Junkern, die ihren Staat an die Spitze Deutschlands gebracht hatten, von den Vereinigten Staaten die gesamte Schmach für zwei Weltkriege aufgebürdet werden. Tatsächlich aber stellten sie die gesellschaftliche Schicht dar, welche die geringste Verantwortung hierfür zu tragen hatte.“

Bismarck berichtete über seinen Besuch bei Kaiser Friedrich (1831–1888):
„Während seiner letzten Krankheit empfing mich der Kaiser Friedrich gewöhnlich noch in vollem Anzuge auf dem Sofa sitzend; er unterließ es nie, mich beim Abschiede bis an die Türe seines Zimmers zu begleiten und diese eigenhändig zu öffnen, um mich hinauszulassen. Eines Tages, als er bei dieser Gelegenheit mit mir durch das Zimmer ging, bemerkte ich, wie er vor Schmerz und Schwäche schwankte und wollte ihn schon mit meinem Arm auffangen, weil ich glaubte, daß er umfallen würde,

als er doch die Türklinke zu fassen bekam und sich daran festhalten konnte. Aber er klagte nie und trug seine Schmerzen tapfer in männlichem Schweigen, so daß es ergreifend anzusehen war. Ja, bis zuletzt zeigte er einen edlen Sinn für kaiserliche Würde und Seelenstärke. Nichts konnte seine Selbstbeherrschung erschüttern. Er war bis zu seinem Tode jeder Zoll ein Kaiser."
Gemeint hatte Bismarck: „Jeder Zoll ein preußischer Adliger".

Die Vertreibung der Deutschen aus den häufig mit der Bezeichnung Junkerland diskreditierten Gebieten des östlichen Teils des Reiches spielte seit 1939 eine wichtige Rolle in Großbritannien, wobei sogar die Anwendung von Terror bei der Austreibung der bäuerisch geprägten preußischen Bevölkerung als notwendig angesehen wurde. Nicht der Nationalsozialismus, sondern Preußen als der angeblich von „Junkern" beherrschte Kern Deutschlands sollte niedergeworfen werden. Auch mit dem britischen Luftangriff auf Potsdam am 15. April 1945 sollte Preußen nur wenige Tage vor Ende des Krieges getroffen werden. Die Zerstörung Potsdams war ohne die geringste militärische Bedeutung. Mit diesem Angriff der Airforce sollte das kulturelle Erbe Preußens zerstört werden. Potsdam war die preußischste Stadt der preußischen Könige, die Stadt entsprach in ihrer Vielfalt im tiefsten ihres Wesens dem preußischen Staat. Die Zerstörung Potsdams war ein Akt kultureller Barbarei.

Doch verfolgen wir das Schicksal der ostdeutschen Bevölkerung am Ende des Krieges im Jahre 1945 und gedenken der preußischen Junker, ob adlig oder bürgerlich, und ihrer Ehefrauen. Es zeigte sich zum letzten Mal, welche Kraft und welche Verantwortung aus den überlieferten und gelebten preußischen Traditionen der Junker erwuchsen.

Die Gutsherren haben für die Bewohner ihrer Dörfer und Güter Trecks zusammengestellt, mit denen sie die Menschen in den Westen geführt haben. Viele der bekannten preußischen Namen haben, soweit sie nicht vorher von Polen oder Russen, in Einzelfällen auf bestialische Weise, umgebracht worden sind, die Menschen, die sich unter ihren „Schirm“ gestellt hatten, auf der Flucht bis zum Ende begleitet. So schreibt Walter Görlitz: „Eines der vielen Ruhmesblätter unter den Gutstrecks bildet der Treck, den die Schwiegertochter des Generalfeldmarschalls von Hindenburg über das Eis der Weichsel durch die partisanenverseuchte Tucheler Heide bis ins Hannoversche führte, wo Frau von Hindenburg und ihr Gatte, der Generalleutnant Oskar von Hindenburg, dafür Sorge trugen, daß ihre alten Leute ein Unterkommen und Arbeit fanden. Es war die letzte Pflicht, die die Mehrzahl der alten Gutsherren, soweit die Verhältnisse es erlaubten, erfüllten. In Klein-Lübtow, im Kreise Pyritz, wurde der frühere Landeshauptmann von Pommern Ernst von Zitzewitz mit seiner Frau erschossen. Die Leichname mußten unbestattet vor dem Herrenhause liegenbleiben. Herrn von Livonius-Grumbkow wurden bei lebendigem Leibe Arme und Beine abgehackt, noch lebend wurde er den Schweinen zum Fraß vorgeworfen. Der frühere Polizeipräsident von Potsdam, Henry von Zitzewitz, wurde mit seiner Frau von Russen in den Templiner See getrieben, bis sie ertranken.“ Dies sind nur einige der unzähligen Grausamkeiten, die an den preußischen Gutsbesitzern verübt wurden.

Auf diese Weise „löste" die Sowjetunion radikal das „ostelbische Problem" der Gutsbesitzer, die „schwerste Hypothek", die auf Deutschland lastete. Diese Meinung vertrat ein deutscher (sic) Professor, der Sozialdemokrat Heinrich August Winkler, Historiker an der Humboldt-Universität in Berlin (Merkur, Deutsche Zeitschrift für europäisches (sic) Denken, Jahrgang 11/1981, Seite 804). Schon nach dem Ersten Weltkrieg tönte die Sozialdemokratie, durch die Gedanken von Karl Marx gegenüber den Realitäten blind geworden, davon, daß das Volk von dem „Joch der Junker" als Folge der Niederlage endlich „befreit" worden sei.

Wir denken auch an die Männer des militärischen Widerstandes, die in preußischer Tradition und Gesinnung die Verantwortung vor Gott und ihrem Lande darin sahen, den Diktator umzubringen. Sie wußten, daß ein erfolgreiches Attentat auf Hitler keine Erleichterung für Deutschland bei den Alliierten mehr bringen würde. Trotzdem handelten sie, weil die Welt Kenntnis von der Existenz des deutschen Widerstands erhalten sollte. Es ging ihnen nur um die Ehre der deutschen Nation, hierfür gaben diese Männer in preußischer Tradition ihr Leben.

„Unsere Aufgabe haben wir zuerst darin erkannt, die Staaten, mit denen wir Krieg geführt haben, nach Möglichkeit zu versöhnen", sagte Bismarck (1815–1898) am 11. Januar 1887 vor dem Reichstag. Mit Wehmut erinnern wir uns an diese preußische Geisteshaltung, die auf eine lange Tradition des christlichen Adels in Europa zurückgeht. Der Friedensschluß nach dem Dreißigjährigen Krieg im Jahre 1648 beginnt mit der Vergessenheits- und Amnestieklausel:

> Artikel II (Allgemeine Amnestie)
> Beide Seiten gewähren einander immerwährendes Vergessen und Amnestie (Perpetua oblivio et amnestia) alles dessen, was seit Beginn der Kriegshandlungen an irgendeinem Ort und auf irgendeine Weise von dem einen oder anderen Teil, hüben wie drüben, in feindlicher Absicht begangen worden ist, und zwar in der Weise, daß einer dem anderen weder aus dem einen noch aus dem andern Grund oder Vorwand künftig irgendwelche feindseligen Handlungen, Streitigkeiten oder Belästigungen zufügt oder irgendwelche Hindernisse in Bezug auf die Person, den Stand, die Güter oder deren Sicherheit, selbst oder durch andere, heimlich oder öffentlich, unmittelbar oder mittelbar, unter dem Vorwand eines (ihm zustehenden) Rechtes oder mit Gewalt, innerhalb oder außerhalb des Reiches, ungeachtet irgendwelcher früheren Verträge gegenteiligen Inhaltes in den Weg legen oder dies veranlassen oder gestatten darf; vielmehr sollen alle insgesamt und einzeln auf beiden Seiten – sowohl vor dem Kriege als auch im Kriege – mit Worten, Schriften oder Taten zugefügten Beleidigungen, Gewalttaten, feindselige Handlungen, Schäden und Unkosten ohne Ansehen der Person oder Sachen in der Weise gänzlich gegeneinander aufgehoben sein, auf daß alles, was dieserhalb die eine von der anderen Partei fordern könnte, immerwährendem Vergessen anheimgegeben sei.

Alle Friedensschlüsse bis 1918, weitgehend unter dem Einfluß des europäischen Adels abgeschlossen, folgten der christlichen Vergebungslehre und daher dem Gedanken der gegenseitigen Vergebung und des gegenseitigen Vergessens. Der britische Diplomat Harold Nicolson hat diesen Fehler bei der Beendigung des Ersten Weltkrieges schon 1919 gerügt, weil dieser Friedensschluß aller Tradition europäischer Kriegsbeendigung widersprach (Michael Salewski).

Für das europäische Zusammenleben ist es als ein kultureller Verlust zu werten, daß dieser christliche Amnestie- und Vergessenheitsgedanke nicht mehr zum Bestandteil der europäischen Kultur gehört und an seine Stelle das talmudische „Niemals vergessen" getreten ist. Das christliche Abendland nur zu beschwören, genügt nicht, man muß dafür auch persönlich eintreten. Zur Kriegsbeendigung 1918 in Versailles sagte Altbundespräsident Richard von Weizsäcker im Jahre 2002: „Frankreich, England und die USA verloren jedes Maß. Man setzte Deutschland das Kainsmal der alleinigen Kriegsschuld auf die Stirn, verurteilte es in Grund und Boden und demütigte es wo und wie man nur konnte. Das mußte Folgen haben, sie kamen und sie waren schwer."

---

2 (III, Seite 59) – 4 (Seite 89) – 16 – 22 – 23 – 34 – 50 – 62 – 70 – 94 – 132 – 133

VI.
Preußen und der Pietismus

Preußen und der Pietismus

Eine einflußreiche Quelle preußischer Haltung und Gesinnung erkennen wir im Calvinismus, der in Preußen abgewandelt als Pietismus bekannt geworden ist. Während des Dreißigjährigen Krieges (1618–1648) hatte Deutschland und hier wiederum die Mark Brandenburg die schwersten Erschütterungen und Verluste aller in Europa betroffenen Länder erlitten. Dieser Krieg, der von Frankreich, Schweden und anderen ausländischen Mächten auf deutschem Boden geführt wurde, war die zweite große Katastrophe Deutschlands nach der Pest-Epidemie im 14. Jahrhundert. Über die Hälfte der Bevölkerung war ums Leben gekommen. Ein entscheidender Einschnitt in der deutschen Geschichte, vergleichbar mit der napoleonischen Fremdherrschaft (1806–1814), dem Zweiten Weltkrieg (1939–1945) und der anschließenden Spaltung Deutschlands im Jahre 1945. Brandenburg schien nach 1648 wieder in die Wildnis zurückzufallen. Ein elementarer Bewußtseinswandel hatte bei den Überlebenden stattgefunden. Von Krankheit, Mord und Anarchie entvölkerte, verödete und verwüstete Landschaften auf armen Sandböden sollten wieder kultiviert, das Zusammenleben wieder befriedet und sicher gemacht werden. Die Ernährungslage der Bevölkerung war katastrophal. Kein Vieh, kein Saatgut, nur Wurzeln, Beeren und Kräuter blieben den Menschen in ihrer bittersten Not, gelegentlich sogar der Verzehr von Kadaverfleisch.

Gegen die Zuchtlosigkeit und Rohheit der Zeit entstand die Forderung der Lutheraner wie auch der Calvinisten nach Gebet und Arbeit, nach innerer Läuterung und Erneuerung der Menschen. Zu dieser Läuterung sollten nicht nur die Kirchen, sondern auch die Schulen beitragen. Hieraus erklärt sich die traditionelle Bedeutung der Schulen im Protestantismus. Der Lehrer war Erzieher, nicht nur Wissensvermittler. Während die Lutheraner vordringlich eine Erneuerung und Festigung des inneren Glaubens forderten, sahen die mehr pragmatisch orientierten Pietisten in der Glaubensstärke allein nicht den zur göttlichen Erlösung führenden Weg. Eine asketische und geregelte Lebensführung, Arbeitsdisziplin, Arbeitsamkeit, Bescheidenheit, Gewissenhaftigkeit in der Erfüllung des Berufes, Wahrhaftigkeit und Ehrenhaftigkeit müßten zum gläubigen Leben hinzutreten. Thomas Mann nannte das später „die asketische Idee der Berufspflicht“.

Heiligte der englische Calvinismus die Arbeit „für sich“ und daher den persönlichen Erfolg als göttliches Zeichen der Erlösung und der Bekehrung des Menschen, ehrte der Pietismus demgegenüber die Arbeit „für andere“. Die Bezeichnung Pietismus, ursprünglich ein akademischer Spitzname für Streber und Pedanten, haben die Calvinisten in Halle von den orthodoxen Lutheranern in Leipzig erhalten. Nach Carl Hinrichs entstand aus der Denkweise des englischen Calvinismus der Kapitalismus, aus der des preußischen Pietismus dagegen die soziale Verantwortung. Nicht die westlichen parlamentarischen Staaten, sondern Preußen hat die Bahn gebrochen, wie es Professor Friedrich Meinecke formulierte, für die moderne soziale Versicherungsgesetzgebung. Der soziale Gemeingeist, der im „aufgeklärten“ Preußen lebendig war, trug dafür die Verantwortung.

Zwischen den beiden Tatmenschen, dem preußischen König Friedrich Wilhelm I. und dem pietistischen Pfarrer August Herrmann Francke (1663–1727), bildete sich nach anfänglichen heftigen, gegenseitigen Ablehnungen und glaubensmäßigen Unterschieden eine Gesinnungsgemeinschaft heraus, die es Francke gestattete, eine organische und systematische Bewegung des Pietismus in Brandenburg-Preußen aufzubauen. Francke schuf mit den Franckeschen Stiftungen in Halle ein pädagogisches Großunternehmen, das Mitte 1720 von nicht weniger als 2.200 Jungen und Mädchen besucht wurde. Zum ersten Mal wurden auch Mädchen schulisch ausgebildet. Sie lernten rechnen, lesen und schreiben und wurden auf einen Beruf vorbereitet. Es wird für Preußenkritiker sicherlich schwer zu akzeptieren sein, daß ausgerechnet Preußen der erste Staat war, der sich schon Anfang des 18. Jahrhunderts der schulischen und beruflichen Förderung von Mädchen angenommen hat.

Auf Anregung von Pädagogen der Franckeschen Stiftung verordnete Friedrich Wilhelm I. im September 1717 die allgemeine Schulpflicht, oder zutreffender zunächst die allgemeine Unterrichtspflicht, weil es noch an ausreichendem Schulraum mangelte. Gleichwohl ein zentrales Datum für die europäische Bildungsgeschichte. Unter Friedrich dem Großen hat 1764 der Zögling der Franckeschen Stiftung, nämlich Johann Julius Hecker, im General-Land-Schulreglement den Einfluß der pietistischen Pädagogik auf das preußische Schulwesen begründet.

„Gott zur Ehr und zu des Landes bestem" lautete die Maxime dieses Ausbildungssystems. Dieses Reglement stellte die modernste pädagogische Regelung der damaligen Zeit dar. Es mutet noch heute wie ein modernes pädagogisches Regelwerk an.

Das Potsdamer Militärwaisenhaus und die preußische Kadettenanstalt nahmen sich das Franckesche Waisenhaus zum Vorbild. Ihr Lehrerkollegium bestand vorwiegend aus Erziehern, die in Halle ausgebildet worden waren. Beamte und Theologen rekrutierten sich überwiegend aus Zöglingen der halleschen Anstalten oder aus Männern, die von halleschen Zöglingen unterrichtet worden waren. Auf diese Weise verbreitete sich der pietistische Geist in Preußen, er durchdrang den preußischen Staat und bestimmte den allgemein verbindlichen Verhaltenscodex. „Das Franckesche System sorgte nicht nur für einen allgemeinen Aufschwung des Schulwesens, sondern befruchtete auch das Wirtschaftsleben nachhaltig. Es sorgte dafür, daß über Halle hinaus der sozialen Fürsorge verstärkte Beachtung geschenkt wurde. Aus einer religiösen Bewegung erwuchs in Preußen dank der Förderung durch die beiden ersten Könige eine auf das Gemeinwohl fixierte „Ideologie" ohne deren sittliche Kraft der Aufstieg dieses Staates aus dem Schatten der Geschichte ins europäische Rampenlicht kaum denkbar gewesen wäre" (Duchhardt).

Der Zusammenhang von preußischem Pietismus und Sozialer Marktwirtschaft wird in einem anderen Kapitel näher behandelt, hier genügt ein kurzer Hinweis: Professor Dr. Wilhelm Röpke (1899–1966), Lehrer

Ludwig Erhards und einer der drei geistigen Väter der Sozialen Marktwirtschaft, schrieb 1958 in seinem Buch „Jenseits von Angebot und Nachfrage“: „Kein Lehrbuch der Nationalökonomie kann die Bedingungen ersetzen, auf denen das Ethos der Marktwirtschaft ruhen muß. Selbstdisziplin, Gerechtigkeitssinn, Ehrlichkeit, Fairneß, Ritterlichkeit, Maßhalten, Gemeinsinn, Achtung vor der Menschenwürde des anderen, feste sittliche Normen – das alles sind Dinge, die die Menschen bereits mitbringen müssen, wenn sie auf den Markt gehen und sich im Wettbewerb miteinander messen. Sie sind die unentbehrlichen Stützen, die vor Entartung bewahren. Familie, Kirche, echte Gemeinschaften und Überlieferung müssen sie damit ausstatten. Die Menschen müssen unter Bedingungen aufwachsen, die solche moralischen Überzeugungen begünstigen.“ Genau das ist die preußisch-pietistische Haltung. Man kann sie nicht besser beschreiben.

Beim Fußballspiel spricht man von „mannschaftsdienlichem“ Verhalten eines Spielers, wenn er sich zurücknimmt und einem anderen Spieler, der sich in günstigerer Position befindet, den Ball überläßt. Die Rücksichtnahme auf den Gesamterfolg, auf das „gemeine Wohl“, hat nicht das Geringste mit „autoritärer Verformung“ des einzelnen zu tun, sie ist vielmehr das religiös geforderte „mannschaftsdienliche“ Verhalten des Bürgers, das er nach Möglichkeit schon in der Jugend lernen sollte. Tugend ist nicht angeboren, sie muß erlernt werden, lehrte Christian Thomasius (1655–1728), Rechtsprofessor in Halle. Diese Haltung beruht auf Freiwilligkeit, auf Grund innerer Einsicht, nicht auf äußerem Zwang. Es ist die Befolgung des von Immanuel Kant aufgestellten „kategorischen Imperativs". Nächstenliebe und Menschlichkeit, nicht autoritäre Unterdrückung – auch Strenge kann übrigens eine Form von Menschenliebe sein –, bestimmten das Leben des August Hermann Francke. In seinen Überzeugungen hatte er segensreich gewirkt und für die in Armut und Verzweiflung lebenden Menschen mehr erreicht, als wenn er ihnen nur die Suche nach dem „eigenen Glück" gepredigt hätte. Denn häufig ist des einen Glück des anderen Unglück. „Einzelne Rechte und Vorteile der Bürger müssen den Rechten und Pflichten zur Beförderung des gemeinschaftlichen Wohls nachstehen", so heißt der berühmte Satz in II/§ 74 des Allgemeinen Landrechts für die preußischen Staaten von 1794, und an anderer Stelle wird jedes „Mitglied des Staates" verpflichtet, das Wohl und die Sicherheit des gemeinen Wesens nach seinen Möglichkeiten zu unterstützen. Dazu gehört, daß die Eltern schuldig sind, ihre Kinder zu brauchbaren Mitgliedern des Staates, in einer nützlichen Wissenschaft, Kunst oder Gewerbe vorzubereiten. Der Franckesche Pietismus und die Gedanken der Aufklärung wurden zur preußischen Staatsräson, daher war es folgerichtig, daß sie gesetzgeberisch ihren Niederschlag gefunden haben.

Francke lehrte seine Schüler und Schülerinnen nicht nur lesen, schreiben und rechnen, sondern mehr noch Eigenständigkeit, Pflichterfüllung, Pünktlichkeit, Nächstenliebe und persönliche Anspruchslosigkeit. Diese Erziehungsgrundsätze wurden in der Armee, Verwaltung, Schulen und auch in der Wirtschaft zu den bestimmenden Verhaltensregeln Preußens. Israelische, englische und auch amerikanische Militärhistoriker bewundern immer noch die äußerst erfolgreiche Auftragstaktik der preußischen

Armee. Sie entstand aus den Franckeschen Erziehungsmaximen von Eigenständigkeit und Pflichterfüllung. Eigenständigkeit bedeutete in der Armee Entscheidungsfähigkeit „vor Ort". Dieser Grundsatz war das Merkmal der preußischen Auftragstaktik, der sowohl Offiziere wie auch Unteroffiziere unterlagen. Sie setzte Fähigkeit und Sachkunde voraus. Im übertragenen Sinne fand dieses Prinzip auch in der Verwaltung Anwendung. Ein preußischer Regierungsrat verfügte nicht nur über das erforderliche Fachwissen, sondern er war auch fähig und berechtigt, „vor Ort" zu entscheiden. Gleiches traf auf den preußischen Landrat zu. Es waren die sprichwörtlich kurzen Entscheidungswege der preußischen Verwaltung. Effektiv und sparsam. Das Festhalten an diesen Prinzipien, mit den notwendigen Anpassungen im Verlauf der Jahrhunderte, führte auch zu der einmaligen Leistungsbereitschaft der preußischen, später der deutschen Verwaltung. Viele der Erfolge in Verwaltung, Wirtschaft und Wissenschaft des deutschen Kaiserreiches gehen auf diese geistigen Grundlagen der Halleschen Universität und der Franckeschen Stiftungen zurück. In seiner Vergleichsstudie aus dem Jahre 1905 stellte Professor Arthur Shadwell aus London fest: „In Deutschland ist den Behörden vor Ort mehr Spielraum überlassen als in England oder in den USA. Das Ziel wird festgelegt, aber über die Mittel zur Erreichung desselben kann von der örtlichen Behörde frei entschieden werden." Man muß hinzufügen, nach Abstimmung mit dem Bürger und unter Berücksichtigung der örtlichen Gegebenheiten konnte und sollte der Bürgermeister, der Landrat oder ein Regierungsrat entscheiden. Sah so ein obrigkeitlicher, autoritär verformter Staat aus? „Ohne die

Hilfe einer tüchtigen ehrlichen Bürokratie hätte sich die deutsche Wirtschaft nicht zu dem entwickeln können, was sie wurde“ (Bertrand Russell).

---

2 – 12 – 21 (Seite 82) – 41 – 93 (Seite 148) – 96 – 137

VII.
Preußen und die Aufklärung

Preußen und die Aufklärung

Zur dritten Säule der geistigen Grundlagen Preußens wurde die Aufklärung, wurde die Abkehr von der kirchlichen Dogmatik zugunsten des Gebots menschlicher Vernunft und der natürlichen Rechte des Menschen (Naturrecht). Das Bürgertum zeigte Mut zur Kritik am Hergebrachten, es zeigte Verständnis für religiöse Toleranz und wandte sich gegen kirchlichen Dogmatismus. Es empfand die Erziehung zur Menschlichkeit als eine natürliche Veränderung seiner kirchlich dominierten Lebensweise. Verhaltensregeln bestimmen sich nicht mehr nur nach religiösen Gesetzen, sondern auch nach den „natürlichen", dem Menschen innewohnenden Normen, die nicht nur ein geordnetes Zusammenleben ermöglichen, sondern ein solches Zusammenleben sogar erfordern. Gebote der Sittlichkeit und der Ethik sind dann „naturgemäß", wenn sie freiwillig und ohne Rücksicht auf persönlichen Vorteil befolgt werden.

Seit den politischen Schriften von Aristoteles (384 v. Chr. – 322 v. Chr.) weiß man, daß der Mensch von Natur ein geselliges Wesen, ein „zoon politikon" ist. In die moderne Vulgärsprache übersetzt: Der Mensch ist ein Herdentier. Aus dieser „natürlichen" Veranlagung des Menschen ergeben sich die Regeln seines Zusammenlebens. Das gegenseitige Angewiesensein der Mitglieder einer Gemeinschaft wird in der modernen Arbeitssoziologie als Arbeitsteilung bezeichnet. Keiner kommt ohne den anderen aus. Das bedeutet Rücksichtnahme auf den anderen und Einstehen für ihn.

Es sind dies die Grundthesen der halleschen Aufklärung. Der „vernunftgemäße" Aufbau menschlichen Zusammenlebens erfordert die Anerkennung bestimmter Institutionen von Ordnung, Recht und Sicherheit. Zu diesen Institutionen gehört die Ehe, die Lebensgemeinschaft von Frau und Mann.

Bisher hatten kirchliche Sanktionen eindeutig das Übergewicht; die Kirche stützte sich auf Epheser Kapitel 5 Vers 32, wo die Ehe ein Geheimnis, ein Mysterium genannt wird. In der Vulgata wird es mit Sakramentum übersetzt, und die katholische Kirche ordnete die Ehe als eins der sieben Sakramente ein, als unauflösbaren Lebensbund. Dagegen verstand Christian Wolff (1679–1754) die Ehe zwar ebenfalls als wichtige Institution des menschlichen Zusammenlebens, leitete aber ihre Notwendigkeit nicht aus der Bibel ab, nicht aus dem göttlichen Mysterium, sondern aus den natürlichen Kräften: Er schrieb (1725) in seiner Abhandlung mit dem Titel „Vernünftige Gedanken von dem gesellschaftlichen Leben der Menschen und in Sonderheit dem gemeinsamen Wesen zur Beförderung der Glückseligkeit":

„Unter die einfachen Gesellschaften gehöret demnach der Ehestand, welche Mann und Weib mit einander aufrichten, umb Kinder zu erzeugen und zu erziehen. Der Mann wird in Ansehung dieser Gesellschaft der Eheherr; das Weib aber die Ehefrau genennet.

Weil die Kinder durch den Beyschlaff erzeuget werden, die Natur aber damit eine empfindliche Lust verknüpffet, wodurch so wohl Mann als Weib zum Beyschlaffe gereitzet werden, über dieses sich auch bei einem vernünftigen Menschen eine natürliche Neigung befindet sein Geschlechte fortzupflantzen, welche theils aus dem Vergnügen entstehet, was man an wohlgearteten und gerathenen Kindern hat, theils aus der Begierde sein Andencken in den Nachkommen zu erhalten, theils damit man jemanden habe, dem man nach seinem Tode das seinige überlasset, theils aus anderen Ursachen, wie solches alles die Erfahrung zur Genüge bestätiget; so hat die Natur viele Bewegungsgründe mit der Erzeugung der Kinder verknüpffet und verbindet uns demnach dazu. Zu der Lust im Beyschlaffe kann man auch die Brunst rechnen, wodurch Menschen und Thiere zum Beyschlaffe, sonderlich jene das erstemahl, angetrieben werden, da sie von der Lust, als einer unbekandten Sache, noch keinen Begriff haben.

Da die Kinder sich nicht selbst auferziehen können, so sind die Eltern sie aufzuerziehen verbunden, indem sonst niemand ist, dem man mit Grunde die Auferziehung der Kinder zumuthen könnte. Derowegen müssen diejenigen, welche sich zusammen begeben, Kinder zu zeugen, auch mit einander einig werden sie zu erziehen. Und solchergestalt kan auch die Auferziehung von der Erzeugung nicht getrennet werden. Wir finden gar deutlich bey den Thieren was der Winck der Natur in diesem Stücke ist.“

Mit dieser Begründung bereitete Wolff den Boden vor für die Zivilehe in Deutschland, die vom „gemeinen Wesen“

anerkannte und geschätzte Lebensgemeinschaft von Mann und Frau. 1875 wurde die Zivilehe als geltendes Rechtsinstitut eingeführt. Hierdurch wurde die religiöse „Mischehe“ ermöglicht.

Auch wenn die „naturrechtlichen und vernünftigen“ Schriften durchaus nicht gegen den damaligen Zeitgeist verstießen, wurden sie doch von der kirchlichen Orthodoxie, der lutherischen und der päpstlichen, als Ausdruck von Rebellion, von Unbotmäßigkeit oder sogar von Aufruhr empfunden. Es ging eben tatsächlich um die Abwendung von Althergebrachtem, nicht nur der Kirche, sondern auch der Stände und der Zünfte.

Doch der Vergleich mit den vorangegangenen und nachfolgenden „Aufruhren“, geistigen oder politischen Inhalts, von Martin Luther über Jean-Jacques Rousseau, Honoré Gabriel de Riqueti Mirabeau, Karl Marx, Friedrich Nietzsche und Wladimir Iljitsch Lenin (Uljanow), macht einen entscheidenden Unterschied deutlich: Die Aufklärer des 18. Jahrhunderts in Halle als Wegbereiter der Vernunft und des „Naturrechts“ erschöpften sich nicht im Negativen, sie versprachen keine Utopien, verkündeten keine Heilslehren, sie begnügten sich nicht damit, Bestehendes einzureißen. Mit ihren Forderungen bauten die „Aufklärer“ auf, konstruktiv und mit Geboten an das Verhalten des Einzelnen. Pietismus und Aufklärung forderten Nächstenliebe und Verpflichtung gegenüber der Gemeinschaft. Gut und Böse lägen in der Natur des Menschen; der Marxismus dagegen will Moral abschaffen und sieht Gut und Böse nur in den „Verhältnissen“.

Während an der Leipziger Universität immer noch die lutherische Orthodoxie den Kodex bestimmte, hatte sich die brandenburgisch-preußische Universität in Halle dank der für Bildung und Wissenschaft aufgeschlossenen preußischen Könige Friedrich I., Friedrich Wilhelm I. und Friedrich II. aus der kirchlichen Umklammerung gelöst. Mit der Berufung so hervorragender Gelehrter wie die in Leipzig lehrenden Christian Wolff, Christian Thomasius sowie Samuel Stryk aus Frankfurt a. O. mit seinem Sohn Johann Samuel Stryk nach Halle durch den bildungsfreundlichen Kurfürsten Friedrich III., den späteren König Friedrich I., wurde die Wurzel für die brandenburgische Universität in Halle gelegt. Sie entwickelte sich von Beginn an (1. Juli 1694) dank ihrer hervorragenden Professorenschaft zu einer der bedeutendsten deutschen Universitäten.

Christian Wolff, Philosoph und Mathematiker, wird als der Vater der europäischen Aufklärung angesehen. Immanuel Kant, der Königsberger Philosoph, fühlte sich der Lehre Wolffs innerlich und geistig verbunden und zeigt in seinen Schriften viele Merkmale geistiger Verwandtschaft mit Wolff. Die gemeine Wohlfahrt und die gemeine Sicherheit sind das höchste und letzte Gesetz im Gemeinwesen und demnach die Regel, nach der der Staat zu handeln hat. „Thue was die gemeine Wohlfahrt befördert und die gemeine Sicherheit erhält. Hingegen unterlaß, was die gemeine Wohlfahrt hindert und der gemeinen Sicherheit zuwider ist.“ Eine Gemeinde, die Verordnungen nur mit der Einwilligung aller treffen kann, nennt Wolff eine Politie. Diese Politie entarte allerdings zu einer Demokratie, „wenn sich alles nach dem gemeinen Pöbel richtet, und zwar nach dem, was diesem vorteilhaft zu sein scheint unter Hintansetzung der gemeinen Wohlfahrt und der gemeinen Sicherheit". Es ist eine treffende Definition des modernen Parteienstaats. Die Forderung der Aufklärung nach Verantwortung und Fürsorge für den „Nächsten" deckt sich mit dem pietistischen Gebot der Nächstenliebe.

Zur Erhaltung der Gemeinschaft, des „gemeinen Wesens", hält die Vernunft die Obrigkeit für erforderlich. Auch hier wieder steht die gemeine Wohlfahrt und die gemeine Sicherheit am Beginn des Kapitels. Auf der anderen Seite stehen die Untertanen. Nach Christian Wolff ist es ohne Belang, welche von den denkbaren Arten der Regierung eines „gemeinen Wesens" vorliegt. Immer befindet sich auf der einen Seite die Obrigkeit und auf der anderen Seite der Untertan. Religion ist für das „gemeine Wesen" ebenfalls notwendig. „Und demnach ist es nicht unrecht, wenn man die Verächter der Religion bestraffet; auch muß man deswegen (Achtung) über das Ansehen der Feyer der Festtage halten, damit jederman begreiffe, es sey ein Ernst mit der Religion."

Ein wichtiges Gebot der pragmatischen Aufklärung von Christian Wolff war die Empfehlung, den Gehorsam der Obrigkeit zu verweigern, wenn man Unrecht tun müsse, „f. e. beispielsweise einen unschuldigen Menschen totschlagen. Weil das natürliche Gesetz zugleich das göttliche Gesetz ist, so muß man solchergestalt Gott mehr gehorchen als den Menschen." Zusammenfassend bleibt in der Lehre Christian Wolffs das Eigeninteresse stets der gemeinsamen Wohlfahrt und der gemeinsamen Sicherheit untergeordnet. An mehreren Stellen weist Wolff darauf hin, daß der einzelne zurückstecken müsse und auch bei Meinungsverschiedenheiten mit einer anderen Partei stets die gemeine Wohlfahrt den Vorrang haben müsse.

Der andere, an der Universität Halle neben Christian Wolff gleichrangige Denker war Christian Thomasius (1655–1728). Als Rechtsgelehrter hielt er 1687 zum ersten Mal in Deutschland Vorlesungen nicht in lateinischer, sondern in deutscher Sprache. Auch er war ein Anhänger der Vernunft und des Naturrechts. Die nur dem Eingeweihten verständliche Fachsprache der „Kautelar-Jurisprudenz" müsse durch eine allgemein verständliche Sprache und einen ebenso verständlichen Gesetzesinhalt ersetzt werden. Er wollte die an das römische Recht und die theologische Systematik gebundene Rechtslehre zu einer verständlichen, praktischen Wissenschaft gemäß dem Naturrecht entwickeln. Thomasius trennte das „juristische Naturrecht" von der philosophischen und theologischen Lehre, er setzte sich daher folgerichtig und hartnäckig für eine lebensnahe, praktische Gesetzgebungs- und Auslegungskunst ein. Seine überragende Gelehrsamkeit verband sich mit einer außerordentlichen Tatkraft. Was die Herrschaft der eigenständigen Vernunft einschränke, bezeichnete Thomasius als „Vorurteil". Hierunter verstand Thomasius in erster Linie die geistige Blockade durch Ideologie und Mystik. Sie wollte er von sich und der Menschheit abwenden. Seine in Leipzig begonnenen Vorlesungen gegen das Vorurteil – sie standen unter dem Thema „lectiones de praeiudiciis" – wiederholte er in Halle. Dem Wissen, der Forschung, der Vernunft und der nüchternen Erkenntnis des Intelligenten stehe der Intellektualismus gegenüber mit seiner Ideologie, Theologie, Rhetorik, mit seiner Realitätsferne und seinen

Vorurteilen. Wie recht hatte Thomasius. In allen Jahrhunderten hat es so gut wie keine Opfer praktischer Vernunft gegeben, aber Hekatomben ermordeter Menschen als Folge von Utopien, Ideologien und Vorurteilen.

Sein Christentum widersprach nicht seiner unbefangenen Vernunftgläubigkeit, auch wenn er den ihm nahestehenden Pietismus später in einer gewissen Enttäuschung der Frömmelei verdächtigte, was seiner Abneigung gegenüber Vorurteilen und Bekenntnisschriften entsprach. Die im 20. Jahrhundert insonderheit von den USA ausgehenden missionarischen Ideen wären bei Thomasius auf die allergrößte Skepsis gestoßen. Seine unbezwingbare Vernunftgläubigkeit ließ ihn viele Schriften veröffentlichen, deren Inhalt für die humanitäre Entwicklung Europas Weichen gestellt hat. Dies zeigt den elementaren Unterschied zwischen Gesinnungsethik und Verhaltensethik, nur letztere ließ Thomasius gelten.

Thomasius stand der Lehre des Calvinismus und des Pietismus nahe. Der moralische Wert einer Persönlichkeit bestimme sich nicht nach dem Gewollten, sondern nach dem Willen und der Kraft, es durchzusetzen. Die sittliche Handlung des einzelnen bestimme seinen moralischen Wert. Tugendstärke ist zu erlernen, sie ist nicht angeboren, war eine der Kernthesen des Universitätslehrers Thomasius. Hierin zeigte sich sein pädagogisches Programm für die Ausbildung seiner Studenten, aus denen sich zum großen Teil die Beamten Preußens rekrutierten.

Christian Thomasius verlangte die Befolgung der obrigkeitlichen Anordnungen, das läge im Interesse der gemeinen Wohlfahrt und der gemeinen Sicherheit. Dieser Grundsatz fände jedoch seine Begrenzung in den Grundnormen der religiösen Sittenlehre. Ungehorsam forderte Thomasius, wenn Handlungen verlangt würden, die gegen die allgemeinen und religiösen Sitten verstießen. Er befand sich hierin in Übereinstimmung mit Christian Wolff und dem preußischen König Friedrich Wilhelm I., der in allen Fragen des Staatswohls von der praktischen Vernunft und ihren Gesetzen geleitet wurde. Obwohl Thomasius die Erzwingbarkeit des positiven Rechts als eine „conditio sine qua non“ des positiven Rechts ansah, lehnte er die in seiner Zeit weit verbreitete absolute Fürstenmacht ab. Dem sittlichen Gebot Gottes komme die oberste Priorität zu, dem habe sich auch der Herrscher zu unterwerfen.

Hiermit stehen wir vor einer Grundnorm preußischen Denkens. In vielen Beispielen der preußischen Geschichte hat sich gezeigt, daß unsittliche oder als unsittlich empfundene Befehle nicht ausgeführt wurden. Das Märchen vom Kadavergehorsam gehört zu den zahlreichen Vorurteilen, denen Preußen bis zum heutigen Tage unterliegt. Der Aufklärer Thomasius verachtete Vorurteile und wäre daher der sozialistischen Obsession unserer Zeit argumentativ entgegengetreten.

Die europäische Aufklärung hatte ihren Ursprung in Preußen, erst 60 Jahre später fanden die französischen Aufklärer Denis Diderot und Voltaire die Aufmerksamkeit der europäischen Bildungsschicht. Christian Wolff und Christian Thomasius schrieben in deutscher Sprache, die unter den Gebildeten nicht in gleichem Maße verbreitet war wie die französische Sprache. Voltaire hat von den Arbeiten Christian Wolffs erst durch seinen Briefpartner, den preußischen Kronprinzen und späteren König Friedrich II., erfahren, der ihm 1736 zum ersten Mal französische Übersetzungen der Werke Christian Wolffs zugehen ließ. Mit Christian Thomasius stand in Preußen auch die Wiege des modernen europäischen, von der Kirche losgelösten Rechtsdenkens. Schon am 13. Dezember 1714 entsprach der junge preußische König Friedrich Wilhelm I. (Soldatenkönig) der Forderung Christian Thomasius, die Hexen- und Ketzerverfolgungen einzustellen. Im Jahre 1728, dem Todesjahr von Thomasius, wurde in Preußen der letzte Hexenprozeß geführt. Der König hat das Urteil nicht unterschrieben. Daher ist auch der Tod der als Hexe angeklagten Frau nicht überliefert. „Wir seynd auch durch erhebliche Umstände bewogen worden, zu resolviren, daß die noch vorhandene Brand-Pfähle, woran Hexen gebrandt seyn, weggenommen werden sollen.“ Frankreich verbot erst 1789 die Hexen- und Ketzerverfolgung, Bayern sogar erst 1809.

Nach 500 Jahren Ketzer- und Hexenverfolgung in Europa mit Tausenden und Abertausenden von Opfern stellte sich als einziger Fürst in Europa der junge preußische König diesem Wahn entgegen. Allein diese Tat machte ihn unsterblich. Er repräsentierte wie kein anderer preußischer Herrscher den preußischen Geist: Menschlichkeit und Strenge.

---

34 – 37 – 41 – 45 – 58 – 66 – 68 – 69 – 86 (Seite 21) – 126 – 127 – 128

VIII.
Preußen und das Recht

Preußen und das Recht

Mit dem Urteil vom 28. Oktober 1730 des Kriegsgerichts, das in Köpenick bei Berlin tagte, gegen die Offiziere von Spaen, von Ingersleben und von Keith war König Friedrich Wilhelm I. einverstanden, nicht aber mit der langjährigen Freiheitsstrafe gegen Leutnant von Katte. Dieser hatte dem Kronprinzen, dem späteren König Friedrich dem Großen, bei seinem Versuch zur Flucht ins Ausland aktive Unterstützung geleistet. Daher änderte der König als oberster Gerichtsherr dieses Urteil des Kriegsgerichts in ein Todesurteil um. Er schrieb am 1. November 1730 an das Kriegsgericht: „...was aber den Lieutnant Katten und deßen Verbrechen auch die von dem Kriegsrecht deshalb gefällte Sentenz angelanget, so seind Seine Königl. Majestät zwar nicht gewohnet, die Kriegrechte zu schärfen, sondern vielmehr, wo es möglich zu mindern. Dieser Katte aber ist nicht nur in Meinem Dienst Officier bei der Armée, sondern auch bei die Guarde Gens d'armes. Und da bei der ganzen Armée alle meine Officiers Mir getreu und hold sein müßen, so muß solches um so viel mehr geschehen von den Officiers von solchen Regimentern; indem bei solchen ein großer Unterschied ist, denn Sie immediatement an Sr. K. M. allerhöchsten Person und Dero Königl. Hause attachiret sein, Schaden und Nachtheil zu verhüten, vermöge seines Eides. Da aber dieser Katte mit der künftigen Sonne tramiret zur Desertion, mit fremden Ministren und Gesandten allemal durch einander gsteckt, und er nicht davor gesetzet worden, mit dem Kronprinzen zu complottiren, au contrair es Sr. Königl. Majest. Und Dero Generalfeldmarschall von Natzmer hätte angeben sollen: So wißen Sr. K. M. nicht was vor kahle Raisons das Krieges-Recht genommen und Ihm das Leben nicht abgesprochen hätten. Sr. K. M. werden auf die Art sich auf keinen Officier noch Diener, die in Eid und Pflicht sein, sich verlaßen können, denn solche Sachen, die einmal in der Welt geschehen seind, öfters geschehen können, es würden aber alsdann alle Thäter den Praetert nehmen, wie es Katten wäre ergangen und weil der so leicht und gut durchgekommen wäre, ihnen dergleichen geschehen müßte. S. K. M. seind in Dero Jugend auch die Schule durchlaufen und haben das Lateinische Sprichworth gelernet „fiat justitia et pereat mundus". Also wollen Sie hiermit und zwar von Rechts wegen, daß der Katte, ob er schon nach denen Rechten verdienet gehabt, wegen des begangenen crimen laesae Majestatis mit glüenden Zangen gerißen und aufgehänget zu werden, Er dennoch nur, in Consideration seiner Familie, mit dem Schwert vom Leben zum Tode gebracht werden soll. Wann das Krieges-Recht dem Katten die Sentenz publicieret, soll Ihm gesagt werden, daß Sr. K. M. es leid thäte, es wäre aber beßer, daß er stürbe als daß die Justitz aus der Welt käme."

Das Kriegsgericht setzte sich aus mehreren Offizieren mit unterschiedlichen Rängen zusammen:
Kapitän A. v. Itzenplitz, Kapitän A. v. Pudewels, Kapitän A. v. Jeetze, Major G. E. v. Einsiedel, Major J. G. v. Lestwitz, Major D. C. v. Lüderitz, Oberstleutnant A. v. Weyher, Oberstleutnant C. F. de Schenck, Oberstleutnant

F. A. v. Milagsheim, Oberst C. R. v. Derschau, Oberst A. C. L. v. Stedingk, Oberst v. Wachholz, Generalmajor K. C. Schwerin, Generalmajor A. G. v. Dönhoff, Generalmajor C. v. Linger.
Präsident: Generalleutnant A. v. d. Schulenburg.

Die Korrektur des Urteils zu Lasten des Leutnants von Katte war nach heutiger Auffassung ein Verstoß gegen die Regeln der Rechtsstaatlichkeit, gegen die Regeln der Unabhängigkeit eines Gerichts. Aber auch schon im Jahre 1730 wurde dieser Machtspruch des Königs als Verletzung der rechtlichen Gepflogenheiten empfunden, obwohl die Lehre von der Gewaltenteilung des berühmten Franzosen Charles de Secondat, Baron de la Bréde et de Montesquieu (1689–1755) erst 1748 unter dem Titel „De L'Esprit des Lois" erschienen ist. Die großen Aufklärer Christian Wolff, Christian Thomasius und Samuel Stryk an der Universität in Halle hatten den Gedanken der Unabhängigkeit der Justiz bereits vorweggedacht.

Der König, der ein streng religiöses Leben führte und den christlichen Glauben als staatstragende Macht hoch einschätzte, zeigte sich gleichwohl den Ideen der Vernunft, der sogenannten Aufklärung, gegenüber sehr aufgeschlossen. Aus der recht eingehenden Begründung seiner Urteilsverschärfung läßt sich das Unbehagen des Königs an seinem Eingriff ablesen, aber die Staatsraison hatte absolute Priorität; er brachte ihr dieses Opfer. Sein mit bewundernswürdiger Kraftentfaltung errichteter preußischer Staat durfte nicht in Gefahr gebracht werden, und eine solche Gefährdung erblickte er in dem in seinen Augen zu milden Urteil gegen Leutnant Katte. So ergibt sich aus der Begründung seiner Urteilsabänderung gerade das Gegenteil seines vorgegebenen Motivs: das Wohl des Staates hatte der „Justitia" gegenüber den Vorrang. Das „fiat justitia, et pereat mundus" legte der König in der Übersetzung Martin Luthers aus (10. 5. 1535): „Es geschehe, was recht ist, und sollt die Welt drob vergehen." Auf den preußischen Staat bezogen wurde der Satz vom König gerade umgekehrt. Der Staat stand nicht über der „justitia", aber auch nicht unter ihr, vielmehr hatte die Justiz ebenso wie die Religion zum Bestand des Staates beizutragen. Auch diese beiden Institutionen dienten dem „gemeinen Wohl", das die allgemeine Richtschnur abgab für das Verhalten von Staat und Bürger.

Bei der Desertion Kattes handelte es sich um ein schweres Vergehen. Schon das Verlassen des Landes ohne Genehmigung wurde als Desertion gewertet, das in den meisten europäischen Ländern mit dem Tode bestraft wurde, zumal dann, wenn es von einem in unmittelbaren königlichen Diensten stehenden Offizier begangen wurde. Im Falle des Kronprinzen und des Leutnants Katte lag in den Augen des Königs ein „crimen laesae Majestatis" vor, was die Strafverschärfung in den Augen des Königs rechtfertigte. Über den Thronfolger ein Urteil zu sprechen, weigerte sich jedoch das Gericht, es sah sich zur Verurteilung des Königssohns nicht für berechtigt an. In seinem unsäglichen Zorn, vielleicht war es sogar mehr Kummer als Zorn, neigte der König zunächst ebenfalls zum Todesurteil an seinem Sohn. Bitten und Vorstellungen seiner Generale und höchsten Beamten veranlaßten ihn jedoch, in diesem Fall wieder aus Rücksicht auf die Staatsraison, den Kronprinzen zu einer strengen Einzelhaft zu verurteilen und zu einer sich anschließenden Bewährung im aktiven und bewachten Verwaltungsdienst.

Der Ausgang des Prozesses, vor allen Dingen auch die vom König angeordnete Gegenwart des Kronprinzen bei der Enthauptung seines Freundes, des Leutnants Hans Hermann v. Katte, erschien schon den Zeitgenossen als unverhältnismäßig hart, aber eben nicht als Verletzung des Rechts. Darauf kommt es an. Die Weigerung der Offiziersrichter, das Urteil gegen Katte auf Wunsch des Königs zu verschärfen, blieb ohne Folgen für sie persönlich und ihre Karriere. Der König meinte es ernst, wenn er dem Katte sagen ließ, es täte ihm leid, aber er, Katte, müsse im Interesse des Staates sterben.

Man wird dem König nicht gerecht, wenn man in der Verschärfung des Urteils eine Nichtachtung der Rechtspflege zu erkennen meint. Eher ist das Gegenteil richtig. Verwaltung und Rechtspflege betrachtete der König als eine unabänderliche Notwendigkeit für ein geordnetes Staatswesen. Für diese Institutionen standen Gerechtigkeit, Pflichterfüllung und Unbestechlichkeit in untrennbarer Wechselbeziehung. Was die Einhaltung dieser Gebote anging, war der König unnachsichtig.

Theodor Fontane schrieb 1865 in seinen Wanderungen durch die Mark Brandenburg:
„War das Urteil Gerechtigkeit oder Grausamkeit? Unsere Zeit, einerseits in Verweichlichung, andererseits in Oberflächlichkeit, die nicht tief genug in den Fall eindringt, hat in dem Geschehenen einen Fleck auf dem blanken

Schild der Hohenzollern erkennen wollen. Ich meinerseits erkenne darin einen Schmuck, einen Edelstein. Daß es ein Blutkarneol ist, mindert nichts."

Als gravierender aus rechtsstaatlicher Sicht ist der Eingriff Friedrichs des Großen 50 Jahre später, im Jahre 1780, zu bewerten, wo der Monarch zu Gunsten eines nach seiner Meinung von der „Adelsclique" ungerecht behandelten Müllers einschritt und eine Abänderung des Urteils verfügte. Im Gegensatz zu seinem Vater entzog er in seiner Verärgerung den Richtern ihr Richteramt und schickte sie nach Spandau zur Haft auf die Festung. Das war ein bedenklicher Eingriff in die Rechtspflege, und zwar nach damaliger wie auch nach heutiger Rechtsansicht. Dieser Eingriff wiegt um so schwerer, als der König selbst gefordert hat: „Vor Gericht sprechen die Gesetze, der Herrscher muß schweigen." Wir kommen nicht umhin, den Eingriff Friedrichs des Großen in die Rechtsprechung im Vergleich zum Katte-Prozeß rechtlich als schwerwiegender einzuordnen, er war unentschuldbar. Daß sich Friedrich als König nicht für den grundbesitzenden Adel einsetzte, sondern für den ärmeren Müller, hat ihm in Europe viel Sympathien eingebracht. Seine Beliebtheit in Europa als Patron der „kleinen Leute" nahm gelegentlich groteske Züge an. So berichtete Goethe von einer seiner Italienreisen, daß er sich dort nicht getraut habe, seinen süditalienischen Gastgebern über den Tod des Königs zu berichten. Als Überbringer dieser Nachricht fürchtete er ihren Unwillen. In einem Protokoll vom 11. Dezember 1779 äußerte sich der König zum Arnold-Prozeß unter anderem: „Alle müssen wissen, daß der geringste Bauer, ja was noch mehr ist, der Bettler, ebensowohl ein Mensch ist wie Seine Majestät, dem alle Justiz widerfahren muß, indem vor der Justiz alle Leute gleich sind, es mag sein ein Prinz, der wider einen Bauern klagt, oder auch umgekehrt, so ist der Prinz vor der Justiz dem Bauer gleich, und bei solchen Gelegenheiten muß nur nach der Gerechtigkeit verfahren werden, ohne Ansehen der Person. Ein Justizkollegium, das Ungerechtigkeiten ausübt, ist gefährlicher und schlimmer als eine Diebesbande. Vor dieser kann man sich schützen, aber vor Schelmen, die den Mantel der Justiz gebrauchen, um ihre üblen Passionen auszuführen, kann sich kein Mensch hüten; die sind ärger als die größten Spitzbuben." Solche Äußerungen verbreiteten sich nicht nur in Deutschland, sondern in vielen Staaten Europas. Wir wissen nicht, ob der König diese Verbreitung förderte, gewiß ist aber, daß er „nichts dagegen hatte". Trotzdem bleibt es dabei: An der ablehnenden Beurteilung seines unberechtigten Eingriffs in die Rechtspflege ändert sich dadurch nichts. Der Müller Arnold war im Unrecht.

Und doch haben beide Prozesse der Entwicklung zu einer hohen Rechtskultur in Preußen keinen Abbruch tun können. Der Müller-Arnold-Prozeß hat sich sogar mittelbar förderlich auf die Gesetzgebung Preußens ausgewirkt.

Bei den königlichen Eingriffen in die Unabhängigkeit der Gerichte lag nicht Willkür oder vielleicht sogar Machtmißbrauch zugrunde, sondern die Könige waren als oberste Gerichtsherren zu diesen Eingriffen berechtigt, es war ihre persönliche Auffassung von Gerechtigkeit, und es war ihr Wunsch, dieser Gerechtigkeit zum Erfolg zu verhelfen. Ohne Berücksichtigung des „gemeinen Wohls“, der Beachtung der Staatsraison und ohne Rücksichtnahme auf den Schwachen gab es nach der Überzeugung preußischer Könige keine Gerechtigkeit. Auch die Gegner Preußens anerkennen, daß im preußischen Königtum aus dem Gedanken der patriarchalischen Fürsorge immer auch das Element der Verantwortung für die Schwachen enthalten gewesen ist. Der Positivismus, die absolute Gültigkeit des geschriebenen Gesetzes, in seiner strengen Ausprägung erst seit der Mitte des 19. Jahrhunderts anerkannt, hatte damals noch keinen Einfluß auf die Rechtsprechung. Vielmehr war das Bild eines Gerichtsprozesses von der lateinischen Sprache geprägt, die Rechtspflege war daher für den „Untertanen“ unverständlich. Richter und Advokaten standen im Verdacht, Prozesse aus wirtschaftlichen Gründen zu verschleppen oder sogar parteiisch zu entscheiden. Von diesem Verdacht ließen sich auch die beiden Könige Friedrich Wilhelm I. und Friedrich II. in ihrer Beurteilung der Justiz leiten.

Friedrich Wilhelm I. stand als junger Kronprinz unter dem Einfluß seines Erziehers, des Hugenotten Jean Philipp de Rebeur, der dem Kronprinzen zu seinem 14. Geburtstag eine Denkschrift überreichte, die das politische Gewissen des Königs bis zu seinem Lebensende entscheidend beeinflußt hat. Nur die Gerechtigkeit der Sache erhebe das Herz des Kämpfers, Segen liege nur über einer gerechten Sache. In seinem Testament aus dem Jahre 1722 ermahnte der König eingedenk dieser Denkschrift seinen „lieben Successor“, nicht einen ungerechten Krieg anzufangen, weil der liebe Gott sonst keinen Segen über ihn ausbreiten werde. Als Quintessenz der Ermahnung Rebeurs können wir seine Feststellung werten, es werde in der bösartigen, verschlagenen, dämonischen und ungerechten Welt immer auch Gelegenheit geben für Gerechtigkeit, Billigkeit, Manneswort und Tapferkeit. Von diesen Werten sollte man sich nicht entfernen.

In diesem Geist und in den Schriften von Christian Thomasius, Halle, finden wir den Grund, warum der König im Alter von nur 26 Jahren in dem preußischen Edikt vom 13. Dezember 1714 bestimmte, daß jedes Urteil, das auf die Vollziehung der Folter erkennt, und jedes nach einem Hexenprozeß ergangene Todesurteil ihm persönlich zur Bestätigung vorgelegt werden muß. Friedrich II. von Preußen erließ später bei seinem Regierungsantritt am 3. Juni 1740 das allgemeine Verbot der Anwendung der Folter. Ausgenommen hiervon waren Majestätsverbrechen, Landesverrat und Mord. Diese Einschränkung wurde durch die Kabinettsorders vom 27. Juni und 4. August 1754 aufgehoben, so daß Hexenprozesse und Folter in Preußen nicht mehr zur Anwendung kamen. Das Erfordernis einer „Bestätigung“ durch den König bedeutete bereits seit 1714 praktisch die Untersagung von Folter und Hexenprozessen in Preußen, in seiner Tragweite eine erstaunliche und beispiellose Entscheidung. Nach Jahrhunderten der Anwendung von Folter und schmachvollen Hexenprozessen im Namen des christlichen Glaubens fand ein strenggläubiger christlicher Herrscher in Europa den Mut, in seinem Staat diese unmenschliche „Justiz“ zu verbieten. Die Menschheit in Europa konnte dem preußischen Herrscher dafür dankbar sein. Einer ihrer Wegbereiter und Foltergegner war der Professor Christian Thomasius an der vom Kurfürsten Friedrich III., dem späteren König Friedrich I., im Jahre 1694 gegründeten Universität in Halle mit seinen Schriften:

an haeresis sit crimen (1696)
de crimine magiae (1701)
de tortura ex foris christianorum proscribenda (1705)
processus inquisitorii contra sagas (1712).

Von Kurfürst Friedrich III., in Brandenburg am 18. März 1690 nach dem Verlassen seiner Vaterstadt Leipzig in Berlin aufgenommen, erhielt Thomasius schon am 4. April 1690 die Bestallung als Kurfürstlicher Rat und die Erlaubnis, in Halle philosophisch-juristische Vorlesungen zu halten. Seine Vorlesungen erfreuten sich bei der europäischen Jugend höchster Wertschätzung. Halle wurde zum Mittelpunkt der Aufklärung, der Lehre vom Vertrauen in die Vernunft. Sie wurde später von Immanuel Kant (1724–1804) in der Berliner Monatsschrift in der inzwischen klassisch gewordenen Formulierung definiert: „Aufklärung ist der Ausgang des Menschen aus seiner selbstverschuldeten Unmündigkeit. Unmündigkeit ist das Unvermögen, sich seines Verstandes ohne Leitung eines anderen zu bedienen. Habe Mut, dich deines eigenen Verstandes zu bedienen, ist also der Wahlspruch der Aufklärung."

In der Literatur gilt Christian Thomasius als der geistige Vater der Beendigung von Folter und Hexenprozessen, auch wenn er mit Spee, Grevius und anderen Autoren für seine Thesen Vorläufer hatte. Seine Vorgänger waren deshalb nicht so erfolgreich, weil sie keinen Fürsten fanden, dem der Mut eigen war, diese Gedanken gesetzgeberisch umzusetzen. Erst durch die beiden preußischen Könige Friedrich Wilhelm I. und Friedrich II. wurden die Menschen von dieser Geißel, die sie seit Jahrhunderten bedrohte, befreit. Im Bewußtsein dieser weitverbreiteten Furcht bekannte der in Leipzig lehrende Juraprofessor Ludwig Ernst Püttmann (1730–1796), daß erst seit den Zeiten des Thomasius die Frauen wieder in Ruhe alt werden konnten. Den zeitlichen Zusammenhang der Schriften des Thomasius mit dem Edikt vom 13. 12. 1714 des preußischen Königs Friedrich Wilhelm I. über die Abschaffung der Hexenprozesse hat Püttmann richtig gewürdigt, aber bei der materiellen Verwirklichung waren es die preußischen Könige, nicht Thomasius, welche die Frauen von ihrer Angst und ihrer ständigen Bedrückung befreiten. Erst viel später entschlossen sich andere Fürsten in Europa, dem Beispiel der preußischen Könige zu folgen. Folter und Hexenprozesse wurden gesetzlich abgeschafft

in	im Jahre
Baden	1767
Mecklenburg	1769
Sachsen und Dänemark	1770
Österreich	1776
Frankreich	1789
Rußland	1801
Bayern und Württemberg	1809
Hannover	1822
Gotha	1828
Spanien	1834
Italien	1859

Das Gespenst der Hexenfurcht ging durch Europa. Die Verfolgung von Ketzern und Hexen war eine Ausgeburt religiösen Wahns, es war eine Schmach für das Christentum. Diese entsetzliche und blutige Verfolgung unschuldiger Menschen wurde von Papst Gregor IX. im Jahre 1232 der Verantwortung der Bischöfe entzogen und den Dominikanermönchen übertragen. Damit begann eine systematische Zentralisierung der Hexen- und Ketzerprozesse. Die von den Päpsten zu Inquisitoren ernannten Dominikanermönche erhielten unumschränkte Vollmachten.

Staatliche Gerichte mußten die Henkersarbeit übernehmen, weil die Kirche aus religiösen Gründen nicht töten durfte und Vergebung gewähren mußte. Es gab keine Verurteilung ohne Geständnis, das mit der Folter (Tortur) erzwungen wurde. Nicht nur die Glaubensabweichung, auch der angebliche Pakt mit dem Teufel wurde als Ketzerei angesehen und daher von der Inquisition verfolgt.

Die Zahl der Opfer des Hexenwahns während eines Zeitraums von rund 600 Jahren wird auf rund 500.000 bis 600.000 Menschen geschätzt, wovon ein großer Teil auf Deutschland entfällt. Neuerdings werden wesentlich niedrigere Zahlen angegeben. Diese neuen Angaben begegnen jedoch berechtigten Zweifeln, zumal da sie im Verdacht stehen, in erster Linie der Entlastung der Kirche zu dienen. Opfer des Hexenwahns waren meist Frauen. Mindestens ebenso viele Menschen wurden Opfer der Ketzerverfolgungen. Luther verurteilte die Ketzerverfolgung: „Man soll einen jeden glauben lassen, was er wolle, glaube er Unrecht, so hat er genug Strafe im ewigen Feuer in der Hölle zu erwarten.“ In der Hexenverfolgung dagegen haben Katholiken, Protestanten und Calvinisten gleiche Schuld auf sich geladen, Martin Luther eingeschlossen. Jeder, auch Kinder, konnte den anderen der Ketzerei oder der Hexerei verdächtigen. Der Verdächtigte hatte kaum die Möglichkeit, der Tortur zu entgehen, mit der sein Geständnis erpreßt wurde.

Sadismus, Egoismus, Neid, Habsucht und viele der niedrigsten Instinkte des Menschen tobten sich in diesen Prozessen aus. Ein unter unsäglichen Schmerzen und Qualen erpreßtes Geständnis wurde zur Grundlage für die Verurteilung zum Feuertod. Schon vor Thomasius gab es katholische Priester, Rechtslehrer und Philosophen, die mutig gegen die Ketzer- und Hexenverfolgung auftraten. Aber es gab keinen Fürsten, der dieser Erkenntnis durch einen Machtspruch zum Durchbruch verhalf. Mit der Abschaffung der Folter haben sich die preußischen Könige um die allgemeine Menschlichkeit ein bleibendes Verdienst erworben.

Der Katte-Prozeß wie auch der Müller-Arnold-Prozeß sind für die weitere Entwicklung Preußens nicht ohne Folgen geblieben: Nach dem Urteil gegen Katte und der strengen Einzelhaft des Kronprinzen in Küstrin erließ der König an den Geheimen Rat v. Wolden und an die beiden Kammerjunker v. Natzmer und v. Rohwedel eine genaue Instruktion über die weitere Behandlung des Kronprinzen. Sonntags soll der Kronprinz im Winter und Sommer des Morgens um 4 Uhr aufstehen, sich „nicht lange mit anziehen aufhalten und danach in Begleitung eines Kammerjunkers von 5 bis 7 Uhr in der Stadt-Kirche den Gottesdienst besuchen“.

An den Wochentagen wird im Sommer um 5 Uhr und im Winter um 6 Uhr geweckt. Nach dem Ankleiden und dem Gebet soll der Prinz die Kriegs- und Domänenkammer aufsuchen und dort, da er bisher noch nichts von Verwaltung gesehen und gehört hat, Akten studieren, „Ökonomie-Manufakturen, Polizei und Aktien-Sachen". Der Präsident v. Münchow und Direktor Hille haben den Prinzen zu unterweisen. Dreimal wöchentlich hat der Rat v. Wolden über den Fortgang der Unterrichtung und über „die Besserung" des Prinzen an den König zu berichten. Zu besonderen „Affären" ist der Prinz hinzuzuziehen. „Wenn er des Abends um 5 Uhr wieder von der Kriegs- und Domänen-Kammer nach Hause kommet, so soll er von 5 bis 7 Uhr die Akten lesen, die Sachen unterschreiben. Extrakte machen und die relationes, so ihm gegeben werden, abschreiben. Um 7 Uhr hört die Arbeit auf." Als Mittagspause war die Zeit von 12 bis 15 Uhr vorgesehen.

Es war in den europäischen Staaten durchaus nicht unüblich, den jeweiligen Thronfolger in der Armee dienen zu lassen. Dieser Dienst brachte Ehre und Ansehen, er gehörte zu den fürstlichen Attributen. Dagegen war eine konsequente und harte Ausbildung in der Verwaltung gewöhnlich nicht Teil einer Prinzenerziehung. Daß sich Friedrich der Festigkeit seines Vaters, des Königs, „unterwarf" und seine Einsicht in die Notwendigkeit einer effektiven und guten Verwaltung wuchs, er auch den Dienst in der Domänenkammer als nützlich für sich anerkannte, führte zu einer Versöhnung zwischen Vater und Sohn, die nicht, wie es einige Historiker annehmen, auf der Seite des Kronprinzen gespielt gewesen ist. Seine geniale Begabung hat im Kronprinzen bald die Überzeugung wachsen lassen, daß die Kenntnis der inneren Verwaltung für ihn später gut und richtig sein werde.

So führte der Katte-Prozeß zu einem Wendepunkt im Leben des Kronprinzen, des späteren „Großen Königs“, der eine Bedeutung für den preußischen Staat erlangte, die zu diesem Zeitpunkt noch nicht abzusehen war.

Demgegenüber führte der Müller-Arnold-Prozeß unbeabsichtigt zu einer zunächst nicht erhofften Wende in dem Bemühen des Königs zu einer auf Vernunft und Naturrecht gegründeten Kodifikation des preußischen Rechts. Friedrich Wilhelm I. (1688–1740) hatte bereits im Jahre 1714 der juristischen Fakultät in Halle den Auftrag zu einer Gesetzessammlung gegeben. Doch ohne Erfolg. Auch der entsprechende Auftrag Friedrich II. an Samuel Freiherr v. Cocceji (1679–1755), Präsident der Justizbehörde, blieb ohne das erhoffte Ergebnis. Ein gleiches Schicksal hätte die Beauftragung des Justizministers und Chefpräsidenten aller Regierungen in Schlesien, Johann Heinrich Casimir Graf v. Carmer (1721–1801), durch Friedrich II. im Jahre 1780 ereilt, wenn nicht der gegen die Gesetzentwürfe Carmers votierende Großkanzler Karl Joseph Maximilian Freiherr von Fürst und Kupferberg (1717–1790) als Folge des Müller-Arnold-Prozesses beim König in Ungnade gefallen und seines Amtes enthoben worden wäre. Dadurch wurde für Carmer und für seinen engsten Mitarbeiter, den Oberamtsregierungsrat Carl Gottlieb Svarez (1746–1798), die Bahn frei für ein Gesetzeswerk, das nicht nur in Preußen, sondern auch in den Staaten Europas als das bedeutendste Gesetzgebungswerk der Aufklärung und Vernunftlehre zu gelten hat. Auch wenn dieses Gesetz erst nach dem Tode Friedrichs des Großen, nämlich im Jahre 1794, in Kraft getreten ist, bleibt es trotzdem auf das engste mit seiner Regierungszeit verbunden, es bleibt das Gesetz des „Großen Königs“. Aus der königlichen Cabinetts-Order zur Verbesserung des Justiz-Wesens vom 14. April 1780 lassen sich Rückschlüsse auf die königlichen Absichten und Gedanken ziehen. Friedrich schrieb:

- Die Prozeßordnung ist von unnützen Formalitäten zu reinigen.

- Die Prozesse sind in einem Jahr zu Ende zu bringen.

- Ein Justizbeamter muß in allen Handlungen seines Amtes ohne die geringste Passion zu Werke gehen und allen Schein einer Parteilichkeit vermeiden.

- Die sich der Justiz widmenden Kandidaten sind durch scharfe Examina zu prüfen und als Referendare mit allen Geschäften vertraut zu machen.

- Die Richter haben künftig die Parteien mit ihrer Klage und Verantwortung selbst zu hören, ihre Erzählungen und mitzubringenden Beweistümer gegeneinander zu halten und so den wahren Zusammenhang der Sache zu eruieren. Es ist wider die Natur der Sache, daß die Parteien mit ihren Klagen und Beschwerden nicht selbst gehört werden, sondern nur durch gedungene Advokaten.

- Alle Verträge über unbewegliche Güter (Grundstücke) sind in Gegenwart der Gerichte zu schließen (Beurkundungspflicht).

Als Anhänger der Lehre des Montesquieu forderte Friedrich die Berücksichtigung der gewachsenen Rechtsinstitutionen und der Vorschriften nach dem Gewohnheitsrecht der Provinzen seines Staates sowie der Verschiedenheit der örtlichen Gesetze.

Das „Allgemeine Landrecht für die Preußischen Staaten" von 1794 (ALR) wurde entscheidend von Svarez konzipiert, der von den Lehren Christian Wolffs beeinflußt war: Verständigkeit, Nüchternheit, Zweckstreben und die Einsichten des Verstandes sollten im Gesetzeswerk praktisch brauchbar gemacht werden. Sein unmittelbarer Lehrer Joachim Georg Darjes an der Universität Frankfurt a. d. Oder war ein Schüler Christian Wolffs. Das Gesetz spricht vom „gemeinen Wohl" und von des Königs Pflichten und Rechten. Diesem Gedanken des Vorrangs der Pflichten haben sich alle preußischen Könige als die „Diener" ihres Staates verpflichtet gefühlt. Mit dem ALR wurden für die juristische Fixierung der Menschenrechte Türen aufgestoßen. Hier in Preußen konnten zum ersten Mal in der europäischen Geschichte Könige von den Bürgern verklagt werden. Wichtige Bestimmungen im Allgemeinen Landrecht waren weiterhin:

- Ein jedes Mitglied des Staates ist das Wohl und die Sicherheit des gemeinen Wesens, nach dem Verhältnis seines Standes und Vermögens, zu unterstützen verpflichtet.

- Jedem Einwohner im Staate muß eine vollständige Glaubens- und Gewissensfreiheit gestattet werden.

- Niemand soll wegen seiner Religionsneigungen beunruhigt, zur Rechenschaft gezogen, verspottet oder sogar verfolgt werden.

- Die Rechte beider Geschlechter sind einander gleich.

- Die Gesetze des Staates verbinden alle Mitglieder desselben, ohne Unterschied des Standes, Ranges und Geschlechts.

- Auch Untertanen fremder Staaten, welche in hiesigen Landen leben oder Geschäfte treiben, müssen nach obigen Bestimmungen beurteilt werden.

- Einzelne Rechte und Vorteile der Mitglieder des Staates müssen den Rechten und Pflichten zur Beförderung des gemeinschaftlichen Wohls nachstehen.

- Dagegen ist der Staat denjenigen, welcher seine besonderen Rechte und Vorteile dem Wohle des gemeinen Wesens aufzuopfern genötigt wird, zu entschädigen gehalten.

- Schulen und Universitäten sind Veranstaltungen des Staates, welche den Unterricht der Jugend in nützliche Kenntnisse und Wissenschaft zur Absicht haben.

- Niemand soll wegen Verschiedenheit des Glaubensbekenntnisses der Zutritt in öffentliche Schulen versagt werden.

- Die Eltern sind verpflichtet, ihre Kinder zu künftigen brauchbaren Mitgliedern des Staates in einer nützlichen Wissenschaft, Kunst oder Gewerbe vorzubereiten.

- Rechtstreitigkeiten zwischen dem Oberhaupt des Staates und seinen Untertanen sollen bei den Ordentlichen Gerichten nach den Vorschriften dieser Gesetze erörtert und entschieden werden.

- Sklaverei soll in den königlichen Staaten nicht geduldet werden.

- Die vorzügliche Pflicht des Oberhauptes im Staate ist, sowohl die äußere als innere Ruhe und Sicherheit zu erhalten und einen jeden bei dem Seinigen gegen Gewalt und Störungen zu schützen.

- Die nötigen Anstalten zur Erhaltung der öffentlichen Ruhe, Sicherheit, Ordnung und zur Abwendung der dem Publico, oder einzelnen Mitgliedern desselben, bevorstehenden Gefahr zu treffen, ist das Amt der Polizey.

Das Gesetz war in einer klaren und schlichten Sprache abgefaßt. Nicht in lateinischer, wie es bisher üblich war, sondern in deutscher Sprache. Daher konnten die Leute aus allen Ständen zum ersten Mal in Europa einen Gesetzestext selbst lesen und ihn auch verstehen. Bis dahin war die Justiz, bei der die lateinische Sprache dominierte, als eine riesige, unverständliche und unfreundlich gesonnene Maschinerie erschienen, von der man in aller Regel nur Schaden zu erwarten hatte. Die gesetzlich garantierte Religions- und Gewissensfreiheit, der Begriff des gemeinen Wohls und die gesetzliche Festlegung der Pflichten des Königs sind umwälzende Schritte im europäischen Rechtsdenken geworden. Über zwei Jahrhunderte entwickelte sich der Begriff Preußen zum Synonym für „anständig und gerecht“. Nicht in England, nicht in Frankreich, sondern nur in Preußen konnte ein Bürger seinen König vor Gericht verklagen. Über diese bedeutende und folgenreiche Kodifikation der deutschen Gesetzgebungsgeschichte schrieb Svarez: „Die stets wachsame Vorsorge, daß nicht ein Stand oder eine Klasse der Nation die Rechte der anderen schmälere, daß der ärmere und niedrigere von seinen reichen und mächtigen Mitbürgern nicht unterdrückt werde, die Achtung für die bürgerliche Freiheit, für die Rechte und das Eigentum der Untertanen, endlich die vollkommenste Religions- und Gewissensfreiheit – dies sind die Grundsäulen des Systems der preußischen Staatsverwaltung.“

Es war die Grundnorm preußischer Staats- und Rechtsauffassung, daß ein jeder nach seinem Stand und Vermögen verpflichtet ist, das Wohl und die Sicherheit des Staates zu unterstützen. Dieser Gedanke ist nicht nur als Bestimmung in das Allgemeine Landrecht für die Preußischen Staaten (ALR) eingegangen, sondern befindet sich auch im politischen Testament Friedrichs des Großen aus dem Jahre 1752: „Es ist die vornehmste Aufgabe eines Bürgers, seinem Vaterland zu dienen. Das Ansehen Preußens beruht nicht auf innerem Reichtum, sondern allein auf dem Arbeitsfleiß seiner Bürger. Die größten Bürgertugenden sind Menschlichkeit, Gerechtigkeit, Tapferkeit und Arbeitslust.“ Demgegenüber soll Ludwig XIV., König von Frankreich, im Jahre 1655 ausgerufen haben „L’Etat c’est moi“ (der Staat bin ich), als ein Volksvertreter die Einheit von König und Staat in Frage stellte. Gesprochen oder nicht: der König selbst, die Bevölkerung und seine Höflinge identifizierten den französischen König mit dem Staat. Die mystische Überzeugung Ludwigs von seiner Allmacht und von seiner Staatsmajestät verführte ihn zum Mißbrauch seiner Stellung, zur schamlosen Verletzung der Rechte seiner Bürger. Nur vor dem Hintergrund dieser von den französischen Königen gelebten Tradition ist der Ausbruch der Französischen Revolution zu verstehen.

Das „gemeine Wohl" wurde weder in England noch in den Vereinigten Staaten von Amerika zur Handlungsmaxime des Bürgers erhoben. In beiden Staaten waren die eigenen Interessen der Staatsbürger vorrangig. England respektierte in erster Linie die Interessen der Privilegierten, zu denen vor allem der Adel gehörte. Diese Bevorzugung der Führungsschicht drückte sich in dem bis 1918 geltenden einseitigen englischen Klassenwahlrecht sehr deutlich aus. Ähnlich einflußreich war die Führungsschicht in den USA. Sie rekrutierte sich vorwiegend aus den Neuengländern, die man auch Yankees nannte. Sie bildeten eine Art Geburts- und Geldaristokratie, die auf alle übrigen Amerikaner dünkelhaft und voller Selbstwertgefühl herabblickte. Nicht der Dienst am „gemeinen Wohl", sondern die Verfolgung des eigenen Glücks wurde dort die unangefochtene Verhaltensmaxime. Es heißt in der amerikanischen Verfassung: „pursuit of happiness". Bei der grundsätzlich unterschiedlichen Auffassung vom Staat und der Rechte der Bürger gegenüber dem Staat sind die Verständnisbarrieren zwischen diesen Ländern fast unüberwindbar, und zwar in beiden Richtungen. Gesetzes- und Pflichttreue in Preußen wird von außen gern als „Untertanengeist" oder „Obrigkeitshörigkeit“ bezeichnet. Umgekehrt werden England und den USA Ausbeutung der Schwachen, Erwerbsgier und soziale Verantwortungslosigkeit vorgeworfen.

Mit der Kodifikation des Allgemeinen Preußischen Landrechts hatte sich in Preußen eine von der Aufklärung und vom christlich-pietistischen Ethos geformte Geisteshaltung durchgesetzt. Diese Haltung ist in Preußen zum vorherrschenden Bewußtsein des kommenden Jahrhunderts geworden. Die zahlreichen, teilweise bedeutenden Gesetzeswerke, die zum Ende des 19. Jahrhunderts in dem herausragenden Bürgerlichen Gesetzbuch, dem BGB, gipfelten, beruhtem auf diesem Verhaltenscodex des preußischen Staates. Es war eine Denkrichtung, die inzwischen zum Synonym für preußische Haltung geworden war. Das Wort Friedrich Wilhelms I. bekam eine verbindliche Langzeitwirkung:

> „Die Bevölkerung ist der Reichtum eines Landes. Eine Regierung hat nicht zu faulenzen, sondern zu arbeiten und die Länder wohl zu regieren. Wirtschaft und Fabriken sind der Nerv aller Staatsangelegenheiten. Sie müssen daher unterstützt werden. Alles, was ihr kauft, müßt ihr richtig bezahlen. Macht keine Schulden und gebt nicht mehr aus als ihr einnehmt.“

Viele Gewohnheiten der Menschen im Denken und Handeln änderten sich nach den napoleonischen Kriegen, in besonderer Weise nach den neuen Grenzziehungen, die auf dem Wiener Kongreß 1815 vereinbart worden waren. Einflußreich, ja revolutionär, war für Staat und Bürger die Einführung der Dampfmaschine. Von dieser Entwicklung war Preußen nicht ausgenommen. Im Vordergrund der preußischen Überlegungen stand die Sicherung der Lebensgrundlagen der Bürger. Armut und Hunger hatten in vielen Gegenden ein nicht mehr tolerierbares Ausmaß angenommen.

Trotz mancher Theorien, die sich zum Recht und zu seinem Inhalt zu Wort meldeten, auch beachtenswerte Gedanken zur Diskussion stellten, wurde in der preußischen Bürokratie das Recht nicht als Selbstzweck, sondern stets als Mittel zum Zweck angesehen. Dieser „Zweck“ war uneingeschränkt immer noch das „gemeine Wohl“. Das gilt für alle Gesetzesvorhaben der kommenden Jahrzehnte. Als Rechtsdenker im 19. Jahrhundert sind hervorzuheben: Friedrich-Carl Savigny, Paul Johann Anselm von Feuerbach, Bernhard Windscheid, Rudolf von Ihering, Rudolf von Gneist und Otto Gierke. Mit der neuen Gewerbeordnung von 1845 und der Gewerbeordnung des Norddeutschen Bundes von 1869 wurde unter Einschränkung oder später sogar unter Auflösung des Zunftzwanges die Handwerkerschaft zur Anpassung an die mit Vehemenz einsetzende Industrialisierung veranlaßt. Der Staat erhoffte sich durch die Einführung des wirtschaftlichen Konkurrenzprinzips (Adam Smith) eine Steigerung der Wirtschaftstätigkeit, mehr Arbeitsplätze und mit gezielten Arbeitsbeschaffungsmaßnahmen die Beseitigung wenigstens der unmittelbarsten Not. Es war die allgemeine Überzeugung, nach den Erfahrungen des 20. Jahrhunderts wohl auch die richtige Überzeugung, daß nur ein starker Staat die Freiheitsrechte und Selbstentfaltungsmöglichkeiten garantieren kann. Es hätte dem preußischen Denken widersprochen, dem Egoismus des einzelnen, des Parteifunktionärs, des Abgeordneten oder der jeweiligen Partei zu Lasten der anderen freie Bahn zu gewähren.

Im Jahre 1913, man feierte das 25. Regierungsjubiläum Wilhelms II., schrieben die Verbände der Elektro- und Chemieindustrie: „Die politische Entwicklung Deutschlands verlangte eine vollständige Umgestaltung der Gesetzgebung auf allen Gebieten des wirtschaftlichen Lebens und machte es jedem Erwerbszweige zur Pflicht, seine Bedürfnisse den Behörden gegenüber zum Ausdruck zu bringen. Und die Interessenverbände haben dem Wohl der Allgemeinheit stets ein großes Gewicht beigemessen, so daß in allen Fragen der Gesetzgebung und der Verwaltung die Behörden der Diskussion bereitwillig ein offenes Ohr gewährten."

Leistung und Erfolg des Deutschen Kaiserreichs in Wirtschaft, Recht, Wissenschaft, Verwaltung und Kultur waren das Werk aller. Und doch nahm die aus der preußischen Denk- und Rechtstradition gewachsene Verwaltung eine besondere und herausgehobene Stellung ein. Es waren meist Beamte, die entscheidende Anregungen für die Entwicklung gegeben haben. Ihren Kritikern, Journalisten, Politikern und Historikern, ermangelte es damals und ermangelt es noch heute häufig an Erfahrung und Verständnis gegenüber den Aufgaben und Leistungen einer Verwaltung.

Einer der bedeutendsten unter den klassischen Nationalökonomen, Joseph Schumpeter (1883–1950), Professor in Graz, Bonn und Harvard, forderte für eine erfolgreiche

Volkswirtschaft nicht nur den Unternehmer, den unersetzlichen Mann der Tat, sondern auch eine „gut ausgebildete Bürokratie von hohem Rang, von guter Tradition, starkem Pflichtgefühl und einem nicht weniger starken „esprit de corps". Die Verwaltung müsse nach eigenen Prinzipien handeln und nicht von der Politik abhängig sein. Ernennung, Beförderung und Amtszeit hätten innerhalb des Beamtenreglements stattzufinden und der eigenen Auffassung der Berufsgruppe zu folgen. Weil diese Kriterien von der preußischen Verwaltung erfüllt wurden, hielt Schumpeter sie für die „beste Verwaltung der Welt".

Auf den ausschlaggebenden Anteil der Verwaltung am Erfolg der deutschen Wirtschaft wies in den zwanziger Jahren des 20. Jahrhunderts auch der englische Kulturphilosoph und Nobelpreisträger Bertrand Russell hin: „Ohne die Hilfe einer tüchtigen, ehrlichen Bürokratie hätte sich die deutsche Wirtschaft nicht zu dem entwickeln können, was sie wurde."

Mit der Gründung des Deutschen Reiches 1871, dem aus 25 Ländern und Städten zusammengesetzten Bundesstaat, dehnten sich die Normen preußischen Rechtsdenkens auf den gesamten Staat aus. Nicht die individuellen Interessen, auch nicht die in den Parteien gebündelten Egoismen, schufen die Grundlagen für die Gesetzgebung, sondern noch immer bestimmte das „Allgemeine Wohl", das Gesamtinteresse, die Gesetzgebung und die Verwaltung. Die Überparteilichkeit der Verwaltung wurde gelegentlich in Frage gestellt, mit Argumenten jedoch, die zweifelsfrei auf die Einseitigkeit und Parteigebundenheit der Kritiker selbst hinwiesen. Unabhängigkeit, Unbestechlichkeit, Pflichttreue, Loyalität, Fleiß und Rechtmäßigkeit im Handeln blieben die allgemein akzeptierten ethischen Forderungen an die Beamten; daran konnten Verstöße einzelner Beamter nichts ändern. Auch das religiöse Gebot „Du sollst nicht töten“ wird nicht dadurch falsch, daß es von einzelnen Menschen immer wieder mißachtet wird.

Sowohl die preußische Verfassung vom 31. Januar 1850 als auch die Verfassung des Deutschen Reiches vom 16. April 1871 besaßen zwar die Anerkennung der parlamentarischen Abgeordneten, aber keine plebiszitäre Legitimation. In dieser Hinsicht unterschieden sich beide Verfassungen nicht vom Grundgesetz der Bundesrepublik Deutschland vom 23. Mai 1949, das ursprünglich nicht einmal eine parlamentarische Anerkennung erfahren hat. Statt dessen hatten die Besatzungsmächte auf die grundsätzlichen Strukturfragen den stärksten Einfluß ausgeübt. Doch wie Professor Dr. Hans Hattenhauer es ausdrückte, haben in der Folgezeit alle politischen Kräfte dem Grundgesetz den Respekt nicht versagt. Dieser Respekt habe mit der Zeit „den Makel der Geburt“ geheilt.

Die Verfassung des Deutschen Reiches und die preußische Verfassung wurden ebenfalls bis zum Ende ihrer Gültigkeit im Jahre 1918 respektiert, obwohl beide Verfassungen keinen derartigen „Geburtsmakel“ wie das Grundgesetz aufwiesen. Im Gegensatz zur Verfassung der Bundesrepublik hatten auf die Entstehung der Verfassung Preußens und des Deutschen Reiches keine fremden Mächte eingewirkt.

Reichseinheit, Industrialisierung, Technisierung und Bevölkerungswachstum stellten an die Rechtskultur Anforderungen, die in den ständisch-monarchischen Systemen, die agrarisch geprägt waren, keine Vorbilder hatten. Mit der Massengesellschaft, die nach einer eigenen Repräsentation im Staate verlangte, entstand ein Anpassungsdruck auf Gesetzgebung und Verwaltung, der in seiner Komplexität nicht nur in der Regelung von Einzelfällen (Zivilrecht), sondern auch in seiner verfassungsrechtlichen Dimension ein neues Denken erforderte. Während der in den westlichen Ländern Europas gewachsene Parlamentarismus die Entstehung eines integren Berufsbeamtenstandes behindert hatte, fehlten mit dem von den preußischen Königen geschaffenen integren Berufsbeamtenstand die Vorbedingungen für die Entstehung eines funktionierenden Parlamentarismus (Gustav Schmoller). Auf seine Vor- und Nachteile ist an anderer Stelle bereits eingegangen worden.

Als übergeordneten Grundsatz des „Allgemeinen Wohls" betrachtete Bismarck die Integration des Reiches, seine Sicherung nach innen und nach außen sowie die sich daraus ergebende Notwendigkeit zur Überparteilichkeit der Regierung. Individuen, Gruppen und Parteien, die an ihrer Loyalität gegenüber dem neuen Staat Zweifel erlaubten, wurden trotz einer fast schrankenlosen Meinungs- und Pressefreiheit, wie sie im Pressegesetz von 1874 zugestanden wurde, vom Einfluß auf den Staat ferngehalten. Es ist der gleiche Gedanke, den der Bundeskanzler Helmut Schmidt (SPD) am 17. Mai 1974 in seiner Rede vor dem Bundestag ausdrückte: „Gegner der staatlichen Grundordnung gehören nicht in den öffentlichen Dienst." Mit den unreifen und kompromißunfähigen Parteien konnte angesichts der übergroßen Schwierigkeiten, denen das neue Reich gegenüberstand, nicht regiert werden. Hierzu mußte ein „langer" Reifungsprozeß innerhalb der Parteien erst abgewartet werden.

Es bleibt ein Verdienst preußischer Rechtstradition, einen bis in die Gegenwart sich auswirkenden Rechtsstaat geschaffen zu haben, dem die Attribute sozial, liberal und konservativ gleichermaßen eigentümlich waren. Der Schutz vor rückwirkenden Strafgesetzen, das Recht auf einen unabhängigen Richter, auf die Unversehrtheit der Wohnung und des Eigentums, auf das Briefgeheimnis, die Presse- und Informationsfreiheit, Schutz vor willkürlicher Verhaftung und Beschlagnahme gehörten zu den rechtsinstitutionell gesicherten Garantien. Anders als in London konnte man zum Beispiel in Berlin die namhaften ausländischen Zeitungen sogar noch während des Ersten Weltkrieges kaufen. Nicht an den großen Haupt- und Staatsaktionen, sondern an den mehr nebensächlich erscheinenden Begebenheiten läßt sich die hohe Rechtskultur in Deutschland am besten demonstrieren: Am 8. Juni 1901 kaufte sich der Berliner „Warenhauskönig" Rudolph Hertzog das erste Automobil der Stadt, ein Cabriolet der Marke „Horch" mit schwarzem Lederverdeck. Er ließ es beim Polizeipräsidenten unter der Nummer „IA-1" registrieren. Hieraus entstand die allgemeine Kennzeichnung der Berliner Kraftfahrzeuge mit „IA", die in Ostberlin sogar bis 1990 Gültigkeit besaß. Kaiser Wilhelm II. wollte seinen später erworbenen „Daimler" nicht mit der Nummer 2 fahren, sondern bat den Polizeipräsidenten um Erteilung der an Hertzog bereits vergebenen Kennzeichnung IA-1. Hertzog lehnte eine andere Kennzeichnung ab. Hierauf klagte der Polizeipräsident im Namen des Kaisers, doch dieser unterlag vor dem Gericht. Die „1“ gehörte Hertzog, nicht dem Kaiser, der, weil er nicht als „Zweiter“ gelten wollte, künftig in seinem Daimler mit Genehmigung der Polizei ohne Nummer fuhr. Der angeblich so obrigkeitliche Staat konnte nicht einmal eine vom Kaiser gewünschte Autokennzeichnung durchsetzen. Das Recht hatte Vorrang.

Die Krönung der rechtlichen Neuordnung wurde mit der Vereinheitlichung des Privatrechts erreicht. Das neue Bürgerliche Gesetzbuch (BGB) trat am 1. Januar 1900 in Kraft. Mit den handelsrechtlichen Bestimmungen, dem Handels- und Gesellschaftsrecht, dem Warenzeichen-, Patent- und Urheberrecht wurde der Entwicklung der modernen Wirtschaft entsprochen. Das bisher sehr restriktiv gehandhabte Vereins- und Versammlungsrecht wurde gelockert. Wohl an die 50 Länder und Staaten haben das deutsche Rechtssystem entweder ganz oder auch nur teilweise wegen seiner Ausgewogenheit und Effizienz übernommen. In den Entscheidungen des Reichsgerichts und des preußischen Oberverwaltungsgerichts, auch in den Entscheidungen der unteren Gerichte, drückte sich eine hochentwickelte Rechtskultur in Preußen-Deutschland aus. Rechtsstaat war Rechtsstaat, dazu bedurfte es nicht der später üblich gewordenen Hinzufügungen wie freiheitlich demokratisch, liberal, sozial, demokratisch oder nur freiheitlich. Mit den Bezeichnungen „soziale Gerechtigkeit“ und „sozialer Rechtsstaat“ werden die Begriffe vernebelt, der Blick auf die Realitäten ideologisch verschleiert. Rechtsstaat bedeutete im Kaiserreich auch

Gesetzlichkeit der Rechtsprechung. Dem „ius certum“ steht das „ius incertum“ gegenüber. Oberster Grundsatz war die Orientierung am Gesetzeswortlaut bei engstem Spielraum für Ermessen und Auslegung durch die Gerichte. Diese Norm setzte jedoch „gute“ Gesetze voraus. Noch in der Weimarer Republik wurde dieser Gesetzesgehorsam gefordert, in der Gegenwart wird er angesichts der schwächer werdenden Gesetzesarbeit nicht mehr in der traditionellen Strenge erwartet. Ein sogenanntes „Richterrecht“ wird daher vom Bundesverfassungsgericht (1973) und vom Bundesjustizministerium (1979) als Ergänzung gefordert und als „ein Hort des Rechts, eine Stätte kritischer Vernunft, als Pfeiler unserer freiheitlich-demokratischen, unserer rechtsstaatlichen Ordnung“ agitatorisch gerechtfertigt. Nur noch ein dünner Spalt trennt uns bei dieser Auffassung vom „gesunden Volksempfinden“ der Nationalsozialisten und der Kommunisten.

---

8 – 23 – 30 – 32 – 36 – 37 – 42 – 48 (3 + 4) – 54 – 55 – 65 – 68 – 69 – 75 – 96 – 109 – 126 – 131

IX.
Preußen und der Sozialismus

Preußen und der Sozialismus

Nach den beiden verlustreichsten und schrecklichsten Kriegen Europas von 1914–1918 und von 1939–1945 und angesichts des zunehmenden Zusammenrückens der internationalen Staatenwelt nimmt die Fähigkeit stetig ab, sich in die Gedankenwelt des 19. Jahrhunderts zu versetzen und das von der Tradition geprägte Denken der monarchisch-preußischen Regierung zu verstehen. Auch persönliche Erlebnisse und Schicksale stehen häufig diesem Verständnis entgegen.

Ein angesehener Historiker wie Golo Mann beispielsweise, Sohn von Thomas Mann, hat sein weitgehend negatives, doch gelegentlich auch verständnisvolles Urteil über die deutsche Kaiserzeit nicht analytisch begründet. Er war von dem Schicksal, das die Familie Mann während des Nationalsozialismus von 1933–1945 erlitten hat, beeinflußt. Das ist persönlich verständlich, doch nicht der Wahrheit dienlich. Aber er hat sein Buch mit einer in der historischen Zunft recht seltenen literarisch-sprachlichen Ausdruckskraft abgefaßt, so daß die Lektüre seines Buches zumindest deswegen reichlichen Lohn verspricht.

Anerkennung von Bildung und unheilvoller Einfluß des Adels sowie Bewunderung und Anbetung des Staates seien die Kennzeichen des Kaiserreichs gewesen. Bei Golo

Mann kämpften nicht die Sozialdemokraten gegen den Staat, sondern die Konservativen gegen die Sozialdemokratie. Der kaiserliche Staat wurde nicht von einer übermächtigen feindlichen Koalition im Ersten Weltkrieg niedergerungen, sondern hat sich selber zerstört. Kein besonders origineller Gedanke, zumal sich dieser vollinhaltlich im „main stream" bewegt.

Thomas Mann wiederum schrieb während des Ersten Weltkrieges und unmittelbar danach Hymnen und glühende Verehrungsadressen an das monarchisch-preußische Regierungssystem. Später warf er in seinem amerikanischen Exil das Steuer um 180 Grad herum und kritisierte nicht nur den Nationalsozialismus, sondern auch das Kaiserreich. Mit seiner Philippika gegen Deutschland im Jahr 1945 verkehrte er seinen früheren Standpunkt in das Gegenteil.

Thomas Mann, Sohn Golo und Bruder Heinrich sind exemplarisch für die vielerorts immer noch verbreitete Sicht auf das deutsche Kaiserreich. Heinrich Mann schrieb den literarisch wenig bemerkenswerten, dafür aber politisch umso mehr bejubelten Roman „Der Untertan". Gemeint war der knechtisch gesinnte preußische Beamte mit eingeengtem geistigen Horizont.

Persönliches Schicksal, der unheilvolle Ausgang beider Weltkriege und die sich jeweils anschließende Agitation sowie die Eigenwerbung derjenigen Parteien, die durch den Kriegsausgang an die politische Macht gelangt waren, haben den unvoreingenommenen Blick auf die Leistungen der kaiserlichen Verwaltung versperrt. Lob und

Anerkennung der preußischen Monarchie sind zwar heute wieder erlaubt, aber immer noch wird eine solche Betrachtung nicht als „politisch korrekt“ angesehen. Es ist daher nicht verwunderlich, daß die Behandlung der preußisch-deutschen Geschichte an den Universitäten, in Film und Fernsehen sowie in den Zeitungen nicht ohne eine kritische Ablehnung auszukommen meint.

Die distanzierende Beurteilung des Kaiserreichs richtet sich vor allem auf das Verhältnis der Regierung zur Sozialdemokratie oder umgekehrt auf das Verhältnis der Sozialdemokratie zur Regierung. Die Sozialdemokratie war in ihren Anfängen eine sozialistisch revolutionäre Partei, die ohne Kompromisse, ohne demokratische Ambitionen zur Macht drängte. Die Erlangung der autoritären Herrschaft im Staate für und durch die Lohnarbeiterklasse war nicht nur Bestandteil des Parteiprogramms, sondern es war das direkt anvisierte praktische Ziel der Partei: „Nur die Verwandlung des kapitalistischen Privateigentums an Produktionsmitteln – Grund und Boden, Gruben und Bergwerke, Rohstoffe, Werkzeuge, Maschinen und Verkehrsmittel – in gesellschaftliches Eigentum und nur die Umwandlung in eine sozialistische, durch das Proletariat betriebene Produktion kann die ausgebeutete Klasse herausführen und in eine Quelle höchster Wohlfahrt und harmonischer Vollkommenheit verwandeln.“

In den ersten Jahrzehnten nach der Reichsgründung 1871 war die Sozialdemokratie als Folge ihrer Umsturzideologie eine entschiedene Gegnerin einer starken und effizienten Staatsgewalt, sie bekämpfte das in Sachsen und Preußen geltende Dreiklassenwahlrecht als ein stabilisierendes Element der Verwaltung, sie polemisierte gegen ein stehendes Heer und gegen die Religion, kurz, gegen alle Einrichtungen, die Kontinuität und Stabilität sicherten. Das Gymnasium, die Wiege der deutschen Wissenschaft, sollte nach dem Wunsch der Sozialdemokraten abgeschafft werden. Wohin das sozialistische Programm bei seiner Verwirklichung geführt hätte, wissen wir heute nach unseren Erfahrungen mit Sozialismus und dem ihm verwandten Kommunismus im 20. Jahrhundert. Diese Ideologien führten nicht in „höchste Wohlfahrt“, sondern in die geistige und materielle Verelendung. Um sich durchzusetzen, erzwingen Ideologen die Ausschaltung der politischen Gegner, die Unterdrückung anderer Meinungen und letztlich sogar, wie es der Kommunismus gezeigt hat, begehen sie den Mord an unbequemen Meinungsgegnern.

In ihren Zeitungen verbreiteten die Sozialdemokraten ihre politischen Ziele. Unter Einbeziehung der gewerkschaftlichen Organe verfügte die Partei im Jahre 1911 über 160 Zeitungen. Die Partei war straff organisiert, mit Achtung für Unterordnung und Disziplin. In dieser Beziehung war sie ein Produkt preußischer Tradition, was die Parteioberen nicht leugneten, sondern zum Organisationsprinzip der Partei erklärten. Die Parteizeitungen hatten sich dem Parteiprogramm streng anzupassen und waren in taktischen Parteifragen dem Vorstand unterstellt. Verletzten Redakteure oder Expedienten diese Vorgaben, wurde ihr Verhalten als Pflichtverletzung gewertet, was den Vorstand zu ihrer Amtsenthebung, also zu ihrer Entlassung, berechtigte.

Auch mit Hilfe hauptamtlicher, von der Partei bezahlter Agitatoren wurden die Parteiziele verbreitet. Die Führer der Partei wußten, daß weniger das geschriebene als vielmehr das gesprochene Wort propagandistisch Erfolg verspricht. August Bebel, Karl Liebknecht, Paul Singer, Rosa Luxemburg und andere Funktionäre waren begabte Demagogen, die der SPD mit ihrer rednerischen Begabung eine erstaunliche Durchsetzungskraft verliehen. Ihre grundsätzliche Ablehnung aller Gesetzesvorlagen im Reichstag, auch der Gesetze zur Unfall-, Kranken- und Altersversicherung und des Nahrungsmittelgesetzes zeigte nicht nur ihre Regierungsunfähigkeit, sondern auch ihre Weigerung, Verantwortung im Staat zu übernehmen. Der bekannte französische Sozialist Jean Jaurès (1859–1914) übte heftige Kritik an den deutschen Sozialdemokraten, weil sie jede Mitarbeit am Staate Bismarcks verweigerten.

Die SPD stand der Regierung ablehnend gegenüber. Ihre Agitation richtete sich an die junge Bevölkerung in den unteren Klassen, die schon wegen ihres jungen Alters für Sirenenklänge empfänglich war. Es wurden Gefühle der Erbitterung und des Hasses gegen die bestehenden Zustände erzeugt sowie gegen die Staatsgewalt und ihren Repräsentanten. In seinem Schreiben vom 3. September 1878 an den Staatsminister von Kameke wies Bismarck darauf hin, daß allein in Berlin 80.000 Sozialdemokraten im Alter von unter 25 Jahren seien. Bei ihrer ausgezeichneten Organisation würden sich viele Sozialdemokraten unter den jungen Eisenbahnbeamten, Bahnwärtern, Weichenstellern und Zugführern befinden, die sich im Falle eines Aufstandes für eine Unterbrechung der Eisenbahnverbindungen einsetzen ließen.

Die Parteifunktionäre wußten, daß das sozialistische Programm, gerichtet auf Enteignung, auf Staatswirtschaft, Kontrolle und Diktatur des Proletariats, nur durch einen absoluten, nicht durch einen demokratischen Staat verwirklicht werden konnte. Die Erlangung der absoluten Herrschaft über den Staat wurde daher zu dem eigentlichen Ziel der Sozialisten. Hierzu gehörten die radikalen Forderungen auf Veränderung der Verfassung, des Wahlrechts, des Gerichts-, Schul- und Militärwesens. Es bestand bei den Parteifunktionären kein Zweifel daran, daß nur mit dem Umsturz und der Revolution die sozialistischen Ziele erreicht werden konnten. Daher war es folgerichtig, daß sich die revolutionäre Stoßrichtung der Sozialdemokratie gegen den Deutschen Bundesstaat richtete, der aus 25 Ländern und Städten bestand, und durch den nach Überwindung vieler innerer und äußerer politischer Hemmnisse endlich die deutsche Einheit erreicht worden war. Nicht die Respektierung der Interessen der anderen „Klassen“, ein unabdingbares Postulat des modernen Rechtsstaats, sondern Rücksichtslosigkeit gegenüber dem politischen Gegner gehörte zum Kampfarsenal der Sozialdemokratie. Auf dem Dresdner Parteitag im Jahre 1903 sagte Bebel unter dem Beifall der anwesenden Parteimitglieder: „Ich will der Todfeind dieser Gesellschaft in dieser Staatsordnung bleiben, um sie in ihren Existenzbedingungen zu untergraben und sie, wenn ich kann, beseitigen.“ Bebel erklärte weiterhin an anderer Stelle: „Die Ehe braucht weder kirchlichen, noch staatlichen Schutz. Allein die Neigung bestimmt ihren Inhalt. Wie ich esse, wie ich trinke, wie ich schlafe und mich kleide, ist meine persönliche Angelegenheit.“

Noch stand das Reich nicht auf festem Grund. Die Integration der Katholiken und Protestanten, der Süd- und Norddeutschen, der Ost- und der Westdeutschen, der Minderheiten mit den Mehrheiten, die partikularen Strömungen in den bisher an Selbständigkeit gewöhnten Einzelstaaten und der erfolgreiche Vollzug der Industrialisierung mit einer gleichzeitig durch Geburtenüberschüsse von 600.000 Menschen jährlich steigenden Bevölkerung forderten von der Verwaltung die Bewältigung gewaltiger Aufgaben, die fast unlösbar erschienen. Der Nachfolger Otto von Bismarcks, Reichskanzler Graf Leo von Caprivi, beschrieb in seiner Reichstagsrede vom 10. Dezember 1891 das schon seit der Reichsgründung 1871 bestehende Problem des deutschen Kaiserreichs mit folgenden Worten: „...Wir würden unsere Pflicht vernachlässigen, wenn wir den Arbeiterstand nicht leistungsfähig erhalten. Wir müssen exportieren: entweder wir exportieren Maschinen oder wir exportieren Menschen. Mit dieser steigenden Bevölkerung sind wir ohne eine gleichmäßig zunehmende Industrie nicht in der Lage, weiter zu leben."

Die den realen Notwendigkeiten verpflichtete Regierungstätigkeit durch ideologische Auseinandersetzungen der untereinander zerstrittenen und zu keinem regierungsfähigen Kompromiß fähigen Parteien noch weiter zu erschweren, bedeutete im Grunde genommen ein verantwortungsloses Handeln gegenüber den wahren Interessen der Bevölkerung, sie sorgte sich nicht um sozialistische oder liberale Politik, sondern um Ordnung, Sicherheit und Arbeitseinkommen. In dieser Reihenfolge äußerten sich Mitglieder der Sozialdemokratie im Jahre 1904 auf eine entsprechende Befragung.

Während auf der äußersten Linken die Sozialdemokraten agierten mit gefährlichen Auswirkungen auf die weitere wirtschaftliche Entwicklung des Staates und die Chancen auf einen Arbeitsplatz für die rasch wachsende Bevölkerung, polemisierte und agitierte auf der anderen politischen Seite Eugen Richter mit seiner Fortschrittspartei, später der deutsch-freisinnigen Partei. Eugen Richter (1838–1906) war Volljurist und zunächst Beamter. Er verließ 1864 den Staatsdienst und ging als Journalist nach Berlin. Seit 1867 war er Mitglied des norddeutschen, seit 1871 des deutschen Reichstags. Auch er war ein begabter Redner. Er redigierte persönlich die Parteikorrespondenz und hatte auf die seiner Partei nahestehende Presse einen beherrschenden Einfluß. Er vertrat einen extremen Individualismus. Aus dieser Richtung, nicht aus der sozialistischen, bekämpfte er alle auf Stärkung der Staatsgewalt gerichteten Bestrebungen, auch die sozialen Gesetze und die Politik Bismarcks. Gemeinsam mit Ludwig Windthorst (Zentrum) beherrschte er 1884 die Mehrheit des Reichstags. Rücksichtslos verteidigte er die Forderung auf Schwächung des Staates. Rücksichtslos kämpfte er auch gegen die Sozialdemokraten, deren Obstruktion er mit größter Heftigkeit angriff. Diese Politik nannte er Liberalismus. Für Eugen Richter bestand kein Zweifel daran, daß der von der Sozialdemokratie geforderte sozialistische Staat einen völlig anderen Menschentyp voraussetzen würde. Daher schrieb er im Jahre 1891: „Bis die Jugend in den sozialdemokratischen Erziehungsanstalten zu dem Menschenbild geformt ist, das der sozialistische Staat erfordert, haben die Fachleute und Eliten die Pflicht und Schuldigkeit, in Deutschland zu bleiben. Das Auswanderungsverbot ist daher mit Strenge zu handhaben.

Dazu ist eine scharfe Besetzung der Grenzen erforderlich. Die Grenzpatrouillen sind anzuweisen, gegen Flüchtlinge von der Schußwaffe rücksichtslos Gebrauch zu machen…“ Diese Horrorvision wurde nach 1945 im östlichen Teil Deutschlands Wirklichkeit. Was lernen wir daraus? Nicht der Ost-West-Konflikt, nicht die Bewaffnung mit Atomwaffen, nicht der „böse Kapitalismus“ und nicht die vielen anderen Gründe, die sowohl von westlichen als auch von östlichen Ideologen als Rechtfertigung für die Unterdrückungsmaßnahmen der DDR angeführt wurden und gelegentlich noch angeführt werden, sondern die wirtschaftliche Misere der DDR lag in ihrem System begründet. Richter hat das schon vor 100 Jahren vorausgesagt. Er vertrat einen extremen Liberalismus, verweigerte die Heeresvermehrung auch gegen die Mitglieder seiner eigenen Partei, kämpfte gegen eine Vermehrung der Staatseinnahmen, obwohl der durchschnittliche Steuersatz nur zwischen 3 und 6 % lag und der Staatsanteil damals nur 14 % betrug. Richter war gegen die sozialen Reformgesetze und gegen die Verstaatlichung der Eisenbahnen.

Die Reichsregierung steuerte unter diesen Umständen einen Mittelkurs. Sie war nicht bereit, den preußisch-deutschen Staat dem Sozialismus, aber auch nicht einem extremen und unsozialen Liberalismus auszuliefern.

Mit der Gewerbeordnung vom 17. Januar 1845 entschied sich Preußen für eine marktwirtschaftliche Ordnung. Damit folgte Preußen den Forderungen der damals herrschenden Lehre der Nationalökonomie, wonach Wirtschaft mit Privateigentum, Vertragsfreiheit und Wettbewerb aus den Beziehungen freier und gleichberechtigter Bürger ihre größtmögliche Leistungsfähigkeit gewinnt. Der Staat garantiert die hierzu notwendigen Freiheitsrechte und übernimmt die Aufgabe des Moderators. August Bebel dagegen postulierte: „Das Privateigentum beherrscht die Gesellschaft und muß daher beseitigt werden." Seine eigene Zehn-Zimmer-Villa am Züricher See (Schweiz) mit privatem Bootssteg nahm er davon allerdings aus.

Seit 1859 und endlich mit der Gründung des Norddeutschen Bundes (1866/67) übernahm die Mehrzahl der deutschen Einzelstaaten, die bisher den immer noch „gebundenen" Wirtschaftssystemen, den Abkömmlingen des Merkantilismus, den Vorzug gegeben hatten, das marktwirtschaftliche System Preußens. Das Freizügigkeitsgesetz vom 1. November 1867 und die neu gefaßte Gewerbeordnung vom 21. Juni 1869 machten die preußische Marktwirtschaft zum verbindlichen Wirtschaftssystem im Gebiet des Norddeutschen Bundes und später des neuen Deutschen Reichs. Die Gewerbeordnung war die „Magna Charta" des 1871 geborenen neuen deutschen Bundesstaates, der sich aus traditionellen Gründen „Deutsches Reich" nannte. Dieses Deutsche Reich erblickte das Licht der Welt nicht als Abkömmling des alten preußischen Staates mit seiner Beamten- und Staatsverfassung, sondern das Reich kam als Industrie- und Wirtschaftsstaat zur Welt. Eine freiheitliche Wirtschaft war das wichtigste Element des neuen deutschen Bundesstaates. Das entsprach der Überzeugung Otto von Bismarcks, der auf die Gewerbeordnung von 1869 einen entscheidenden persönlichen Einfluß genommen hatte. Eine riesige Zahl von Betrieben wurde gegründet; überwiegend war die deutsche Industrie mittelständisch geprägt, was sich schon daraus ergibt, daß rund 80 % der Beschäftigten in Betrieben tätig waren, die zwischen zwei und 500 Personen beschäftigten. Im Laufe der Zeit stellte sich die Frage nach der ordnenden Funktion des Staates, der sich angesichts der Erfahrungen mit einer ungezügelten Wirtschaftsfreiheit auf der einen und der Forderung der Sozialisten nach einem revolutionären Sozialismus auf der anderen Seite für den Mittelweg einer gemischten Wirtschaftsverfassung entschied. Es war das Rezept für den einmaligen Erfolg der deutschen Wirtschaft. „Dieses System gründete sich auf Freiheit der Wirtschaft innerhalb des Staates, auf Verantwortung der Wirtschaft gegenüber dem Staat (Allgemeinwohl) und auf Schutz der Wirtschaft durch den Staat“ (Ernst Rudolf Huber). Dieses Wirtschaftssystem war im Gegensatz zu vielen anderen Ländern, auch im Gegensatz zu den wirtschaftlichen Hauptrivalen des Bismarckreiches, nicht doktrinär: weder in der einen noch in der anderen Richtung! Nicht nur die geschriebene Staatsverfassung, sondern ebenso das Justiz-, Verwaltungs- und Sozialsystem bildeten die Industrie- und Wirtschaftsverfassung des Deutschen Reichs. Es war die modernste und fortschrittlichste Wirtschaftsverfassung des 19. und 20. Jahrhunderts (Lothar Gall).

Unter zwei Alpträumen litt der erste Reichskanzler des deutschen Kaiserreichs Otto von Bismarck: es war die Furcht vor einer Einkreisung durch die benachbarten Mächte und die Furcht vor einem gewaltsamen Umsturz der Regierung durch eine sozialistische Revolution. Es waren sein „cauchemar des coalitions“ und sein „cauchemar des revolutions“. Obgleich die napoleonischen Kriege eine beträchtliche Zahl an Menschenleben gekostet hatten, die genaue Zahl der Opfer ist nicht bekannt, Schätzungen sprechen von bis zu zwei Millionen Toten, belastete der Dreißigjährige Krieg (1618–1648) die Erinnerung der Deutschen mehr als die französisch-napoleonischen Kriege. Brandenburg als das Kernland Preußens hatte bis 1648 fast 60 % seiner Bevölkerung verloren. Dörfer, Städte und Gutshäuser waren zum größten Teil zerstört worden. Ein unvorstellbares Elend herrschte im Land. Es gab kein Vieh mehr, die Bauern wußten nicht, wovon sie leben sollten. Mit dem Verzehr von Wurzeln, Gräsern und auch von Kadavern fristeten die Menschen ihr beklagenswertes Dasein.

Kein späterer Krieg, auch nicht der Siebenjährige Krieg (1756–1763), beschäftigte die Erinnerung der Preußen so heftig wie die Epoche von 1618-1648. Die Aufklärungsliteratur zum Ende dieses für Brandenburg so fürchterlichen Jahrhunderts wie beispielsweise die Schriften von Christian Thomasius und Christian Wolff, auch die Erziehungsziele eines August Hermann Franckes waren in das Denken und Fühlen der leitenden Schichten eingegangen: Königshaus, höhere und subalterne Beamte, Offiziere, Juristen, Kaufleute und Landwirte. Es war die Angst vor einem Zurücksinken in chaotische Zustände des Staates, und es war die Überzeugung, daß die Forderungen Christian Wolffs gültig seien im Staat, den er „gemeines Wesen“ nannte, wonach die gemeine Wohlfahrt der besonderen (persönlichen) Wohlfahrt vorgezogen werden müßte, was nichts anderes heißt als „Gemeinnutz geht vor Eigennutz“. Und auch das andere Postulat der preußischen Aufklärung wurde zur inneren Überzeugung der Regierenden:

> „Es pflegt gar oft zu geschehen, daß dem gemeinen Wesen ersprießlich ist, was einem oder dem anderen von den Untertanen als nachteilig empfunden wird.“

In gleicher Weise äußerte sich Konrad Adenauer in einem Fernsehinterview, das am 30. August 2002 in einer historischen Sendung von dem deutschen Fernsehsender „Phoenix“ ausgestrahlt worden ist. Adenauer sagte: „Die Menschen sind einfältig und zum Urteil nicht fähig, daher müssen sie regiert werden.“

Im Grunde wiederholte Friedrich Hegel (1770–1831), der einflußreiche preußische Philosoph, diese Gedanken später noch einmal, indem er den überzeitlichen Staat als sittliche Größe dem Individuum überordnete und den monarchischen Rechtsstaat zur vollkommensten Staatsform erklärte. Der objektive Staatswille erscheine in der subjektiven Gestalt des Monarchen, der die Freiheit der Person, des Eigentums, der Gesellschaft sowie der durch Gesetze beschränkten und geregelten Verwaltung garantiere.

Denjenigen Parteien, von denen eine Gefährdung der Stabilität und damit zugleich des übergeordneten Staatswohls befürchtet wurde, stand auf der Seite der Regierenden ein tief eingewurzeltes Denken vom Wohl des Gemeinwesens gegenüber. Es war eben nicht, wie es gelegentlich behauptet wird, nur der Wunsch nach Erhalt der

Macht einer bestimmten Klasse. Wer so argumentiert, kann sich selbst nicht aus seiner Befangenheit von Klassendenken befreien, ist meist selbst davon überzeugt, daß nur ein altgedientes Mitglied einer Partei Verfassungsschützer und Verfassungsrichter sein kann, nur ein Parteimitglied als Präsident eines Gerichts oder einer Behörde geeignet ist.

Die knappe Dotation von höheren Positionen im preußischen oder später im kaiserlichen Regierungsapparat schloß im Gegensatz zum parlamentarischen System materielle Eigeninteressen für die Erlangung von Ämtern weitgehend aus. Als Zweck des Verfassungsschutzes wird in der Bundesrepublik Deutschland die Sorge um die Aufrechterhaltung des Systems des Parlamentarismus genannt, eine gleichartige Sorge, daher ein ebenso berechtigtes Streben bestimmte auch die Regierungen in Preußen und im Kaiserreich, wobei die rechtlich gewährleistete Meinungsfreiheit großzügiger gehandhabt wurde als das im parlamentarischen Staat der Bundesrepublik Deutschland zum Anfang des 21. Jahrhunderts der Fall ist. Wer sich von der gegenwärtigen Gleichförmigkeit der Berichterstattung und der Argumentation in der Presse sowie in den Rundfunk- und Fernsehmedien leiten läßt, wird von der Vielfalt und Gegensätzlichkeit überrascht sein, die den Äußerungen der Medien im deutschen Kaiserreich erlaubt waren und praktiziert wurden.

Im Strafgesetzbuch (StGB) in der Fassung vom 13. November 1998 der Bundesrepublik Deutschland heißt es in § 82 StGB: „Wer es unternimmt, mit Gewalt oder durch Drohung mit Gewalt die verfassungsmäßige Ordnung zu ändern, wird mit Freiheitsstrafen bis zu 10 Jahren bestraft.“ Ein weiteres Mittel zur Sicherung der verfassungsmäßigen Ordnung in der Bundesrepublik Deutschland ist das Verbot einer Partei, das auf Antrag der Regierung vom Bundesverfassungsgericht auszusprechen ist. Nichts anderes bewegte damals die kaiserliche Regierung. Der Reichstag lehnte den Vorschlag Bismarcks ab, die Umsturzversuche der Sozialdemokraten mit Hilfe des Strafgesetzes abzuwehren. Die Folge war, daß die Regierung das Verbot der sozialdemokratischen Agitation im Reichstag beantragte. Das Gesetz, es wurde das Sozialistengesetz genannt, wurde 1878 mehrheitlich vom Reichstag verabschiedet und trat nach zweimaliger Verlängerung im Jahre 1890 außer Kraft. Es war der Sozialdemokratie trotz des „Sozialistengesetzes“ auch weiterhin gestattet, an den Wahlen teilzunehmen und ihre Kandidaten als Abgeordnete des Reichstages wählen zu lassen.

Bismarck verabscheute die Aufstände der Sozialisten in Frankreich und hatte den festen Willen, eine solche Entwicklung von Deutschland fernzuhalten. In seinen beiden Reden zum Sozialistengesetz äußerte er vor dem Reichstag am 17. September 1878 und am 9. Oktober 1878, daß er endlich erfahren möchte, wie Herr Bebel und Genossen sich ihren Zukunftsstaat eigentlich vorstellen, den sie durch Niederreißen all dessen gründen wollen, was besteht und was allen teuer und schützenswert sei. Es solle bei weniger Arbeit mehr Geld geben – woher es komme, sage kein Sozialist. Bismarck zitierte mit Abscheu einen Artikel aus einem sozialistischen Blatt, in dem die Ermordung des russischen Generals Mesenzow (im August 1878) als eine gerechte Hinrichtung geschildert wurde und in wenig mißverständlichen Ausdrücken die Anwendung eines ähnlichen Systems auf deutsche Verhältnisse empfohlen wurde.

Bei den Rednern, die mit Agitation und Schlagworten die Menschen politisch zu verdummen suchten, sah Bismarck die größte Gefahr. Aber auch die Agitation durch Zeitungen hielt Bismarck für gefährlich. Er wies im Reichstag darauf hin, daß die kaiserliche Post aufgrund des Pressegesetzes die Zeitungen zu einem Preis von jährlich nur 4 Groschen (etwa 4,– Euro) über viele hundert Meilen durch das ganze Land befördere. Die Verbreitung der Meinungsvielfalt werde durch das kaiserliche Pressegesetz erleichtert. Die kaiserliche Postverwaltung trage somit die Kosten für die Verbreitung der sozialistischen Agitation. Ein überzeugendes Zeichen der geschützten Meinungsfreiheit und der staatlichen Toleranz.

Bismarck lehnte Tendenzpolitik grundsätzlich ab, ideologische Politik, zumal wenn sie mit agitatorischer Demagogie durchgesetzt werden sollte, war ihm zuwider. Für einen preußischen oder einen deutschen Minister hielt er eine solche Politik für gänzlich unmöglich und unstatthaft. Nur die Erkenntnis der realen Notwendigkeiten habe das Verhalten von Regierung und Verwaltung zu bestimmen.

Schon die Französische Revolution fand, von Ausnahmen abgesehen, in Deutschland wenig Anhänger. Preußen konnte keinen menschlichen Gewinn darin erkennen, die Schlagworte von Freiheit, Gleichheit, Brüderlichkeit im

Blut von Tausenden von unschuldigen Menschen zu ertränken. Im Juli 1830 forderte die in Frankreich von Adolphe Thiers (1797–1877) inszenierte Revolution ebenfalls viele Tote, endlich die Februar-Revolution vom 22.–24. Februar 1848 mit den Barrikadenkämpfen in Paris, die der Kriegsminister Eugène Cavaignac (1802–1857) als „rote Gefahr" zusammenschießen ließ. 10.000 Tote waren die Folge. Daß französische Kommunisten und Sozialisten bei der Belagerung von Paris (1870/71) durch deutsche Truppen ihrer eigenen Regierung in den Rücken fielen und dann bei der Niederschlagung des Aufstands durch französische Truppen über 30.000 Tote zu beklagen waren, löste bei der deutschen Regierung Kopfschütteln und Entsetzen aus. Die Angst Bismarcks vor der sozialistischen Gefährdung „seines" Staates hatte daher einen realen und selbst aus heutiger Sicht durchaus verständlichen Hintergrund.

Für das auf den Kaiser verübte Attentat – der beliebte Monarch sei von hinten mit Hasenschrot zusammengeschossen worden – machte Bismarck nicht Sozialdemokraten persönlich verantwortlich, aber er führte das Attentat auf die aggressive Agitation der Sozialisten zurück. Es stelle eine Gefahr für die Investitionsbereitschaft der Industrie dar, wenn weiterhin Eigentum, Erbrecht, Schule und andere, der persönlichen Sicherheit dienende Einrichtungen gewaltsam in Frage gestellt würden. Bismarck verteidigte die Bestimmungen des Gesetzes für das Vorgehen gegen die Sozialdemokratie als Notwehr gegen Untergrabung oder Umsturz der staatlichen Ordnung. Er kritisierte die zu weichen deutschen Richter und den nahezu kostenlosen Vertrieb von sozialistischen Zeitungen. Endlich rügte er, und damit blieb er sich in seinen Argumenten treu, den Einsatz von hauptberuflichen Agitatoren. Ein sozialistischer Agitator habe die Stellung eines ausgebildeten Gewerbetreibenden, man werde heute Parteiagitator, wie man früher Schmied oder Zimmermann geworden sei. Es war auch hier zu spüren, daß in Bismarcks preußischem Denken Agitation und Ideologisierung von Sachfragen keinen Platz hatten.

Mit dem Sozialistengesetz wurde versucht, die sozialistische Agitation einzudämmen. Versammlungslokale, Zeitungen, Flugschriften und andere der Agitation nützliche Institutionen wurden verboten. Doch der Rechtsstaat erlaubte trotz des Sozialistengesetzes dem sozialistischen Abgeordneten auch weiterhin die ungehinderte Rede im Plenum des Reichstages, den Druck dieser Rede und auch seine Verbreitung.

Über das Ausland, insbesondere über die Schweiz, fand die Sozialdemokratie dennoch Mittel und Wege, Propagandamaterial nach Deutschland einzuschleusen. An den Wahlen zum Reichstag durften Sozialdemokraten weiterhin teilnehmen. Die Anzahl der für die Sozialdemokratie abgegebenen Stimmen ergibt sich aus der nachfolgenden Aufstellung, wobei bei der Beurteilung der absolut wachsenden Stimmenzahl die steigende Bevölkerung zu berücksichtigen ist. Es ergab sich von 1898 bis 1907 eine absolute Zunahme der Stimmen um 54 %, aber ein beträchtlicher relativer Rückgang um 21 %. Im einzelnen:

Jahre	Stimmenzahl in Tausend	Prozentualer Stimmenanteil
1874	355	6,78 %
1878	437	7,6 %
1884	550	9,7 %
1890	1.427	19,75 %
1893	1.787	23,3 %
1898	2.107	36,8 %
1907	3.259	29,0 %

Im Vergleich zur Bundesrepublik Deutschland hatte das Kaiserreich eine sehr junge Bevölkerung. Im Alter von 30 Jahren und jünger waren im Jahr 1912 etwa 42 Millionen Menschen, was 2/3 der Bevölkerung entsprach. Ihre Beeinflussung durch die stets wirksamen agitatorischen Mittel des Hasses, der Neid- und Mißgunstgefühle und vor allen Dingen auch durch die Behauptung, von „Oben" unterdrückt zu werden, war daher für die Agitatoren kein schwieriges Vorhaben. Der Kampf gegen den Kommunismus, das war damals der Sozialismus, wurde von der Regierung für das Bürgertum, für die mittleren und kleinen Bürger, für die Bauern und Landwirte, wohl auch für den Adel geführt. Die Angst vor dem Kommunismus beschränkte sich nicht auf Deutschland, auch die anderen europäischen Länder teilten diese Befürchtungen.

Nach Aufhebung des Sozialistengesetzes wandelte sich die Sozialdemokratie von einer verfassungsfeindlichen in eine verfassungskonforme Partei. Sie verzichtete auf die Anwendung von Gewalt. Unter Historikern bleibt es strittig, ob diese Zähmung der SPD eine Folge des Sozialistengesetzes gewesen ist oder ob diese innere Veränderung unabhängig davon der besseren Einsicht oder der Zunahme des Einflusses des rechten Parteiflügels unter Bernstein und Ebert zu verdanken war. Keine Änderungen dagegen erfuhren die Programmziele. Für die Wirtschaft bedeutet es jedoch keinen Unterschied, ob eine törichte und engstirnige Wirtschaftspolitik mit Gewalt oder nach demagogischer Beeinflussung von Wählern durchgesetzt wird, die nichts davon verstehen und nur nach ihrem eigenen kleinen Horizont ihre Stimme abgeben. Der amerikanische Professor Gordon A. Craig hat durchaus recht, wenn er in seinem Werk „Deutsche Geschichte 1866–1945“ auf Seite 139 feststellt, daß der einfache Mann auf der Straße schlicht nachplappert, was die Berufsagitatoren ihm alles sagen. Als Amerikaner hat Craig Erfahrung mit den Auswirkungen gezielt eingesetzter Propaganda oder besser sogar von Demagogie.

Noch am 24. August 1903 schrieb August Bebel an den Reichstagsabgeordneten Fritz Zubeil: „...daß es diesmal in Dresden zu einer Auseinandersetzung zwischen der großen Mehrheit der Partei und den Genossen Bernstein, Vollmar, Heine, Südekum, Dr. Heinrich Braun kommen wird. Insbesondere ist wichtig, daß sich diesem akademischen Klüngel gegenüber die Vertreter aus der Arbeiterklasse zu Wort melden und einmal in Fraktursprache den Herren zeigen, daß die Proletarier nicht dazu da sind, ihren bürgerlichen Mucken nachzukommen...“

Die Haltung des Staates gegenüber der Sozialdemokratie war kein Zeichen von abnehmender staatlicher Toleranz oder Einschränkung der Meinungs- und Pressefreiheit, sondern ein verständliches und ebenso berechtigtes Bestreben des Staates, seine Sicherheit und seine Ordnungsprinzipien aufrechtzuerhalten. Zu diesen Ordnungsprinzipien gehörte die auf Eigentum gestützte marktwirtschaftliche Ordnung. Die Verteidigung dieser Grundordnung war damals ebenso legitim, wie es heute die Bundesrepublik Deutschland für sich in Anspruch nimmt, dazu berechtigt zu sein, das parlamentarische Parteiensystem trotz seiner Ineffizienz sowohl mit Denkgeboten als auch mit Denkverboten (Political Correctness) sowie mit straf- und verfassungsrechtlichen Mitteln zu schützen.

Ein weit schwerwiegenderer Vorwurf gegenüber dem Spannungsverhältnis von Staat und Sozialdemokratie ist die Behauptung gegenwärtiger Historiker, das Fernhalten der Funktionäre aller Parteien von der Regierungsverantwortung habe zum Zusammenbruch des Kaiserreichs geführt. Bei dieser Annahme wird die verspätete Parlamentarisierung (1917/1918) und vorwiegend die unzureichende Repräsentation der Arbeiter in der Regierung für das Scheitern des Kaiserreichs verantwortlich gemacht, das „insgesamt von innen heraus gescheitert sei". Eine obrigkeitsstaatlich geprägte politische Ideenwelt hätte diese Fragen nicht konstruktiv lösen können. Diese Analyse trifft nicht zu, zumal da die „inneren Spannungen" vorwiegend von den Sozialisten und den linksliberalen Kräften verursacht worden sind. Deutschland ist nicht von innen gescheitert, sondern von einer gewaltigen Übermacht seiner Feinde besiegt worden. Im Sommer 1916 haben die Entente-Mächte auf ihrer Wirtschaftskonferenz in Paris die Niederwerfung Deutschlands, insbesondere seiner Wirtschaft, als verbindliches Kriegsziel beschlossen. Die deutsche Wirtschaft sollte duch den Krieg ruiniert werden. Es war das gemeinsame Ziel, Deutschland auch nach dem Krieg wirtschaftlich niederzuhalten. Ein Wunsch übrigens, der bei den Alliierten schon seit langem vor dem Ausbruch des Ersten Weltkrieges bestand. Unterstützt wurde dieses Kriegsziel von den USA, die zu diesem Zeitpunkt noch nicht unmittelbar, sondern erst mittelbar durch aktive Wirtschaftsunterstützung der Alliierten am Krieg beteiligt waren. Angesichts dieser unnachgiebigen Haltung der Feindmächte konnten die von der deutschen Regierung seit 1916 über verschiedene diplomatische Kanäle unternommenen Versuche, Friedensverhandlungen mit den Gegnern aufzunehmen, keinen Erfolg haben. Auch die USA standen einem Verhandlungsfrieden ablehnend gegenüber. Unter diesen Umständen kann der Friedensresolution des Reichstages vom Sommer 1917, die mit 212 gegen 126 Stimmen bei 17 Enthaltungen angenommen worden ist, nicht die Bedeutung beigemessen werden, wie sie von „fortschrittlichen" Historikern immer wieder behauptet wird. Wie unrealistisch diese historische Beurteilung ist, wird auch darin erkennbar, daß bei dieser „Nabelschau" der Wille und die Bereitschaft der Gegenseite völlig unberücksichtigt bleiben. Es gab keine Bereitschaft der Alliierten zu einem Verhandlungsfrieden. Daher liegt die Behauptung neben der Sache, die Monarchie wäre, im Gegensatz zu einer parlamentarischen Regierung, unfähig gewesen, die Kriegskatastrophe beizeiten zu beenden. Die „Musterdemokratien" England, Frankreich und die USA haben sich einem Verständigungsfrieden stets verweigert.

Ebenso ist der wiederholte Vorwurf hinsichtlich einer verspäteten, von der Regierung aufgehaltenen Parlamentarisierung in dieser krassen Form nicht haltbar. Denn die Parteien selbst zeigten nachweislich wenig Bereitschaft zur Übernahme von Regierungsverantwortung gegenüber einem Parlament. Die Parteien sahen in einer parlamentarischen Regierung die Gefahr, jeweils von der anderen Partei in die ständige Opposition gedrängt zu werden. „Das Streben der Parteien nach Selbstbehauptung", das ihnen einen überproportionalen politischen Einfluß gewährte, war stärker ausgeprägt als ihr Wille zur Machtübernahme. Daß es endlich im Jahre 1917 zur Parlamentarisierung kam, ist weniger dem Willen der Parteien als mehr dem Eingreifen der obersten Heeresleitung durch Ludendorff und Hindenburg zu verdanken. Deutschland sollte damit auf die erhofften Friedensverhandlungen mit den Gegnern vorbereitet werden.

Letztlich muß auch zu dem Vorwurf einer fehlenden Repräsentation der Industriearbeiter im angeblich so ständisch feudal organisierten Kaiserreich Stellung genommen werden. Wer anders als die Sozialdemokraten wäre zuständig gewesen für eine angemessene Mitwirkung der Arbeiter innerhalb ihrer Fraktion im Reichstag? Wie der Ruf „Arbeiter in die Parlamente" von der SPD gehandhabt wurde, erfährt man aus der Liste der SPD-Reichstagsabgeordneten im Jahre 1890: von den 35 Abgeordneten gehörte nicht ein einziger dem Arbeiterstand an. Daran hat sich bis 1914 nichts wesentliches geändert. Die Programmziele der Partei verstießen gegen die Gebote einer florierenden Wirtschaft, damit zugleich auch gegen die Interessen der Menschen. Mit demagogischen

Parolen läßt sich eben kein einziger Arbeitsplatz herbeizaubern. Den Funktionären waren diese Konsequenzen nicht unbekannt. Diente die Partei also nur ihren persönlichen Interessen?

Nicht nur der 1871 neu entstandene Staat mußte sich in seine neue Form finden – die Verwaltung hatte bei 25 Ländern und Städten große Anpassungsprobleme zu überwinden –, sondern auch die Parteien waren anfänglich nicht reif genug für die Übernahme der Regierungsverantwortung. Ganze 43 Jahre betrug diese Anpassungsperiode. Die Nachgeborenen machen es sich zu leicht, einen perfekten parlamentarischen Staat nach Gründung des Deutschen Reiches zu erwarten. Das gilt insbesondere im Vergleich zu England, das bis zum Kriegsende von einer adligen Führungselite regiert wurde, die sich dank eines traditionellen Klassenwahlrechts an der Macht halten konnte. Die Standesunterschiede in England waren ausgeprägter als im Deutschen Kaiserreich. Mit ihrer brutalen Unterdrückungspolitik in Irland demonstrierte die englische Führungsschicht nicht nur ihr eingeschränktes soziales Verantwortungsbewußtsein, sondern auch ihre konsequente Ausdehnungspolitik.

---

3 – 8 – 10 – 30 – 46 – 47 – 48 (4, Seite 973) – 73 – 76 – 77 – 78 – 90 – 95 – 126 – 132 – 134 (Seite 525)

X.
Preußen und die Marktwirtschaft

Preußen und die Marktwirtschaft

„Arbeitsmarkt" in der aktuellen Bedeutung des Wortes ist ein Kennzeichen des Industriezeitalters. Arbeit stellt einen Faktor der Wirtschaft dar, zwar einen bedeutenden Faktor, aber eben nur einen neben anderen Faktoren. Hieraus gewinnt der „Arbeitsmarkt" seine eminente Bedeutung für den einzelnen Menschen, den Karl Marx den Lohnabhängigen, andere den Arbeiter, die Funktionäre wiederum den Arbeitnehmer nennen. Weitere Faktoren der Wirtschaft sind ein wirtschaftsfreundliches Klima, Kapital, Standort, Erfindungsgabe, Organisation, Bildung sowie Fähigkeiten und Begabungen der Menschen. In der modernen Terminologie spricht man außerdem von den staatlichen Rahmenbedingungen einer Wirtschaft, wozu Regierung, Verwaltung, Gesetze, Straßen, Eisenbahnstrecken, Häfen und andere Infrastruktureinrichtungen gehören.

Um die einzelnen Wirtschaftsfaktoren zu koordinieren und anzuregen, kommt dem Staat eine wichtige und zentrale Aufgabe als „Moderator" zu. Der Staat ist unentbehrlich. Hieraus folgt, daß der staatliche Einfluß weder von Wirtschaft noch von Bildung, Wissenschaft oder Recht getrennt werden kann. Mit seinen Investitionen initiiert der Staat Aufträge an die einzelnen Unternehmen, was zur allgemeinen Belebung der Wirtschaft beiträgt. Es gibt Wirtschaftstheoretiker, die der staatlichen

Investitionstätigkeit eine zentrale Bedeutung für die Nationalwirtschaft zuschreiben. Über allem steht jedoch die Fähigkeit des Staates, das gilt für Regierung, Politiker und Beamte, ein psychologisches Klima im Lande herzustellen, in dem wirtschaftliche Tätigkeit nicht verteufelt, sondern angeregt wird. In der weitgehend von Bismarck bearbeiteten Gewerbeordnung vom Mai 1869 wird in § 1 bestimmt: „Der Betrieb eines Gewerbes ist jedermann gestattet, soweit nicht durch dieses Gesetz Ausnahmen oder Beschränkungen vorgeschrieben sind." In § 105 heißt es: „Die Festsetzung der Verhältnisse zwischen den selbständigen Gewerbetreibenden und ihren Gesellen, Gehülfen und Lehrlingen ist Gegenstand freier Übereinkunft."

Die Gewerbeordnung schuf die grundsätzlichen Voraussetzungen für ein freies Unternehmertum. Wirtschaft ist zur Hälfte Psychologie. Gegen diese Grundweisheit Ludwig Erhards verstoßen viele Politiker noch zu Beginn des 21. Jahrhunderts. Es sind vorwiegend diejenigen, die noch immer an Marxismus und Neomarxismus glauben. Sie erheben Forderungen nach Steuern und Kontrollen, mit denen Unternehmertätigkeit nicht gefördert, sondern abgeschreckt wird. Auch in dieser Hinsicht nahm die Bismarcksche Marktwirtschaft viele der Postulate Ludwig Erhards vorweg. Um die sozialistische Agitation gegen die Marktwirtschaft an den Universitäten abzuschwächen, hielt es der von 1892 bis 1899 amtierende Kultusminister Robert Bosse beispielsweise für angemessen, die Wirtschaftsprofessoren zu bitten, diffamierende Äußerungen über Unternehmer zu unterlassen, weil man nicht die Henne beschädigen dürfe, die „für uns" goldene Eier lege.

In bezug auf den Staat des beginnenden 21. Jahrhunderts besteht unter allen „Schulen“ kein Streit mehr darüber, daß dem Staat eine bedeutende, vielleicht sogar die ausschlaggebende Verantwortung für Versagen oder Erfolg einer Volkswirtschaft einzuräumen sei. Unverständlich ist es daher, wenn Preußenkritiker der Regierung des Deutschen Kaiserreichs (1871–1918) einen solchen Einfluß absprechen. Man nimmt Zuflucht zu einem Taschenspielertrick, indem man die außergewöhnlichen wirtschaftlichen „Leistungen und Hervorbringungen“ in Deutschland nicht auf den Staat, auf seine Tradition und seinen Einfluß zurückführt, sondern die Ursachen hierfür vom kaiserlichen Staat und seiner Verwaltung abkoppelt. Jedem der Bereiche wird ein gesondertes Dasein zugeschrieben mit der Begründung, der preußische Staat sei unmodern, rückwärtsgewandt, von einer Adelsclique beherrscht, militarisiert und „autoritär verformt“ gewesen. Es bedarf angesichts der erstaunlichen Leistungen Deutschlands auf nahezu allen Gebieten einer gehörigen Portion geistiger Beengtheit und Begriffsstutzigkeit, um dieser Logik folgen zu können. Hier sei ein Wort von Thomas Mann zitiert: „Lagen Künste und Wissenschaften in Deutschland geknebelt am Boden? Pfiff die Knute über den wagenden Köpfen des Geistes? Furchtbares Erwachen, nein! Ich, der ich von dünner Haut bin, leidlich reizbar und freiheitsbedürftig, ich bin 40 Jahre alt geworden in Deutschland, ohne zu wissen, ohne es zu merken, daß ich ein Knecht war unter der Faust von adligen Herren.“

Der europäische Arbeitsmarkt wies von 1871–1914 im Vergleich folgende wichtige Kennzahlen auf:

Arbeitslosigkeit (Durchschnitt):	
Deutschland	1 % – 2 %
England	5 % –10 %
Frankreich	6 % –10 %

In dem Jubiläumsband „Währung und Wirtschaft in Deutschland 1876–1975“ schreibt die Deutsche Bundesbank auf Seite 31: „Die jährliche Arbeitslosigkeit, über die nur Schätzungen anhand von Meldungen der Gewerkschaftsverbände vorliegen, überstieg zwischen 1895 und 1913 lediglich in den Jahren 1901 und 1902 die Grenze von 3 % und sank in den konjunkturellen Boomjahren auf etwa 1 % ab. Auf alle Erwerbspersonen umgerechnet waren im schlechtesten Jahr demzufolge nur 1,5 % arbeitslos. Die Einbrüche waren seit der „Gründerkrise“ meist relativ kurzfristig. So wurde vor dem Ersten Weltkrieg in Deutschland – anders als in dem schon von erheblich höherer Arbeitslosigkeit betroffenen England – Arbeitslosigkeit noch nicht als Wirtschafts- und sozialpolitisches Hauptproblem angesehen.“ Worauf beruhten diese Erfolge auf dem Arbeitsmarkt, wo, in der modernen Terminologie ausgedrückt, Vollbeschäftigung herrschte? Deutschland übernahm auf den modernsten Gebieten der Technik die Weltführerschaft, das waren damals Elektrizität, Optik, Chemie und Spezialmaschinen. Ursächlich für diese Erfolge waren die sprichwörtliche Rechtssicherheit und die in der preußischen Tradition gewachsenen, von vielen Seiten verlästerten Tugenden: Bildung, Fleiß, Ordnung, Disziplin, Eigenständigkeit und Einfallsreichtum (Kreativität). Untertanengeist hätte nicht zu diesem Ergebnis führen können. Es ist eine Schwäche vieler historischer Werke, die über das Kaiserreich berichten, daß diese Zusammenhänge gar nicht oder ohne Verständnis und Einfühlungsvermögen der Autoren dargestellt werden.

Bismarck hat in der von ihm konzipierten Verfassungsordnung des Kaiserreichs die Voraussetzungen für eine erfolgreiche soziale Marktwirtschaft geschaffen. Es waren dies:

Gewerbefreiheit
Wettbewerb
Rechtssicherheit
Gesundheitsfürsorge
Altersfürsorge
Arbeit und Wohnung
Reformfähigkeit
Freiraum für die persönliche Entfaltung.

Die von Ludwig Erhard nach dem Zweiten Weltkrieg geforderten Postulate einer sozial verpflichteten Marktwirtschaft wurden im Kern von Otto von Bismarck schon im Kaiserreich, natürlich unter den damaligen wirtschaftlichen, rechtlichen und technischen Bedingungen, weitgehend erfüllt. Hören wir auf Professor Dr. Wilhelm Röpke (1899–1966), einen der geistigen Väter der sozialen Marktwirtschaft. Er war Anreger und Lehrer Ludwig Erhards. Am Südrand der Lüneburger Heide geboren, verließ er aufgrund seiner Gegnerschaft zum Nationalsozialismus schon im Sommer 1933 Deutschland. Erst nach dem Kriege kehrte er nach Deutschland zurück: Röpke setzte sich schon 1945 energisch für eine freie und soziale Marktwirtschaft nach dem Kriege ein, trotz der umfangreichen Kriegszerstörungen und Vertreibung von Millionen von Menschen. Er schrieb, die bürgerliche Philosophie des 18. Jahrhunderts (und ihre Umsetzung durch die preußischen Könige) sei die Grundvoraussetzung wirtschaftlich erfolgreichen Handelns gewesen. Dadurch erhielt die gewerbliche Aktivität der „Banausen", wie „die Arbeit am Ofen" verächtlich im Athen der Sklavenwirtschaft hieß, den Rang, der ihr für die Gemeinschaft zukomme, die von der Aufklärung „gemeines Wohl" genannt wurde. Selbstentfaltungs- und Selbstbehauptungsdrang des für sich und seine Familie sorgenden Mannes, Arbeitsamkeit, Pflichtgefühl, Sparsamkeit, Pünktlichkeit und die „Vernünftigkeit", sich nicht von Demagogen verführen zu lassen, wurden hochgeachtete Eigenschaften, die den sozialen Aufstieg erst ermöglichten. Ein menschlicher Humus müsse allerdings für eine erfolgreiche Wirtschaft vorhanden sein, dieser Humus setze sich aus Bildung, Präzision, Verläßlichkeit, Zeitsinn, Fleiß, Pflichttreue und Liebe zur Sache zusammen. Die individuelle Entfaltung der Persönlichkeit sei die „Sprungfeder" von Kultur und Wirtschaft, die Selbstvorsorge des einzelnen die moralische Voraussetzung der Nationalökonomie.

In gleicher Weise hat es bereits der große schottische Nationalökonom Adam Smith (1723–1790) ausgesprochen. „Im Erfolg einer Wirtschaft spiegelt sich der Freiraum des einzelnen wider." Im Gegensatz dazu stünden die obrigkeitlich gesteuerten oder kollektivistischen Ordnungen, denen trotz Polizei und Strafen oder trotz ständiger aufpeitschender Propaganda kein wirtschaftlicher Erfolg beschieden sei. Die Gedanken Wilhelm Röpkes wurden in dem Werk „Theorie der wirtschaftlichen Entwicklung“ (1912) von dem berühmten amerikanisch-österreichischen Ökonomieprofessor Joseph Schumpeter (1883–1950) vorweggenommen: „Die Männer, die die moderne Industrie geschaffen haben, waren ganze Kerle, keine Jammergestalten, die ständig nach dem Genußüberschuß ihrer Arbeit fragten. Es waren schöpferische Gestalten, die weitere und immer weitere Taten wollten, immer neue Siege. Ein steter Anstoß zu Veränderungen geht von ihnen aus. Und doch muß unser Mann der Tat mit den gegebenen Verhältnissen rechnen und sich ihnen anpassen. Es steht ihm beispielsweise daher nicht frei, in die Wirtschaft eines nomadisierenden Hirtenvolkes eine moderne Wirtschaftsordnung einzuführen. Aber er zieht aus den Daten der ihn umgebenden Welt schöpferische Konsequenzen und ändert die ausgefahrenen Bahnen. Es ist die Tat, die ihn lockt. Denn das energische Handeln ist das Grundprinzip wirtschaftlicher Entwicklung; den Mann der Tat finden wir in der Wirtschaft, er heißt dort Unternehmer, aber ebenso gut in der Verwaltung, wo er als eigenständiger Beamter, nur dem Gesetz unterworfen, „neue Kombinationen“ realisiert, entweder unter Abstimmung mit anderen oder aufgrund seiner eigenen Vorstellungen und seiner eigenen Durchsetzungskraft. Das Resultat ist wirtschaftliche Entwicklung, Fortschritt. Nur von diesem Unternehmertyp gehen wirtschaftliche Entwicklungen aus. Entwicklung bedeutet Veränderung, bedeutet zwangsläufig Deklassierungs- und Depossedierungsprozesse. Diese Prozesse lösen wiederum in dem festgefügten Wertesystem für viele Menschen Veränderungen aus, die zu erheblichen, nicht immer mit Bereitwilligkeit geleisteten Anpassungen führen. Gesellschaftliche und soziale Spannungen sind die Folge." Soweit Schumpeter.

Das preußisch-deutsche Kaiserreich stand politischen, staatsrechtlichen, sozialen und wirtschaftlichen Veränderungen in einem bis dahin nicht gekannten Ausmaß gegenüber. Daher war wenigstens ein stabilisierendes Element zur Aufrechterhaltung geordneter Verhältnisse innerhalb dieser vehement verlaufenden Veränderungen notwendig. Diese Stabilität lieferten die traditionellen preußischen Eliten, die jedoch im Laufe der Zeit ebenfalls einer spürbaren Veränderung unterworfen waren.

Aus den folgenden Zahlen des „Kaiserlichen statistischen Amtes" ergibt sich für das Jahr 1907 folgendes Bild:

Selbständige	5.801.365
Kleinbetriebe	3.146.134
Mittelbetriebe	270.122
Landwirtschaftsbetriebe	5.736.082
	14.953.703

Diese Erhebungen zeigen, daß ein beträchtlicher Teil der deutschen Bevölkerung entweder selbst zu dem Schumpeterschen Unternehmertyp gehörte oder doch wegen der geringen Größe des Unternehmens (Betrieb) unmittelbar im engen Kontakt zu einem solchen Unternehmertyp stand. Diesen Umstand sollten wir uns vor Augen halten, um die Behauptung von der autoritären Verformung der Gesellschaft, von ihrer Militarisierung und vom Untertanengeist als ein tendenziöses, weit von der Realität entfernt liegendes Urteil zu erkennen. Denn:

„Im Erfolg der Wirtschaft spiegelt sich der Freiraum des einzelnen wider" (Adam Smith). Auf der anderen Seite haben „Recht und Ordnung" die freie Entfaltung so vieler Unternehmer, so zahlreicher „Männer der Tat" überhaupt erst ermöglicht. Freiheit in Staat und Gesellschaft sowie Freiheit in der Wirtschaft bedingen sich gegenseitig. „Unter dem Segen der bürgerlichen Freiheit werden sich die Helden der Industrie erheben. Zur Entwicklung der Wirtschaft und damit zur Beförderung des sozialen Fortschritts ist die politische Freiheit notwendig" (Prince-Smith). Wenn das zuträfe, was sozialistische Historiker und Politologen dem Kaiserreich vorwerfen, nämlich ein autoritärer, militaristischer Obrigkeitsstaat gewesen zu sein, hätte sich die deutsche Wirtschaft als Privatwirtschaft nicht zur Spitze in der Welt entwickeln können. Es sind für das Funktionieren von Marktwirtschaft, um Wilhelm Röpke zu folgen, noch andere Eigenschaften in Staat und Gesellschaft notwendig. Denn allein das Spiel von Angebot und Nachfrage erzeugt nicht jenen ungeschriebenen Kodex, jene sittlichen Reserven, die die Grundlage einer gerechten und sozialen Marktwirtschaft bilden. Sie entstehen „jenseits des Marktes".

Wilhelm Röpke schreibt: „Die Betriebe müssen die sittlichen Reserven von jenseits des Marktes beziehen, kein Lehrbuch der Nationalökonomie kann sie ersetzen. Selbstdisziplin, Gerechtigkeitssinn, Ehrlichkeit, Fairneß, Ritterlichkeit, Maßhalten, Gemeinsinn, Achtung vor der Menschenwürde des anderen, feste sittliche Normen – das alles sind Dinge, die die Menschen bereits mitbringen müssen, wenn sie auf den Markt gehen und sich im Wettbewerb miteinander messen. Sie sind die unentbehrlichen Stützen, die vor Entartung bewahren. Familie, Kirche, echte Gemeinschaften und Überlieferung müssen sie damit ausstatten. Die Menschen müssen auch unter Bedingungen aufwachsen, die solche moralischen Überzeugungen begünstigen, Bedingungen einer natürlichen, die Zusammenarbeit fördernden, die Überlieferung achtenden Ordnung. Dies ist der Untergrund, auf dem das Ethos der Marktwirtschaft ruhen muß. Sie muß in gleicher Weise die Unabhängigkeit und den Verantwortungssinn des einzelnen fördern wie auch den Bürgergeist, den esprit civique, der ihn an das Ganze bindet und seinem Appetit Schranken setzt."

Für die Entstehung von Arbeitsplätzen – etwa 380.000 in jedem Jahr von 1871–1914 – kam noch ein weiterer entscheidender Grund hinzu: in seinem Buch „Bürgerstolz und Weltmachtstreben" erklärt Wolfgang J. Mommsen auf Seite 11 diese Erscheinung so: „Das reale Nettosozialprodukt stieg durchweg schneller als der private Verbrauch; mit anderen Worten: Ein nicht unerheblicher Teil des wirtschaftlichen Zugewinns wurde sogleich investiert." Mit dieser Einschätzung hat Mommsen zwar eine zutreffende Analyse abgegeben, aber trotzdem ist der Verdacht nicht von der Hand zu weisen, daß Mommsen den Hintergrund seiner Feststellung selbst gar nicht versteht. Denn nur wenige Seiten später, nämlich auf Seite 48, schreibt er: „Es spricht wenig dafür, daß sie (die industrielle Arbeiterschaft) schon damals einen angemessenen Anteil an dem Zuwachs des Sozialprodukts erhalten haben; vielmehr blieben die Löhne und Gehälter durchweg hinter der Produktivitätssteigerung zurück." Genau das aber ist die Zauberformel für eine Wirtschaft, die wachsen und damit neue Arbeitsplätze schaffen soll. Löhne und Gehälter müssen unter der Produktivitätssteigerung bleiben. Wenn sich Gewerkschaften und Unternehmer hiergegen versündigen, kommt die Wirtschaft ins Stocken, Arbeitslosigkeit ist die Folge. In der Segelschiffahrt galt für die Seeleute auf den Wanten das Gebot: Eine Hand für das Schiff und eine Hand für den Mann. Auf das erfolgreiche Unternehmen übertragen heißt das: ein Teil des Produktivitätsanstiegs für den Mann, der andere Teil für das Unternehmen. Nur auf diese Weise kann der weitere Erfolg des Unternehmens gesichert werden; in der Gesamtsicht bedeutet es Wachstum der Volkswirtschaft und als dessen Folge Entstehung von neuen Arbeitsplätzen.

Steuerbelastung im Vergleich pro Kopf
in Goldmark (1908)

	direkte Steuern		indirekte Steuern und Zölle		Gesamtbelastung
Deutschland	10,42	+	24,13	=	34,55
England	26,55	+	32,55	=	59,10
Frankreich	18,90	+	47,22	=	66,12

„Die steuerlichen Höchstsätze stellten sich auf 5 % oder für Aktiengesellschaften auf 6 %. Auch bei einem hohen Kommunalzuschlag von beispielsweise 200 % betrug die Höchstbelastung einer natürlichen Person mit 100.000 Goldmark Einkommen: 4 % Staatssteuer, dazu 200 % Gemeindezuschlag = 8 % und 25 % Staatssteuerzuschlag = 1 %, alles zusammen demnach 13 %, bei Aktiengesellschaften 14 %.“ (Bundesbank a.a.O. Seite 95).

Allerdings darf die psychologische Seite der Wirtschaft nicht vergessen werden. In der Ausgabe vom 15. März 2003 der „Frankfurter Allgemeinen Zeitung“ (FAZ) denkt ein Mark Siemons auf Seite 33 über die schlechte Stimmung in Deutschland nach, über das geringe Glücks- und Zufriedenheitsgefühl der Deutschen im Vergleich zu den anderen westeuropäischen Ländern. Auch auf diesem Gebiet scheint das angeblich so „autoritär verformte“ Kaiserreich dem „freiheitlichsten“ Staat auf deutschem Boden, nämlich der Bundesrepublik Deutschland, überlegen gewesen zu sein. Zuversicht und Selbstbewußtsein der jungen Männer führten damals zu Familiengründungen, die Männer besaßen genug Selbstvertrauen, um Frau und Kinder ernähren zu können. Eine geringe Scheidungsrate beweist eine relative Stabilität in den familiären Beziehungen. Damals gab es in Berlin so gut wie keine Einzelhaushalte, im Jahre 2001 dagegen sind es mehr als ein Drittel aller Haushalte. Was bedeutet das wirtschaftlich? Die Alleinstehenden sorgen nur noch für sich selbst, die Männer nicht für eine Familie, die Frauen nicht für Kinder. Hieraus entsteht kein Leistungswille und kein Verantwortungsgefühl für andere und für die Gemeinschaft. Eine autistische Gesellschaft, die sich nur noch um sich selbst dreht, ist wirtschaftlich nicht erfolgreich.

Bismarck hatte „seinem“ Deutschen Kaiserreich eine Wirtschafts- und Sozialverfassung sowie eine Rechtsordnung und Verwaltungsstruktur gegeben, die in ihrer Modernität und Effektivität vorbildlich war (Lothar Gall). Der Reichskanzler war nicht nur der überragende Staatsmann, sondern auch ein ebenso fähiger Wirtschaftspolitiker. Mit der von ihm geschaffenen Marktwirtschaft können wir ihn durchaus als Vorläufer von Ludwig Erhard ansehen. Neben der exzellenten preußischen Verwaltung gehörte der Reichstag zum wichtigsten Geburtstagsgeschenk des geeinten Deutschlands. Er wurde mit dem freiheitlichsten Wahlrecht in Europa gewählt. Alle Reichsgesetze waren an seine Zustimmung gebunden, ihm gebührte auch das Haushaltsrecht, eine der fundamentalen Forderungen aller demokratischen Bewegungen. Der Reichstag war die Plattform, auf der die verschiedenen sozialen, regionalen und religiösen Gruppierungen des Reichs langsam und allmählich zusammenwuchsen.

In der Praxis wurde Preußen und das Deutsche Reich nach dem Willen Bismarcks von den preußischen Justiz- und Verwaltungsbeamten regiert. Es waren 420.000 Personen; sie erledigten die Regierungs- und Verwaltungsarbeit und legten dem Reichstag grundlegende Gesetzesentwürfe zur Annahme vor. Angesichts der politischen Unreife und der teilweise in Verwaltungs- und Wirtschaftsfragen höchst inkompetenten Parteien wurde es zunehmend schwieriger, die Annahme der jeweiligen Gesetzesvorlagen zu erreichen. Bismarcks Verfassung sah auf der einen Seite eine freie, liberale und dem Laissez-faire verpflichtete Wirtschaftsordnung vor, auf der anderen Seite jedoch eine disziplinierte und effektive Verwaltung, also einen starken Staat. Man würde heute aus der Sicht der Wirtschaft von idealen staatlichen Rahmenbedingungen sprechen. Das Übergewicht Preußens ergab sich jedoch nicht nur aus dem Willen Bismarcks, den neuen deutschen Gesamtstaat mit dem preußischen Regierungsapparat zu regieren, sondern faktisch auch aus der starken Stellung Preußens innerhalb des Deutschen Reiches. In Preußen lebten 62 % der Einwohner Deutschlands. Hinzu kam im Vergleich zu den nächstwichtigen Staaten Bayern und Sachsen ein beträchtliches wirtschaftliches Übergewicht Preußens. Bayern blieb ein Agrarstaat, das Industrieland Sachsen erreichte 1912 ein Pro-Kopf-Einkommen von 658 Mark gegenüber 1.241 Mark in Preußen.

Zu den 420.000 preußischen Verwaltungs- und Justizbeamten sind, auf das gesamte Reich bezogen, schätzungsweise noch 180.000 Beamte hinzuzurechnen, so daß man für das Deutsche Reich im Jahre 1911 insgesamt von nur 600.000 Verwaltungs- und Justizbeamten ausgehen kann. Genauere Erhebungen hinsichtlich der Beamtenzahl liegen allerdings nur für Preußen aus dem Jahr 1907 vor.

Eine in den Sitzungsprotokollen des preußischen Abgeordnetenhauses vom 14. Januar 1911 enthaltene Statistik führt insgesamt 2.203 Höhere Beamte in Preußen auf, das sind alle Stellen von den Regierungsassessoren bis zu den 11 Staatsministern. Nähere Angaben hierzu im Ploetz, 31. Auflage, Seite 766. Dem höheren Dienst sind gleichrangig Richter und Staatsanwälte zuzurechnen. Es sind dies nicht nur für Preußen, sondern für das ganze Deutsche Reich 11.549 Personen. Diese Angaben ergeben sich aus dem Statistischen Jahrbuch von 1919 (40. Jahrgang). Otto Hintze wiederum schätzt in seinem Aufsatz über den preußischen Beamtenstand vom Jahre 1911 die Anzahl der Höheren Beamten im gesamten Deutschen Reich auf etwa 55.000. Es ist ein Widerspruch zu den

Angaben des Sitzungsprotokolls des preußischen Abgeordnetenhauses, weil darin alle Dienstgrade einzeln angeführt worden sind. Ob sie verläßlicher sind, stehe dahin. Auf das Reich bezogen ergäben sich danach folgende Zahlen:

2.203	Beamte in Preußen
1.186	Beamte in den übrigen Ländern
11.549	Richter und Staatsanwälte
14.938	Beamte des Höheren Dienstes im Deutschen Reich

Es ist jedoch nicht sehr wahrscheinlich, daß im Deutschen Reich weniger Höhere Beamte als Richter und Staatsanwälte tätig gewesen sind. Auf die Schwierigkeit, für die einzelnen Gruppen genaue Zahlen anzugeben, hat Otto Hintze durch Hinweis auf die „Anlage der Berufsstatistik" schon damals aufmerksam gemacht. Zusammenfassend kann man wohl ohne Zwang von folgenden Zahlen ausgehen:

1911 Deutsches Reich (65 Millionen Einwohner)

	420.000	Verwaltungs- und Justizbeamte in Preußen
	180.000	Verwaltungs- und Justizbeamte in den übrigen Ländern
	600.000	Verwaltungs- und Justizbeamte im Deutschen Reich
davon	50.000	im Höheren Dienst

2000 Bundesrepublik Deutschland
(82 Millionen Einwohner)

4.000.000	Verwaltungs- und Justizbeamte oder Angestellte (Vollzeit umgerechnet)
davon 800.000	im Höheren Dienst (Vollzeit umgerechnet)

(Vgl. Statistisches Jahrbuch 2001 für die Bundesrepublik Deutschland, Seiten 538 ff.)

Die geringe Zahl der knapp bezahlten „hoheitlichen“ Beamten war für den Arbeitsmarkt von entscheidender Bedeutung. Denn dadurch konnten die staatlichen Personal- und Verwaltungsausgaben niedrig gehalten werden, was eine geringe Steuerbelastung der Bevölkerung zur Folge hatte. Die niedrigen Steuern führten bei den Unternehmen dazu, daß ihnen der größte Teil ihrer erarbeiteten Gewinne verblieb. Dadurch wurde ihre Finanzkraft gestärkt. Den Unternehmen wurden damit die zur Schaffung neuer Arbeitsplätze erforderlichen Investitionen ermöglicht. Trotz der geringen Steuereinnahmen blieb dem Staat noch ein ausreichender Spielraum für eigene Investitionen. Zusammenfassend kann ohne Einschränkung festgestellt werden, daß die Sparsamkeit und die Effizienz der preußischen Verwaltung, die trotz der geringen Steuern für eine ausreichende Investitionstätigkeit des Staates gesorgt hat, für den einmaligen Erfolg des deutschen Arbeitsmarktes die grundlegenden Voraussetzungen geschaffen haben.

Ein beträchtlicher Anteil an den „staatlichen“ Investitionen entfiel auf die Post und die Eisenbahnen. Sie wurden in den öffentlichen Haushalt eingestellt und mußten teilweise durch Kreditaufnahme finanziert werden, weil die Einnahmen aus dem Betrieb der Post und der Eisenbahnen für das Investitionsvolumen nicht ausreichten. Es war eine Besonderheit der deutschen öffentlichen Finanzen, daß dem Staat neben der Steuer noch beträchtliche Einnahmen aus den öffentlichen Betrieben zuflossen. Wirtschaftswissenschaftliche Untersuchungen haben daher bei der Beurteilung der öffentlichen Haushalte darauf hingewiesen, daß die öffentlichen Schulden Preußens allein von dem Anlagevermögen der Reichsbahn gedeckt gewesen sind.

Dem Anlagekapital der preußischen Eisenbahnen
von .... 11.667 Mio.
standen Schulden gegenüber von .... 9.429 Mio.

Dem öffentlichen Schuldendienst in Preußen
von jährlich .... 405,5 Mio.
standen Eisenbahneinnahmen gegenüber von 540,0 Mio.

Die Einnahmen des Reiches und der Bundesstaaten setzten sich zusammen aus:

26 % Steuern und Zölle
34 % Eisenbahnen
20 % Post und Domänen
20 % Sonstiges

Alles in allem: eine gesunde Wirtschafts- und Finanzstruktur.

Hier lassen wir Wilhelm Röpke noch einmal zu Wort kommen:

„Es ist ein hohes Gebot der Moral, sich der Verantwortung bewußt zu sein, die man übernimmt, wenn man Forderungen erhebt, die nicht durchdacht sind, wenn man Heilmittel anpreist, die schlimmer sind als die Übel, die sie bekämpfen sollen, und wenn man so dazu beiträgt, Inflation, lähmende Besteuerung oder tyrannische Gewerkschaften und im schlimmsten Falle eine kollektivistische Wirtschaftsordnung triumphieren zu lassen. Nicht besser sind jene sonderbaren Heiligen, die im Namen der Brüderlichkeit und Caritas die Marktwirtschaft zertrümmern und damit die Quelle verschütten, aus der die Caritas schöpfen muß. Dann entsteht eine parasitäre Caritas. Die Welt ist voll von solchen Pseudo-Heiligen und Pseudo-Moralisten."

Wenn Politik und Wirtschaft im Interesse wirtschaftlichen Wachstums zu Beginn des 21. Jahrhunderts „weniger Staat" fordern, heißt das in der Regel nur weniger Bürokratie, nicht aber weniger Verwaltungskosten. Darauf allein kommt es an. Solange die öffentlich Bediensteten sich gewerkschaftlich organisieren und sich trotz ihres praktisch unkündbaren Arbeitsplatzes wie Mitarbeiter der Wirtschaft verhalten, daher keinen Sinn dafür entwickeln, daß sie in erster Linie dem Gemeinwohl zu dienen haben, ist mit einem grundlegenden Abbau des Verwaltungsapparates nicht zu rechnen. Doch nur auf dem Wege seines nachhaltigen Abbaus auf ein volkswirtschaftlich tolerierbares Maß kann die Wirtschaft den Freiraum zurückgewinnen, den sie für Investitionen benötigt. Wirtschaftswachstum zur Aufrechterhaltung des erreichten Lebensstandards wird ohne Abbau des Verwaltungsapparates angesichts der schrumpfenden deutschen Bevölkerung zum Anfang des 21. Jahrhunderts nicht möglich sein. Der Sachverständigenrat der Bundesregierung hat daher mit vollem Recht im November 2003 eine Reduzierung der Verwaltungs- und Regierungskosten mindestens um 120 Mrd. Euro gefordert. Doch da öffentlich Bedienstete und Angehörige der Gewerkschaften die Mehrheit unter den Abgeordneten des Deutschen Bundestages stellen, wird eine solche durchaus erwünschte Entwicklung nicht zu erwarten sein. Bei dieser „Berufsgruppe" gehört die Verantwortung gegenüber dem „Gesamtwohl" nicht zum Berufsbild. Das ist von eigenen Interessen geprägt. An die Gesamtinteressen denken nur wenige. Die meisten Parlamentarier leben nicht für die Politik, sondern von der Politik (Bismarck).

Die gesündeste Art zu investieren bleibt die Finanzierung aus eigenen Mitteln. Je weniger Schulden Staat und Wirtschaft aufnehmen, desto weniger wird die Zukunft, wird die nächste Generation belastet. Aus seiner hausväterlichen Gewohnheit forderte Friedrich Wilhelm I. (1713–1740) in seinem an den Nachfolger gerichteten Testament: „Macht keine Schulden und gebt nicht mehr aus als ihr einnehmt." Und Friedrich der Große schrieb in seinem politischen Testament des Jahres 1768: „Hier zeigt sich die entscheidende Frage: muß man in bezug auf die Steuern das Wohl des Staates oder das Wohl des Einzelnen vorziehen, oder welche Partei soll man nehmen? Ich antworte, daß der Staat aus Einzelnen zusammengesetzt ist und es für den Fürsten und seine Untertanen nur ein Gesamtwohl gibt. Die Hirten scheren ihre Schafe, aber sie ziehen ihnen nicht das Fell ab. Es ist gerecht, daß jeder Einzelne dazu beiträgt, die Ausgaben des Staates tragen zu helfen, aber es ist nicht gerecht, daß er die Hälfte seines jährlichen Einkommens mit dem Souverän teilt. Bauer, Bürger und Edelmann müssen in einem gut verwalteten Staat den größten Teil ihrer Einkünfte selbst genießen können und sie nicht mit der Regierung teilen müssen."

Der preußischen Verwaltung ist es zu danken, daß die inneren Spannungen des Reiches kanalisiert blieben und sich nicht auf die allgemeine wirtschaftliche Entwicklung behindernd ausgewirkt haben. Die traditionelle Effizienz und Unbestechlichkeit der preußischen Verwaltung, ihr Verantwortungsgefühl für das Allgemeinwohl und ihre strenge Rechtlichkeit haben der Wirtschaft Entfaltungsmöglichkeiten und Sicherheit gegeben.

Bevölkerung 1912	
Deutschland	66,1 Mio.
England	45,6 Mio.
Frankreich	39,6 Mio.

Volksvermögen 1912 in Goldmark (Schätzungen)	
Deutschland	290 Mrd.
England	300 Mrd.
Frankreich	240 Mrd.

Wirtschaftswachstum in Deutschland	
1876–1895	+ 2,7 % jährlich
1896–1913	+ 3,4 % jährlich

Staatsschulden 1912	Millionen Mark	Mark pro Kopf
Deutschland	20.494	310
England	14.786	324
Frankreich	26.046	658

Von der Staatsschuld „Deutschland“ von	20.494
sind die Schulden der Reichsbahn abzuziehen	9.429
fundierte Staatsschulden	11.065

Es bleiben „echte“ oder fundierte Staatsschulden, in der sich auch die Investitionen für die Post verbergen, von 11.065 Millionen Mark bestehen. Damit zeigt Deutschland im Vergleich zu England und Frankreich eine äußerst konservative Staatsfinanzierung.

Während die Reichsbahneinnahmen für die Deckung der Staatsausgaben eingesetzt wurden, diente die Eisenbahn in anderen Ländern zur Akkumulation von Privatvermögen. Auf diese Weise stieg Harriman als „Eisenbahnkönig“ zu einem der reichsten Männer der USA auf.

Unter den vielen Gesetzen, die von 1866 bis 1907 erlassen worden sind, ist neben der Gewerbeordnung von 1869 vor allem das Nahrungsmittelgesetz von 1879 zu erwähnen. Noch nach über 100 Jahren war es immer noch das modernste Gesetz seiner Art in der Welt. Tiere mit bestimmten Krankheiten durften nicht in den Verkehr gebracht werden, der Verkauf von Gegenständen für Wohnung, Kleidung und Essen war verboten, sofern sie mit gesundheitsschädlichen Stoffen hergestellt worden waren. Strafen bis zu 10 Jahren Zuchthaus wurden für verbotswidriges Verhalten angedroht. Eisenbahnwagen, in denen kranke Tiere befördert worden waren, mußten desinfiziert werden. Hierzu erging am 25. Februar 1876 das Gesetz zur Beseitigung von Ansteckungsstoffen bei der Viehbeförderung auf Eisenbahnen. Kein anderer Staat hat sich um die Fragen der allgemeinen Gesundheit so gesorgt wie Preußen. In der öffentlichen Gesundheitsfürsorge war das Deutsche Reich führend, einer der Gründe, warum Berlin 1904 zum Sitz der Internationalen Hygiene-Gesellschaft gewählt wurde. Zu diesen Fürsorgemaßnahmen gehörten auch die Vorschriften über den Arbeitsschutz und die Unfallverhütungseinrichtungen in den deutschen Betrieben. Sie wurden ohne Betriebsräte in den Unternehmen verabschiedet. Auch auf diesem Gebiet übernahm Deutschland eine Vorreiterrolle. Professor Dr. Gerhard A. Ritter schreibt in seinem Buch „Sozialversicherung in Deutschland und England" auf den Seiten 12 und 13, daß der US-Universität Harvard von Deutschland im Rahmen der Weltausstellung in Sankt Louis 1904 an die 1.000 Fotografien der neuesten Unfallverhütungseinrichtungen übergeben worden sind. Die Universität sollte mit diesen Fotografien Ausstellungen veranstalten, um amerikanische Betriebe zu ähnlichen Einrichtungen zu veranlassen. Der Reichskommissar für die Weltausstellung von 1904 berichtete, daß in den Vereinigten Staaten die Auffassung vertreten werde, daß die Ausgabe von Millionen für „Kranke, Krüppel, Sieche und Schwache" den natürlichen Ausleseprozeß behindere und nur durch Ausscheidung alles Minderwertigen eine Nation groß und stark werden könne. Daher wurden soziale Schutzgesetze in den USA abgelehnt. Es war Darwinismus in seiner reinsten Form.

Bismarcks Sozialversicherungs- und Arbeitsschutzgesetze der 80er Jahre, ebenfalls modern und für andere Staaten nachahmenswürdig, waren eine Folge des preußischen Fürsorgegedankens. Auch diese Gesetze gehörten zur sozialen Marktwirtschaft. Es ändert nichts an der Qualität dieser Gesetze, wenn Bismarck hierbei die Absicht unterstellt wird, mit diesen Gesetzen die Arbeiter in den Staat integrieren zu wollen. Das war ein durchaus legitimes Ziel.

Trotz vieler politischer Schwierigkeiten war das Kaiserreich eine einzigartige Erfolgsgeschichte auf allen Gebieten, bewundert und beneidet von den anderen Großmächten. Nicht die Veränderung des Dreiklassenwahlrechts in den beiden wichtigsten Industriestaaten Preußen und Sachsen gehörte zu den Hauptproblemen des Kaiserreichs, sondern die Schaffung von Arbeitsplätzen. Reichskanzler von Caprivi, der Nachfolger Otto von Bismarcks, umriß in seiner Reichstagsrede vom 10. Dezember 1891 das Problem mit folgenden Worten: „Handel und Industrie bleiben die wichtigsten Quellen des Wohlstandes und damit der politischen Macht. Mit der Industrie hängt der Arbeiterstand zusammen; wir würden unsere Pflicht vernachlässigen, wenn wir den Arbeiterstand nicht leistungsfähig erhalten. Wir müssen exportieren: entweder wir exportieren Maschinen oder wir exportieren Menschen. Mit dieser steigenden Bevölkerung sind wir ohne eine gleichmäßig zunehmende Industrie nicht in der Lage weiter zu leben."

Die Bevölkerung nahm jährlich um 600.000 Menschen zu, sie wuchs von 41 Millionen im Jahr 1871 auf 67 Millionen im Jahr 1914. Allein um die schulischen Anforderungen dieser Bevölkerungszunahme zu befriedigen, wurden im Durchschnitt 5.000 Lehrer jährlich zusätzlich für die allgemeinbildenden Schulen ausgebildet, das waren Volksschulen, Mittelschulen und Höhere Schulen. Etwa 6.000 Lehrer schieden jährlich aus dem Schuldienst aus, so daß mindestens 10.000 bis 11.000 Lehrer ständig in der Ausbildung standen. Dozenten und Lehrer an den anderen Bildungseinrichtungen sind hierin nicht enthalten. Wenn auch die statistischen Erhebungen damals nicht die gleiche Genauigkeit aufwiesen wie zum Ende des 20. Jahrhunderts, so geben die aus weitgehend gleichartigen Erhebungen ermittelten Ergebnisse doch ein anschauliches Bild von dem Bildungsniveau der einzelnen Staaten.

Der Anteil derjenigen, die nicht lesen und schreiben konnten (Analphabeten), betrug um 1900:

Deutschland	0,9 %	
England	9,6 %	
Frankreich	10 %	
USA	12 %	(Farbige 49 %)
Österreich	21 %	
Italien	47 %	

In seiner Rede vom 28. Januar 2003 (sic!) forderte der Präsident der Vereinigten Staaten George W. Bush, daß jeder Bürger der USA lesen, schreiben und rechnen lernen sollte.

Jahr für Jahr entstanden im Kaiserreich 380.000 neue Arbeitsplätze, Hunderte von Schulen und 9.000 Krankenhausbetten in vielen Krankenhäusern, die Maßstäbe setzten für den Krankenhausbau in der Welt. So sagte der französische Journalist Jules Huret im Jahre 1909: „Es gab Zeiten, wo die Deutschen nach Paris kamen, um die Krankenhäuser zu bewundern. Diese Zeiten sind vorüber. Die Stunde hat geschlagen, wo wir (Franzosen) anfangen müssen nachzusehen, was die anderen seither getan haben, wenn wir unseren Platz im Konzert der Zivilisation behalten wollen."

	Krankenhausbetten	Krankenhäuser
1871	85.100	2.124
1914	466.525	4.718

Zwei Drittel der Deutschen oder 42 Millionen waren bei einer Gesamtbevölkerung von 67 Millionen 30 Jahre und jünger. Jeder zweite Deutsche lebte nicht an seinem Geburtsort. Es war die größte Binnenwanderung in der deutschen Geschichte. In der Bundesrepublik Deutschland waren im Jahre 2001 von 82 Millionen Einwohnern nur noch ein Viertel oder 25,688 Millionen* in diesem Alter. Trotzdem gibt es in der Bundesrepublik Jugendarbeitslosigkeit und nach den Worten des deutschen Bundespräsidenten im Juni 2001 jahrzehntelange Fehlentwicklungen in der Bildungspolitik. Und diese Fehlentwicklungen sind die Folgen der sogenannten 68er Revolten und des föderalistischen Parlamentarismus in Deutschland. Keiner fühlt sich so recht zuständig. Mit der sogenannten Pisa-Studie im Jahr 2002 wurde im internationalen Vergleich der katastrophale Bildungsstand

*StBA, 2003, S. 60

der Bundesrepublik Deutschland evident. Eine von den Kultusministerien der Länder beauftragte Studie ermittelte im Herbst 2003 insgesamt 2.500 verschiedene Lehrpläne an deutschen Schulen. Aus keiner Studie wird die Entbehrlichkeit der sogenannten Kultusministerien so deutlich wie aus dieser Untersuchung.

Die Bildungseinrichtungen des kaiserlichen Deutschlands besaßen dagegen in der Welt höchstes Ansehen. In den naturwissenschaftlichen Fächern studierten bis zu 30 % Ausländer in Deutschland, häufig sogar mehr, eine große Zahl von ihnen waren Amerikaner. Auf den hochtechnischen Gebieten, es waren Chemie, Elektrizität, Optik und Spezialmaschinen, übernahmen die Industrien des Kaiserreichs, gestützt von den preußisch-deutschen Bildungseinrichtungen, unangefochten die Weltspitze.

Die Forderungen der deutschen Ingenieurvereinigungen im Jahre 1913, aus Wettbewerbsgründen Ausländer nicht in dem bisherigen Umfange in Deutschland studieren zu lassen, wurden von der preußischen Regierung abgelehnt. Das Gebot zum internationalen Wissensaustausch gehörte schon damals zur Überzeugung von Kaiser Wilhelm II. und von Professor Dr. Friedrich Theodor Althoff, diesen beiden einflußreichsten Bildungspolitikern des Deutschen Reiches. In der Chemie beherrschte Deutschland mit 87 % den Weltmarkt, führend war Deutschland in der Anwendungstechnik der Elektrizitätsindustrie, ferner in der Optik, im Maschinenbau, in der Feinmechanik, in der Spielzeugherstellung und bei den Musikinstrumenten. Das alles waren Leistungen, die auf dem Bildungs- sowie dem handwerklichen und facharbeiterlichen Ausbildungssystem beruhten. Hierzu gehörten in erster Linie die Fachschulen und weitere Fortbildungseinrichtungen. Alle diese Einrichtungen kamen den Arbeitern zugute. Denn Arbeitsplätze und steigendes Realeinkommen waren damals, wie auch in unserer Zeit, die beste Sozialpolitik.

Es gab nur eine geringfügige Preissteigerung. Von 1871 bis zum Jahre 1913 betrug die jährliche Inflationsrate nur 0,48 %, eine volkswirtschaftlich zu vernachlässigende Größe. Während eines Zeitraums von 42 Jahren bestand Preisstabilität. Das Einkommen stieg dagegen in der Zeit durchschnittlich um 1,95 % jährlich. Armut war trotzdem nicht die Ausnahme, sondern mehr oder weniger die Regel. Doch wir wissen, daß die Spreizung des Einkommens als Zeichen für eine dynamische und wachsende Volkswirtschaft nicht zu vermeiden ist, weil das Investitionskapital in der Regel dorthin geht, wo es den meisten Nutzen verspricht. Der Anteil derjenigen, die nur einen jährlichen Verdienst (ohne Nebenverdienste und ohne Einkommen der Ehefrau) von 1.000 Goldmark hatten, ist von 75 % im Jahre 1896 auf 50 % im Jahre 1913 gesunken, während der Anteil der mittleren Einkommen, nämlich von 1.000 GM bis 3.000 GM, im gleichen Zeitraum von 22 % auf 43 % gestiegen ist. Unter Berücksichtigung des Bevölkerungswachstums gehörten also 1913 schon mehr als 28 Millionen Menschen zum mittleren Einkommenssegment.

Der Dialog von Wissenschaft und Unternehmen mit der Ministerialbürokratie und die damit verbundene Anpassung der Gesetze an die moderne Industrieentwicklung trugen ebenfalls zu diesem Erfolg bei. Die pharmazeutische und chemische Industrie sowie auch die Elektroindustrie wiesen 1913 aus Anlaß des 25jährigen Regierungsjubiläums des Kaisers mit Nachdruck darauf hin, daß sie den hohen internationalen Wettbewerbsstand nicht erreicht hätten, wenn ihnen nicht neben den Bildungseinrichtungen eine moderne Verwaltung und Gesetzgebung zur Seite gestanden hätten. Der angeblich so „obrigkeitliche“ Staat besaß Bürgernähe und war stets bereit, mit den Unternehmen und Wissenschaftlern der einzelnen Bereiche in einen Dialog zu treten. Die Interessenverbände der Industrie und Wirtschaft haben in preußischer Tradition dem Wohl der Allgemeinheit ein großes Gewicht beigemessen, so daß in allen Fragen der Gesetzgebung und der Verwaltung die Behörden der Diskussion bereitwillig ein offenes Ohr gewährten. Der englische Mathematiker, Kulturphilosoph und Nobelpreisträger Bertrand Russell verwies in richtiger Einschätzung der Zusammenhänge auf die Bedeutung der deutschen Bürokratie, indem er wörtlich sagte: „Ohne diese tüchtige preußische Bürokratie hätte sich die deutsche Wirtschaft nicht zu dem entwickeln können, was sie wurde.“

Der Dialog zwischen Verwaltung und Bürgern war durch die Städte- und Gemeindeordnung auf den unteren Ebenen sogar systemrechtlich abgesichert. Nach der Untersuchung der amerikanischen Historikerin Margaret Lavinia Anderson bestand in Deutschland als Folge der Städte- und Gemeindeordnung eine „praktizierende“ Demokratie, also eine Mitwirkung der Bürger an Verwaltung und Rechtsetzung, die ähnlichen Institutionen in

Amerika und England weit überlegen war. Die Amerikanerin fordert von den deutschen Historikern und Soziologen eine intensivere Beschäftigung mit diesen Fragen, statt dem Kaiserreich mangelnde Modernität und rückständige Strukturen vorzuwerfen.

Die Modernität im Denken der preußischen Verwaltung drückte sich unter anderem auch in der Förderung und Unterstützung der Zusammenarbeit von Bildung (Universität) und Wirtschaft aus. Die naturwissenschaftliche Forschung und ihre systematische Anwendung auf die Produktion wurden schon damals von ausländischen Fachleuten als die typische deutsche Eigenart angesehen. Diese Methode setzte allerdings eine gute allgemeine Bildung voraus. Bildung war die Voraussetzung für die Schaffung von Arbeitsplätzen. Nicht die europäischen Länder, sondern die USA haben dieses „Erfolgsrezept“ als erste übernommen. Die Repräsentanten der 68er Studentenunruhen in Deutschland haben diese Zusammenarbeit der Universitäten mit der Wirtschaft mit dem Argument diskreditiert, sie sei eine Mitursache für den Nationalsozialismus gewesen. Abgesehen davon, daß dieses Argument in seiner Einfältigkeit kaum zu überbieten ist, haben die 68er Unruhen dazu beigetragen, daß die erfolgreichen deutschen Ordinarienuniversitäten aufgelöst wurden und als Gruppenuniversitäten inzwischen in die Zweitrangigkeit abgesunken sind. Bildungspolitik und der Stand der Bildung waren für die Schaffung neuer Arbeitsplätze in Deutschland die wichtigsten Voraussetzungen. Die Macht Preußens ist nicht auf innerem Reichtum gegründet, sondern allein auf gewerblichem Fleiß, so drückte es Friedrich der Große in seinem politischen

Testament von 1752 aus. Und das gilt für Deutschland noch heute.

Professor Arthur Shadwell, London, veröffentlichte im Jahre 1905 eine Vergleichsstudie über England, Deutschland und Amerika (USA) über „Industrial efficiency" im Carl Heymanns Verlag, Berlin 1908: Die deutsche Wirtschaft erhielt dabei Bestnoten. In unserem Zusammenhang interessieren folgende Feststellungen von Shadwell:

1. In Deutschland ist den Behörden vor Ort mehr Spielraum überlassen als in England oder in den USA; das Ziel wird festgelegt, aber über die Mittel zur Erreichung desselben kann von der örtlichen Behörde frei entschieden werden.

2. Nimmt man alles zusammen, so findet man, daß die deutschen Städte die höchste Lebenskultur aufweisen, die amerikanischen dagegen die niedrigste.

3. In der Anwendung der Wissenschaft durch die Industrie schlagen die Deutschen alle ihre Konkurrenten.

4. Fast in jeder deutschen Fabrik gibt es Eßsäle (Kantinen) für die Arbeiter.

5. In England waschen sich die Arbeiter während der Woche nicht. Schmutzig zu bleiben und dreckig auszusehen, ist der Stempel ihres Berufs. Dagegen halten die Arbeiter in Deutschland auf Sauberkeit. Sie werden in der Schule und vor allem während der Militärzeit in den Kasernen an das regelmäßige Waschen gewöhnt. Diese Gewohnheit behalten sie bei.

6. Die schmutzigsten Betriebe sind in der Regel die Gießereien. In Deutschland sind selbst sie eine Offenbarung an Ordnung und Sauberkeit. Diese Ordnung und Sauberkeit in den deutschen Fabriken wird erzielt durch die Gewöhnung an Ordnung, die alle Arbeiter, ihre Vorgesetzten und Arbeitgeber durch die Disziplin während ihrer Militärzeit durchgemacht haben.

Bildung, Disziplin und ein starker Staat, trotzdem freie Entfaltungsmöglichkeiten jedes einzelnen und besonders der Unternehmer, waren die Voraussetzungen für den einmaligen wirtschaftlichen Erfolg Preußen-Deutschlands. Statt dem kaiserlichen Staat Rückständigkeit sowie eine autoritäre Verfassung vorzuwerfen, sollte besser darüber nachgedacht werden, ob der preußische Staat mit seiner marktwirtschaftlichen Struktur nicht moderner war als es die „politische Korrektheit" aus ideologischen Gründen seit Ende des Zweiten Weltkrieges behauptet. Es sollte untersucht werden, ob der preußisch-deutsche Staat auf die Industrialisierung nicht besser vorbereitet war und sozialer reagiert hat als die westlichen Demokratien oder die Sowjetunion.

---

1 – 20 – 48 (4, Seite 973) – 50 – 77 – 78 – 79 – 90 – 96 – 109 – 110 – 137

Anlage zum Kapitel X:
Preußen und die Marktwirtschaft

Landesgebiet 1912		
Deutschland	541.000 qkm	(2004: 357.000 qkm)
England	314.000 qkm	
Frankreich	536.000 qkm	

Bevölkerung	1871	1912	Zunahme seit 1871
Deutschland	40,9 Mio.	66,1 Mio.	+ 61,0 %
England	31,6 Mio.	45,6 Mio.	+ 45,0 %
Frankreich	36,2 Mio.	39,6 Mio.	+ 9,4 %

Bodennutzung (in Prozent der Gesamtfläche)

	Acker	Wiesen	Wald	Unproduktiv
Deutschland	49 %	16 %	26 %	9 %
England	25 %	52 %	4 %	19 %
Frankreich	59 %	10 %	16 %	15 %

Kolonien	qkm 1881	qkm Neuerwerb	qkm 1913	Einwohner
Deutschland	–	2.907.000	2.907.000	12 Mio.
England	22.640.000	7.692.000	30.332.000	349 Mio.
Frankreich	530.000	7.380.000	7.910.000	45 Mio.
Belgien	2.382.800	–	2.382.800	19 Mio.
Niederlande	2.043.647	–	2.043.647	38 Mio.

Steuer und Vermögen

<u>Steuerbelastung 1908 pro Kopf in Mark</u>

	direkte Steuern		indirekte Steuern		Gesamtbetrag
Deutschland	10,42	+	24,13	=	34,55
England	26,55	+	32,55	=	59,10
Frankreich	18,90	+	47,22	=	66,12

<u>Steuerbelastung 1913 pro Kopf in Mark</u>

	direkte Steuern		indirekte Steuern		Gesamtbetrag
Deutschland	30,89	+	23,73	=	54,62
England	59,27	+	30,65	=	89,92
Frankreich	27,15	+	44,95	=	72,10

54,62 entspricht = 524 Euro. Die Steuerbelastung im Jahr 2000 beträgt <u>pro Kopf 10.064 Euro</u>, das sind gegenüber 1913 etwa das 19fache pro Einwohner.*

*StBA, 2001, S. 503

Ausgaben pro Kopf 1908 in Mark

	Soziales	Unterricht	Schuldendienst
Deutschland	1,69	5,04	11,71
England	0,07	7,87	13,38
Frankreich	0,27	5,52	25,70

Wegen der Verschiedenartigkeit der Einnahmequellen und der finanzstatistischen Methoden sind die Zahlen nur eingeschränkt vergleichbar, als Überblick aber brauchbar.

Staatsschulden 1912	in Goldmark	Mark pro Einwohner
Deutschland	20,5 Mrd.	310
England	14,8 Mrd.	324
Frankreich	26,1 Mrd.	658

In England war die Eisenbahn nicht Bestandteil des Staatshaushalts.
In Deutschland dagegen gehörten die Eisenbahnschulden mit 9,429 Mrd. zum Gesamthaushalt.
Ohne Eisenbahn betrugen die fundierten deutschen Schulden nur 11,07 Mrd., daher pro Einwohner nur 167 Mark.

Volksvermögen 1912	in Goldmark
Deutschland	290 Mrd.
England	300 Mrd.
Frankreich	240 Mrd.

Staatsschulden 2004:	1.360.000.000.000 Euro
Pro Einwohner:	16.585 Euro

Eine Goldmark entspricht nach Kaufkraft und Preisindex etwa 9,60 Euro.
Das bedeutet eine Staatsverschuldung im Jahre 1912 von 1.603 Euro pro Einwohner.
Die gegenwärtige Staatsschuld ist 10,3 mal so hoch wie im Jahr 1912.
Außerdem besteht im Jahr 2004 eine extrem hohe Abgaben- und Steuerlast pro Einwohner.

Wirtschaft

Arbeitslosigkeit von 1871–1914 (Durchschnitt)	
Deutschland	1 % – 2 %
England	4 % – 9 %
Frankreich	6 % –10 %

Wirtschaftswachstum in Deutschland	
1876–1895	+ 2,7 % jährlich
1896–1913	+ 3,4 % jährlich

Preisentwicklung (Index) in Deutschland		
1875–1913	112,7–129,8	Entwertung 0,37 % jährlich
1962–2000	33,0–106,9	Entwertung 3,14 % jährlich

1 Mark im Jahre 1875 war 1913 noch 0,87 Mark wert
1 DMark im Jahre 1962 war 2000 noch 0,31 DMark wert

Private Automobile 1912	
Deutschland	44.468
England	90.953
Frankreich	76.771

Viehhaltung 1912 (in Tausend)

	Pferde	Rinder	Schafe	Schweine
Deutschland	4.516	20.159	5.788	21.885
England	2.229	11.875	28.887	3.980
Frankreich	3.236	14.436	16.425	6.720

Landwirtschaft 1912 Ernteerträge pro Hektar/dz

	Weizen	Roggen	Kartoffeln
Deutschland	23	19	150
England	7	9	82
Frankreich	14	10	82
USA	11	11	76

Postanstalten		pro 100.000 Einwohner
Deutschland	50.563	77,4
England	24.245	53,9
Frankreich	14.616	35,7

Telephone 1910	Stück	Gespräche pro Einwohner
Deutschland	1.076.000	28,3
England	613.000	15,7
Frankreich	241.292	6,7

Bücherproduktion 1910	Stück	pro 100.000 Einwohner
Deutschland	31.280	48
England	8.470	18
Frankreich	12.615	32

Sparguthaben 1910	Einlagen pro Einwohner in Mark
Deutschland	273
England	103
Frankreich	114

35 % der Einwohner lebten an der Armutsgrenze, das waren prozentual weniger als in England oder Frankreich, deren Industrialisierung schon 20 Jahre früher begonnen hatte.
Trotz des Zusammenwachsens von 25 Städten und Ländern, trotz Bevölkerungsanstieg und Industrialisierung waren es die besten durchschnittlichen Lebensverhältnisse in Europa.
Nach Professor Dr. David Nachmansohn, New York, eine der erstaunlichsten europäischen Leistungen.

Erzeugung von Roheisen und Eisenerzen 1912 in 1000 Tonnen	
Deutschland	17.869
England	9.679
Frankreich	4.949

Spielwarenindustrie 1912	Produktionswert in Mio. Mark
Deutschland	125
England	6
Frankreich	40

Außenhandel 1912 in Mio. Mark

	Import	Export	Total
Deutschland	10.695,5	8.956,8	19.652,3
England	12.914,4	9.943,7	22.858,1
Frankreich	6.360,7	5.309,1	11.669,8

Deutschland beherrschte in Chemie und Pharmazie den Weltmarkt mit 87 % (Apotheke der Welt!).

Deutschland übernahm auf dem Weltmarkt die Führungsrolle auf allen Anwendungsgebieten der Elektrizität. In der optischen Industrie besaß Deutschland eine führende Weltmarktstellung.

In der Quantität (Stapelware) war das englische Außenhandelsvolumen größer als das deutsche, in technischen Qualitätsprodukten dagegen war es erheblich geringer.

Deutscher Import 1911

Von ihrem Gesamtexport exportierten nach Deutschland:

England	10,3 %
Frankreich	13,1 %
USA	14,1 %
Österreich	43,2 %

Handelsflotten 1911

	Schiffszahl	Bruttoraum t	Anteil an der Weltflotte
Deutschland	4.732	3.893.000	10,3 %
England	20.919	18.122.000	42,6 %
Frankreich	17.729*	1.471.000	4,8 %

*davon 15.949 Segelschiffe

Überseekabel 1913	Länge in km	Anteil am Weltkabelnetz
Deutschland	43.242	8,3 %
England	257.852	49,7 %
Frankreich	42.245	8,1 %
USA	98.651	19,0 %

Die überwältigende Propagandamacht der englischen und amerikanischen Medien konnte sich auf das weitverzweigte Kabelnetz stützen.

Erzeugung von Elektrizität (Giga-Wattstunden) 1914	
Deutschland	8,8
England	2,5
Frankreich	2,1

Eisenbahnkilometer	1911	Einnahmen in Mio. Mark
Deutschland	61.936	3.092
England	37.649	2.485
Frankreich	50.232	1.814

Die deutsche Eisenbahn befand sich nicht in privater, sondern in staatlicher Hand. Die Einnahmen wurden zur Deckung von Staatsausgaben verwendet und nicht zur Akkumulation von Privatvermögen (Beispiel: Harriman, Milliardär in USA).

Unfälle der Eisenbahnen im Jahr 1900 auf je eine Million beförderte Reisende jeweils auf einer vergleichbaren Strecke

	Tötungen	Verletzungen
Deutschland	0,08	0,39
England	0,14	1,94
Frankreich	0,174	0,28
USA	0,45	6,58

Straßenbau in Deutschland von 1871–1914 = 5.000 km jährlich
Eisenbahnbau in Deutschland von 1871–1914 = 1.000 km jährlich

Bevölkerung und Bildung

Jahr	Bevölkerung	Jugendliche unter 30 Jahre	auf 1.000 Einwohner			
			Eheschließungen	Scheidungen	Geburtenüberschuß	Selbstmord
Deutsches Kaiserreich						
1870	41.059.000	25.070.625	7,3	0,12	11	0,18
1890	49.428.000	31.584.492	8,0	0,13	11	0,21
1913	67.200.000	41.986.000	7,7	0,23	15	0,22
Bundesrepublik Deutschland						
1950	68.400.000	31.600.800	10,7	2,00	6	0,20
1980	78.200.000	27.370.000	6,5	1,83	– 2	0,22
2001	82.259.540	25.688.000	5,1	2,36	– 1	0,21

Die Bevölkerung nahm im Kaiserreich im Durchschnitt jährlich um 600.000 Menschen zu. Allein um die schulischen Anforderungen dieser Bevölkerungszunahme zu befriedigen, wurden 5.000 Lehrer jährlich zusätzlich für die allgemeinen Schulen ausgebildet, das waren Volksschulen, Mittelschulen und Höhere Schulen. Etwa 6.000 Lehrer schieden jährlich aus dem Schuldienst aus, so daß mindestens 10.000 bis 12.000 Lehrer ständig in der Ausbildung standen.

Der Anteil derjenigen, die nicht lesen und schreiben konnten (Analphabeten) 1900

Deutschland	0,9 %	
England	9,6 %	
Frankreich	10,0 %	
USA	12,0 %	(Farbige 49 %)
Österreich	21,0 %	(deutschsprachig 1,2 %)
Italien	47,0 %	

Juden mit jüdischer oder christlicher Religion 1911		Bevölkerungsanteil
Deutschland	700.000	1,06 %
England	206.000	0,45 %
Frankreich	86.000	0,27 %

Der jüdische Bevölkerungsanteil von Männern in Deutschland betrug 0,53 %.
Daher war der jüdische Anteil von 13,3 % an den juristischen Professoren sehr hoch.
Jüdische Juristen besetzten etwa 11 % aller Richterstellen in Preußen. Sie stellten mindestens 30 % aller Rechtsanwälte. Die Presse befand sich zum größten Teil in jüdischer Hand.

Nobelpreisträger in Medizin und Naturwissenschaften	
Deutschland	20
Niederlande	4*
England	8
Frankreich	7
USA	2

Deutschland war das in der Welt führende Land der Wissenschaft und Bildung.
Im Jahr 2001 ist Deutschland auf diesen Gebieten dramatisch zurückgefallen.

Im Jahre 1911 gab es in Deutschland bei 65 Mio. Einwohnern 11.350.000 Schüler und 234.923 Lehrkräfte.

Im Jahre 2001 hatte Deutschland bei 82 Mio. Einwohnern 8.670.000 Schüler und 545.284 Lehrkräfte.

*Zwischen Deutschland und den Niederlanden bestand eine sehr enge wissenschaftliche Zusammenarbeit.

Wirtschaftsstruktur in Deutschland 1914 in Relation zur Bevölkerung

Meßzahl 100

Anzahl der Betriebe		Betriebsvermögen	
Sachsen	135	Berlin-Brandenburg	167
Hamburg und Umgebung	121	Hessen	130
Südwestdeutschland	113	Sachsen	124
Berlin-Brandenburg	105	Rheinland-Westfalen	113
Rheinland-Westfalen	104	Hamburg und Umgebung	117
Niedersachsen	102	Südwestdeutschland	99
Hessen	102	Niedersachsen	85
Bayern	82	Bayern	67

Reihenfolge: Berlin-Brandenburg, Sachsen, Hamburg und Umgebung, Hessen, Rheinland-Westfalen, Südwestdeutschland, Niedersachsen, Bayern.

Die noch ärmeren Gebiete als Bayern sind hier nicht aufgeführt: Ostpreußen, Pommern, Schleswig-Holstein, Schlesien u. a.

Deutschlands Medizin

Jahr	Krankenhausbetten	Krankenhäuser	Betten je 10.000 Einwohner
1871	85.100	2.124	21
1914	466.525	4.718	70
1999	565.268	2.252	69

	Ärzte	auf 10.000 Einwohner
1896	23.910	4,5
1905	31.041	5,1
1970	99.654	16,1
2000	294.676	35,9

Wahlen

Allgemeines, gleiches und geheimes Wahlrecht	
Deutschland	1869
England	1918
Frankreich	1848 (mit Wahlmanipulationen)

Wahlberechtigung in % der Gesamtbevölkerung

	1871	1890	1905
Deutschland (Reichstag) (männlich über 25 Jahre)	19,4	21,7	22,2
Preußen (Landtag) (männlich über 25 Jahre)	19,6	20	20,6

b.w.

Noch Wahlberechtigung in % der Gesamtbevölkerung

	1883	1886	1914
England (männlich über 25 Jahre)	8,2	13,4	16,4

	1869	1889	1906
Frankreich (männlich über 21 Jahre)	27	27	28

Während der Anteil der Wahlberechtigten in Frankreich wegen des niedrigen Wahlalters (21 Jahre) größer war als in Deutschland (Preußen), lagen die entsprechenden Zahlen im demokratischen „Musterland“ England stets unter den deutschen, sogar unter denen des preußischen Dreiklassenwahlrechts.

Die Gleichheit der Wahlberechtigung setzte sich in England, das von der „nobility“ und der „gentry“ beherrscht wurde, erst langsam durch, endgültig erst 1918. Die Anpassung der Wahlkreise an die Bevölkerungsentwicklung erfolgte in allen Ländern nicht ohne Parteiinteressen. Doch das Ausmaß der Wahlbeeinflussung nahm in England einen erschreckend hohen Umfang an (gerrymandering). Frankreichs Wahlen waren ebenfalls aus Gründen der Machterhaltung und der Parteiinteressen von erheblichen Manipulationen unterschiedlicher Art gekennzeichnet.

Die amerikanische Historikerin, Professor Margaret Lavinia Anderson, zeigte in einer gründlichen Untersuchung im Jahre 2000 zum ersten Mal auf, wie korrekt die Wahlen in Deutschland abgehalten worden sind.

Montesquieu forderte für den Rechtsstaat Trennung von Parlament und Verwaltung (Gewaltenteilung). Deutschland erfüllte diese Forderung. Der Parteienstaat dagegen will alles kontrollieren: Gesetzgebung, Justiz und Verwaltung.

Arbeitsmarkt

Arbeitslosigkeit von 1871–1914 (Durchschnitt)	
Deutschland	1 % – 2 %
England	4 % – 9 %
Frankreich	6 % –10 %

Abhängig Beschäftigte in Deutschland		Rentner und Pensionäre
1882	18,9 Mio.	1,4 Mio.
1914	31,8 Mio.	3,9 Mio.
2000	33,6 Mio.	24,7 Mio.

Beschäftigte in Bereichen, die Mehrwert erzeugen		
1914	28,1 Mio.	42 % der Bevölkerung
2000	13,6 Mio.	17 % der Bevölkerung

Hierzu gehören Land- und Forstwirtschaft, Bergbau und Industrie, Energie undWasserversorgung, Baugewerbe, Verkehr, Nachrichtenwesen.

Personal der öffentlichen Haushalte		
1914	600.000	0,9 % der Bevölkerung
2000	4.909.000	6,0 % der Bevölkerung

Personal des Höheren Dienstes (Assessor bis Staatssekretär)		
1914	45.000	0,070 % der Bevölkerung
2000	800.000	0,975 % der Bevölkerung

Von 1871–1914 entstanden in Deutschland jährlich rund 380.000 neue Arbeitsplätze. Hierzu waren umfangreiche Investitionen erforderlich. Die Unternehmen waren dank der niedrigen Steuern zu diesen Investitionen in der Lage. Mit einem Staatsanteil von 14 % handelte der Staat verantwortungsbewußt. Im Jahre 2004 betrug der Staatsanteil in Deutschland 50 % mit der Folge einer beträchtlichen Arbeitslosigkeit.

Verteidigung

Armee 1913	Anzahl Soldaten	Ausgaben in Mark	pro Einwohner
Deutschland	790.000	1.009 Mio.	15
England	138.000	575 Mio.	13
Frankreich	780.000	766 Mio.	19
(Rußland	1.254.000	810 Mio.	6)*

Marine 1914	Großkampfschiffe	Tonnen	gesamte Kriegsflotte in Tonnen
Deutschland	42	620.600	1.273.600
England	101	1.585.800	2.857.300
Frankreich	38	482.500	1.003.400
USA	44	717.500	1.054.600
Rußland	13	166.200	415.400

*Heeresstärke schwankte erheblich, für die Ausgaben liegen keine präzisen Zahlen vor.

Marine 1913	Ausgaben in Mark	pro Einwohner
Deutschland	467 Mio.	7
England	945 Mio.	20
Frankreich	412 Mio.	11

Anfang 1911 faßte das amerikanische Abgeordnetenhaus den einstimmigen Beschluß, die Unionsflotte zur zweitstärksten der Welt auszubauen. Zunächst bestand das Ziel, Englands Flotte im Pazifik zu entlasten, denn Deutschland galt schon 1911 als Hauptgegner. Doch auf lange Sicht zielten die USA (nicht Deutschland) seit Beginn des 20. Jahrhunderts auf die Ablösung der Weltmachtstellung Englands.

Militärische Ausgaben 1913	in Mark	Mark pro Einwohner
Deutschland	1.476,1 Mio.	22
England	1.520,4 Mio.	33
Frankreich	1.178,0 Mio.	30
Rußland	1.230,0 Mio.	8

Wichtige Quellen:

Statistisches Bundesamt, Bevölkerung und Wirtschaft von 1872–1972 (Kohlhammer, Stuttgart, 1972)

Statistisches Bundesamt (StBA), Statistische Jahrbücher für die Bundesrepublik Deutschland

Kaiserliches Statistisches Amt, Statistische Jahrbücher für das Deutsche Reich

Deutsche Bundesbank, Deutsches Geld- und Bankwesen in Zahlen 1876–1975 (Knapp, Frankfurt-Main, 1976)

Hohorst, Kocka, Ritter, Sozialgeschichtliches Arbeitsbuch II, Statistik 1870–1914 (Beck, München, 1978)

Meyers Konversationslexikon, 6. Auflage (Bibliographisches Institut, Leipzig, 1906)

Dresdner Bank, Die wirtschaftlichen Kräfte Deutschlands (Reichsdruckerei, Berlin, 1914)

Otto Hintze „Der Beamtenstand" (1911), in Soziologie und Politik, herausgegeben von Gerhard Oestreich (Vandenhoeck und Ruprecht, Göttingen, 1982)

Barbara Strenge, Juden im Preußischen Justizdienst (K. G. Saur, München, 1996)

XI.
Preußen und die Bildung

Preußen und die Bildung

Am 1. Juli 1694 eröffnete Kurfürst Friedrich III. von Brandenburg, seit dem 18. Januar 1701 zugleich König in Preußen, die Universität in Halle. Sie wurde im 18. Jahrhundert die führende deutsche Hochschule, zu der sich die geistige Elite Deutschlands und Europas drängte. Halle entwickelte sich zur Schule der preußischen Beamten und der protestantischen Geistlichen. Bedeutende Professoren lehrten an dieser Universität. Herausragend gehörten zu ihnen Christian Thomasius, Christian Wolff und August Hermann Francke.

Christian Thomasius (1655–1728) hielt als Rechtsgelehrter 1687 zum ersten Mal Vorlesungen nicht in lateinischer, sondern in deutscher Sprache. Mit seinen Schriften plädierte er für die Abschaffung der Hexenprozesse und der Folter. Als Vertreter des „untheologischen Naturrechts" lehrte er 30 Jahre in Halle. Er trennte Recht von Religion. Rechtsnormen seien praktische ethische Verhaltensregeln mit der Eigenschaft ihrer Erzwingbarkeit. Tugend sei nicht angeboren, sondern müsse gelehrt und gelernt werden. An die Stelle religiöser Sinnbestimmung und christlicher Moral treten ethische Normen, tritt ein Tugendkanon, der sich weltlich und aus den Notwendigkeiten menschlichen Zusammenlebens verstehe. Thomasius gehörte zu den einflußreichsten Juristen seiner Zeit, es sollen insgesamt während seiner Lehrtätigkeit 18.208 Studenten seine Vorlesungen gehört haben. Für die damalige Zeit war das eine besonders hohe Studentenzahl für einen einzelnen Lehrer. Thomasius wurde als intellektueller Reformator oft mit Luther, dem „religiösen Reformator", verglichen.

Christian Wolff (1679–1754), Philosoph und Mathematiker, legte mit seinen Werken die Grundlagen der europäischen Aufklärung. Wolff schrieb in deutscher Sprache. Seine Werke ließ Friedrich der Große später ins Französische übersetzen, um ihn besser verstehen zu können. Ein Exemplar der Übersetzung schickte er 1736 dem von ihm sehr verehrten französischen Philosophen François Marie Arouet Voltaire (1694–1778), um ihn mit den Gedanken der preußischen Aufklärungsschriften vertraut zu machen. Das in Frankfurt und Leipzig in der Rengerischen Buchhandlung im Jahr 1725 erschienene Werk trug den Titel: „Vernünftige Gedanken von dem gesellschaftlichen Leben der Menschen. Und in Sonderheit dem gemeinen Wesen. Zu Beförderung der Glückseligkeit des menschlichen Geschlechts. Den Liebhabern der Wahrheit mitgeteilt von Christian Wolffen". Und das andere grundlegende Werk von Christian Wolff erschien ebenfalls in der Rengerischen Buchhandlung 1752 und trug den Titel: „Vernünftige Gedanken. Von der Menschen Tun und Lassen, zu Beförderung ihrer Glückseligkeit, den Liebhabern der Wahrheit mitgeteilet von Christian Freiherren von Wolff".

Christian Thomasius und Christian Wolff werden häufig abschätzig als „Frühaufklärer" bezeichnet, so als wenn Diderot und Voltaire die eigentlichen Begründer der europäischen Aufklärung gewesen seien. Das ist nicht so. Die Krone, Vater der Aufklärung zu sein, gebührt dem an der preußischen Universität in Halle lehrenden Christian Wolff. Die von Diderot in Paris herausgegebene Enzyklopädie erschien erst 60 Jahre später. Es ist daher keine historische Anmaßung festzustellen: die europäische Aufklärung hatte in England und in Preußen ihre bedeutenden Wurzeln. Weil die Sprache der europäischen Eliten damals französisch war, nicht deutsch, erfuhren die Gedanken von Christian Wolff in Europa nur indirekt Verbreitung, selbst Friedrich der Große machte sich erst über die französische Sprache mit der preußischen „Aufklärung" vertraut.

Der Dritte im Bunde mit bedeutendem Einfluß auf die preußische Bildung und Erziehung war der pietistische Pfarrer und Pädagoge August Hermann Francke (1663–1727). Er lehrte orientalische Sprachen und Theologie in Halle und gründete die Halleschen Anstalten mit Waisenhaus und Armenschule. Sie wurden das Fundament der berühmten Franckeschen Stiftungen. Waisen und Armenkinder, Mädchen und Jungen, erhielten hier gemäß ihrer Begabung menschliche Förderung und eine vorzügliche Ausbildung. Die Stiftung Franckes war ein lebendiger Organismus aus Erziehungsanstalten, aus Bibliothek und Naturalienkabinett, Botanischem Garten, Druckerei und Verlagsbuchhandlung, aus Bibelanstalt, Krankenhaus und Apotheke mit Medikamentenversand in die ganze Welt. Es gehörten ein Wirtschaftshof sowie ein Back- und Brauhaus dazu. Mit einem staatlich eingeräumten Vorkaufsrecht für die anliegenden Grundstücke gelang den Stiftungen der Erwerb eines beträchtlichen Areals.

Jungen und Mädchen wurden zum ersten Mal nicht nur im Hausunterricht, wie er damals weitverbreitet war, sondern systematisch in einer gemeinschaftlichen Schule, aber in getrennten Klassen, unterrichtet und erzogen. Welcher Staat – außer Preußen – kann von sich sagen, daß er schon Anfang des 18. Jahrhunderts Mädchen schulisch und beruflich gefördert hat? Die Franckeschen Anstalten erfreuten sich eines hervorragenden pädagogischen Rufs. Daher wollten auch finanziell besser gestellte Eltern ihre Kinder auf diese Schule schicken. August Hermann Francke erhielt vom Staat für seine Anstalten kein Geld, er wollte unabhängig bleiben und forderte daher auch keine staatlichen Mittel. Wiederholt erklärte Francke, daß er im Falle staatlicher Eingriffe in seine Rechte und Absichten „alles stehen und liegen lassen würde". Spenden von überall, Testamentszuwendungen und die Schulgelder reicher Eltern bildeten das finanzielle Fundament der Anstalten. Das Schulgeld war gestaffelt nach dem finanziellen Vermögen der Eltern.

Der Dreißigjährige Krieg (1618–1648) ist ein entscheidender Einschnitt in der deutschen Geschichte. Er führte zu einem in die Tiefe gehenden Bewußtseinswandel des deutschen Volkes. Von Krankheit, Mord und Anarchie entvölkerte, verödete und verkommene Landschaften, die in die Wildnis zurücksanken, sollten befriedet, wieder fruchtbar und sicher gemacht werden. Gegen die Zuchtlosigkeit und Rohheit der Zeit sollte ein strenger evangelischer Glaube wirken. Gebet und Arbeit machten das verarmte Leben erträglicher. Francke wollte die Quellen der Verderbnis durch praktische und tätige Frömmigkeit austrocknen. In der „bösen Auferziehung der Jugend" sah er eine der entscheidenden Ursachen für den allgemeinen Verfall. „Denn damit ist es soweit kommen, daß fast niemand mehr weiß, was zu einer recht christlichen und gemeinen Wesen nützliche Auferziehung gehöre. Daher die Jugend insgemein rohe, wüst und wilde, und ohne alle wahre Erkänntnis und Furcht Gottes, ohne Zucht und Ermahnung des Herren aufwächset." Das Dreigestirn, bestehend aus Christian Wolff, Christian Thomasius und August Hermann Francke, hatte das gleiche Ziel im Auge. Alle drei verfolgten es in ähnlicher Weise, indem sie die „natürlichen" Gebote menschlichen Zusammenlebens betonten. Auch wenn der Pietist Francke die Religion zu Hilfe nahm, verfolgte er in aller Strenge ein praktisches Christentum mit allen Tugenden, die auch Christian Wolff und Christian Thomasius forderten. Francke brachte den Kindern nicht nur lesen, schreiben, rechnen und die christliche Lehre bei, sondern auch Eigenständigkeit, Pflichterfüllung, Pünktlichkeit, Nächstenliebe und persönliche Anspruchslosigkeit. Askese im Trinken von Alkohol und im Kleideraufwand, eine geregelte Lebensführung und Arbeitsdisziplin waren die Grundlage pietistischer Erziehung. Im Todesjahr Franckes (1727) wurden in den Anstalten 2.300 Kinder von etwa 150 Lehrern unterrichtet. Preußen hatte damals zwei Millionen Einwohner, so daß diese Schülerzahl als außerordentlich hoch eingestuft werden muß. Viele Absolventen der Anstalten wurden in alle Welt geschickt, um dort ihre missionarische Aufgabe zu erfüllen. Dadurch erfolgte eine Multiplizierung des pietistischen Gedankens. Das „Collegium Fridericianum" in Königsberg wurde von dem mit Francke persönlich befreundeten Holzhändler Theodor Gehr 1690 nach dem halleschen

Vorbild gegründet. Von 1732 bis 1740 besuchte Immanuel Kant das in dieser Zeit von dem pietistischen Pfarrer Franz Albert Schultz geleitete Fridericianum. Seine pietistische Mutter und sein pietistischer Lehrer, der Pfarrer Albert Schultz, haben auf die geistige Entwicklung des jungen Kant einen erheblichen Einfluß ausgeübt. Aufklärung und Pietismus flossen in den Werken Kants zusammen und gipfelten im „Kategorischen Imperativ".

Mit der Errichtung des Potsdamer Militärwaisenhauses und der Kadettenanstalt unter Friedrich Wilhelm I. nach dem Muster des Franckeschen Waisenhauses und der Besetzung mit Lehrern, die in Halle ausgebildet worden waren, durch die Ausbildung der Theologen in Halle und die Anstellung von Zöglingen der Halleschen Anstalten als Beamte erfolgte eine spürbare Durchdringung des preußischen Staates mit pietistischem Geist. Aus den erhalten gebliebenen Schülerlisten geht hervor, daß ein großer Teil des preußischen Offizierscorps und des hohen Beamtentums aus den Franckeschen Anstalten hervorgegangen ist. Das preußische Leistungsethos konnte zwar schwache Naturen zerbrechen, aber den Tüchtigen und Redlichen wurde jede persönliche Entfaltung ermöglicht.

Das zweite bedeutende Ereignis in der Entstehung der preußischen Bildungstradition erfolgte am 28. September 1717 durch den König Friedrich Wilhelm I. In seiner Verordnung forderte er, daß die Eltern ihre Kinder zur „Schule halten sollen": *„Uns wird geklaget, daß die Eltern, absonderlich auf dem Lande, in Schickung ihrer Kinder zur Schule sich sehr säumig erzeigen, und dadurch die arme Jugend in grosse Unwissenheit, so wohl was das lesen,* *schreiben und rechnen betrifft, als auch in denen zu ihrem Heyl und Seeligkeit dienenden höchstnötigen Stücken aufwachsen lassen. Weshalb Wir allergnädigst und ernstlich verordnen, daß hinkünfftig an denen Orten wo Schulen seyn, die Eltern bey nachdrücklicher Straffe gehalten seyn sollen Ihre Kinder gegen Zwey Dreyer Wöchentliches Schuel Geld von einem jeden Kinde, im Winter täglich und im Sommer wann die Eltern die Kinder bey ihrer Wirthschafft benötiget seyn, zum wenigsten ein oder zweymahl die Woche, damit Sie das jenige, was im Winter erlernt worden, nicht gänzlich vergessen mögen, in die Schuel zuschicken.“*

In dieser Verordnung wird vielfach der Beginn der allgemeinen Schulpflicht gesehen, auch wenn einige Kritiker einwenden, daß es in Ermangelung ausreichenden Schulraums noch nicht möglich war, einen allgemeinen Schulbesuch durchzusetzen. Es ist richtig, daß diese Verordnung einige Jahre später noch einmal wiederholt werden mußte, woraus geschlossen werden kann, daß die allgemeine Schulpflicht bei den Betroffenen nur zögerlich befolgt wurde. Es fehlte in der Tat an ausreichendem Schulraum, ein Mangel, der sich erst Anfang des 19. Jahrhunderts einigermaßen beheben ließ. Aber unabhängig von den Einwendungen: hier setzte Preußen, grundlegend für die Entstehung des europäischen Kulturstaates, ganz eindeutig ein Zeichen zur allgemeinen Schulpflicht. Erst viele Jahre später folgten diesem Beispiel andere deutsche und europäische Staaten, England erst gegen Ende des 19. Jahrhunderts.

Auf Anweisung Friedrichs des Großen wurde am 12. August 1763 das „General-Land-Schulreglement“ erlassen, das der Schüler der Franckeschen Anstalten Johann Julius Hecker (1707–1768) erarbeitet und formuliert hat. Er war Prediger und Schulinspektor am Militärwaisenhaus in Potsdam, 1739 wurde er auf Grund persönlicher Auswahl Friedrich Wilhelms I. erster Prediger an der Berliner Dreifaltigkeitskirche, später auch Oberkonsistorialrat in Berlin. Er begründete hier eine ökonomisch-mathematische Realschule und in Verbindung mit dieser 1748 das erste preußische Lehrerseminar.

Das „General-Schul-Reglement" wurde in gewisser Hinsicht bis weit in das 19. Jahrhundert hinein die inhaltliche und gesetzliche Grundlage des preußischen Volksschulwesens. Hecker forderte, daß die Lehrer ein väterlich gesinntes, mit Ernst und Liebe temperiertes Herz gegenüber den ihnen anvertrauten Kindern haben müßten. Die Disziplin müsse mit Weisheit aufrechterhalten werden, so daß von den Kindern ihre Eigenliebe als die Quelle aller Sünden erfahren werde. Der Eigensinn müsse mit Fleiß gebrochen, auch Lügen, Schimpfen, Ungehorsam, Zorn, Zank und Schlägerei nach vorheriger Belehrung bestraft werden. Der Schulmeister habe sich jedoch bei der Züchtigung aller ungeziemenden Heftigkeit, allen sündlichen Eifers und Scheltens zu enthalten und dagegen so viel wie möglich eine väterliche Bescheidenheit und Mäßigung zu gebrauchen. Die Kinder sind weder zu verzärteln noch durch übermäßige Strenge scheu zu machen: Alles sehr moderne pädagogische Grundsätze.

Diese Wegmarkierungen führten in der preußischen Bildungsgeschichte im Herbst 1810 zur Gründung der Berliner Universität, der berühmten Friedrich-Wilhelms-

Universität. Nach den Niederlagen (1792/1806) und nach den Siegen (1813/1815) gegen Napoleon stieg Preußen zur ersten europäischen Bildungsnation auf. König Friedrich Wilhelm III. hatte im August 1807 gegenüber einer Deputation der Halleschen Universität ausgesprochen, daß der Staat durch geistige Kräfte ersetzen müsse, was er an physischen Kräften verloren habe. Es ging nach den schweren Niederlagen gegen Napoleon um die innere Wiedergeburt der Nation. Seit dem von Friedrich dem Großen angeregten Allgemeinen Landrecht für die preußischen Staaten (ALR vom 1. Juni 1794) war die Schule eine Angelegenheit des Staates. So ist es bis heute geblieben und im Grundgesetz der Bundesrepublik Deutschland festgeschrieben.

Grundgesetz für die Bundesrepublik Deutschland	ALR von 1794
Art. 7	12/§1
(1) Das gesamte Schulwesen steht unter der Aufsicht des Staates.	Schulen und Universitäten sind Veranstaltungen des Staates, welche den Unterricht der Jugend in nützlichen Kenntnissen und Wissenschaften zur Absicht haben.

Was sich seit der Gründung der Berliner Universität an Bildungsinitiativen durch preußische Beamte entwickelte, kam einer Bildungsrevolution gleich. Zunächst ist Barthold Georg Niebuhr (1776–1831) zu nennen. Er studierte 1794–96 in Kiel, war bis 1798 Privatsekretär des

Grafen Schimmelman in Kopenhagen, setzte seine Studien in London und in Edinburg fort. Nach einigen Jahren des Staatsdienstes in Dänemark wurde er 1806 durch Minister Karl Freiherr von und zum Stein (1757–1831) in den preußischen Staatsdienst übernommen. Er sammelte Erfahrungen als Geheimer Staatsrat in verschiedenen finanziellen Geschäftsbereichen und begann 1810 mit Vorlesungen über die römische Geschichte an der neuerrichteten Berliner Universität. Er soll 20 Sprachen beherrscht haben. Ausgehend von der Geschichtswissenschaft forderte er eine neue Methode wissenschaftlichen Forschens, nämlich Schlußfolgerungen erst nach Kenntnis der Quellen oder nach Beobachtung der Fakten zu ziehen. Mit ihm können wir in einem Atemzug Leopold Ranke nennen. Beiden verdankte die deutsche Wissenschaft, insbesondere die deutsche Geschichtswissenschaft, ihre weltweite Bedeutung.

Ein anderer einflußreicher Beamter des Schulwesens war Georg Heinrich Ludwig Nicolovius (1767–1839). Er hatte das Collegium Fridericianum in Königsberg besucht und an der dortigen Universität Philosophie, Rechtswissenschaft und Theologie studiert. Zu seinen Lehrern gehörte Immanuel Kant. Als Assessor bei der preußischen Kriegs- und Domänenkammer in Königsberg bearbeitete er Schulsachen. Er wurde Kurator der Universität Königsberg, Oberbibliothekar und war seit Herbst 1807 Mitglied des Departements für das geistige Schul- und Armenwesen, seit 1810 Mitglied des Staatsrats und wirklicher Geheimer Oberregierungsrat in Berlin. Bei der Gründung des Ministeriums der geistigen Unterrichts- und Medizinalangelegenheiten am 3. November 1817 wurde er Direktor der geistlichen Abteilung und der Unterrichtsabteilung.

In Johann Wilhelm Süvern (1775–1829) sehen wir den anderen dominierenden Beamten in Schulangelegenheiten. Süvern studierte in Jena und Halle unter Friedrich Schiller (1759–1805), Johann Gottlieb Fichte (1762–1814) und Friedrich August Wolf (1759–1824). Er wurde Rektor des Gymnasiums in Thorn und in Elbing, danach Professor der Philologie in Königsberg. Seit 1817 gehörte er dem neugebildeten Kultusministerium als Geheimer Staatsrat und Direktor an. Bei der Neugestaltung des preußischen Volksschulwesens im Geiste des Schweizer Pädagogen Pestalozzi rationalisierten diese beiden Beamten das Schulsystem, verstärkten die staatlichen Einflüsse zu Lasten kirchlicher und freier Trägerschaften, erarbeiteten einheitliche Prüfungsanforderungen und setzten sich für die Durchführung der allgemeinen Schulpflicht besonders dadurch ein, daß sie eine entsprechende Anzahl von Schulen bauen ließen. Bis 1820 wurden in Preußen 20.085 Dorf- und Elementarschulen mit 20.602 Lehrern gegründet.

Neben der Volksschule wurde das Gymnasium zur anerkannten höheren Regelschule in Preußen. Besondere Verdienste erwarb sich auf diesem Gebiet Johannes Schulze (1786–1869). Auch er hatte in Halle studiert und wurde nach Lehrerfahrungen an mehreren Gymnasien 1818 als vortragender Rat in das Ministerium der geistlichen Unterrichts- und Medizinalangelegenheiten nach Berlin berufen. Er bearbeitete bis zum Tode des Ministers Altenstein (1840) die Angelegenheit des höheren Schulwesens.

Frankreich mit seiner fachbezogenen Schulausbildung wurde in Preußen als Vorbild abgelehnt. Süvern und Humboldt entschieden sich in Fortsetzung der traditionellen Gelehrtenschulen für das allgemeinbildende humanistische Gymnasium. Es gab dort keine fachbezogenen Kurse. Die Klasse blieb unter dem Klassenlehrer wenigstens bis zur Untersekunda zusammen. Der erfolgreiche Besuch des Gymnasiums führte zur Universitätsberechtigung. Bis zum Ende des 19. Jahrhunderts war das Gymnasium die Vorschule der Universität mit dem höchsten Bildungsprestige. Von Königsberg bis Köln hatte das Gymnasium für die einzelnen Klassen einen einheitlichen Lehr- und Unterrichtsplan sowie eine einheitliche Prüfungsordnung. Die Verfechter des Gymnasialmonopols kämpften verbissen bis zum Ersten Weltkrieg für die Aufrechterhaltung der besonderen Stellung des Gymnasiums.

Rückschläge, Behinderungen, Interventionen, faktisch eintretende Schwierigkeiten haben die Gesamtentwicklung zwar immer wieder verzögert, aber nicht aufhalten können. Bildung bekam in Preußen einen hohen persönlichen Wert, mit dem der eigene soziale Aufstieg erreicht werden konnte. Nicht Standesprivilegien oder Reichtum, sondern Begabung und Fleiß waren die ausschlaggebenden Kriterien für den sozialen Aufstieg. Es zeigte sich schon früh, daß sich die Schüler des Gymnasiums aus allen sozialen Schichten rekrutierten. Hier wuchs nicht eine Standeselite, sondern eine Leistungselite heran, die zum Aufstieg und wirtschaftlichen Erfolg Preußens einen unersetzlichen Beitrag geleistet hat. In den altpreußischen Gebieten erfreute sich der Gebildete im Gegensatz zu dem wirtschaftlich Erfolgreichen zunehmender „gesellschaftlicher“ Akzeptanz. Nirgendwo ist dieses Phänomen eindrucksvoller beschrieben worden als in den Romanen Theodor Fontanes. Apotheker, Lehrer, Richter und Landräte gehörten zur „Gesellschaft“. Die angelsächsische Welt dagegen brachte dem ausgreifenden Kaufmann, dem Seefahrer und dem Politiker das höchste gesellschaftliche Ansehen entgegen, im Gebildeten sah man dort den Kostgänger und bezeichnete ihn abschätzig mit „egg-head“. Die Mehrheit der Abgeordneten der Frankfurter Nationalversammlung gehörte zu dieser bildungsmäßigen Leistungselite. Die Abgeordneten besaßen Gymnasialbildung und waren demnach durch die Lehranstalten der Humboldt-Altensteinschen Schul- und Bildungsreform geprägt worden.

Die innere Struktur der Unterrichtsanstalten wurde von Johann Wilhelm Süvern maßgeblich festgelegt. Nicht von Kommissionen oder nach langanhaltenden Diskussionen, sondern von diesem bewährten und erfahrenen Beamten im Alter von nur 38 Jahren wurden der grundlegende Inhalt und die Verfahren der Schulpolitik formuliert. Sie orientierten sich an den Erziehungsregeln des Schweizer Pädagogen Johann Heinrich Pestalozzi (1746–1827). Mit dem Entwurf eines Unterrichtsgesetzes am 27. Juni 1819 scheiterte Süvern zwar am Widerstand rückwärts gewandter Kräfte, doch behielten die Grundgedanken seines Entwurfs ihre Gültigkeit, sie wurden im Verwaltungswege durchgesetzt. Hierdurch entstand eine Tradition in der preußischen Bildungshierarchie, die bis 1914, dem Beginn des Ersten Weltkrieges, unverändert blieb. Man setzte auf die interne Verwaltungsabstimmung, die Anweisung innerhalb des Verwaltungsweges, und nur in seltenen Ausnahmefällen wählte man den Weg der gesetzlichen Anordnung. Diesem Verfahren, in dem die eigenständig handelnden Leiter der Schulen, bei den Gymnasien die Schuldirektoren, eine wesentliche Rolle spielten, verdanken die preußische Schulverwaltung ihre allseits bewunderte Effektivität und die Schulen ihre Leistungsfähigkeit.

Die Schuldirektoren führten ihre Schulen in einer weitgefaßten Selbständigkeit. Auswahl und Beförderung der Lehrer sowie die Aufnahme der Schüler lagen in ihrer Entscheidungskompetenz. Sie waren auch zuständig für die Verwendung der ihnen zugewiesenen Mittel.

Es waren Männer, später bei den Lyceen auch Frauen, mit einer herausragenden wissenschaftlichen und pädagogischen Vita. Wer nach den Gründen für das erstaunliche Niveau der Höheren Schulen in Preußen sucht, wird in dieser eigenständigen Leitung der Schulen einen bedeutenden Grund finden.

Nicht Computer oder Flugzeuge, sondern die Dampfmaschine war es, von der im 19. Jahrhundert die größte technische Revolution der Menschheitsgeschichte ausgelöst wurde. Um die Alexandersäule mit einem Gewicht von 876.000 kg in Petersburg im Jahre 1834 zu errichten, waren 681 Arbeiter, 1.950 Soldaten, 62 Winden, 186 Flaschenzüge und mehr als 100 Pferde erforderlich. Nur wenige Jahre später wurden die Eisenkästen der Britanniabrücke mit Gewichten von 1.900.000 kg von nur einer Dampfmaschine und 3 hydraulischen Pressen aufgezogen. Eine geübte Näherin konnte 50 Stiche in der Minute machen, eine durch die Dampfmaschine angetriebene Nähmaschine schaffte bereits 1.500 Stiche in der Minute.

Die preußischen Bildungsbeamten hatten bald erkannt, welche dramatischen Veränderungen sich hieraus bei der Umstellung der handwerklichen zur industriellen Fertigung ergaben. Die Reformgesetzgebung war daher auch für die Entwicklung des preußischen Gewerbewesens von grundlegender Bedeutung. An den Prinzipien von Gewerbefreiheit und Handelsfreiheit hielt die Regierung trotz vieler Widerstände fest. Flankiert wurde diese Entwicklung von einer Politik der Gewerbeförderung, von einem effektiven Belehrungs-, Förderungs- und Unterstützungssystem. Von 1817–1850 wurden in den preußischen Provinzen 20 Gewerbeschulen gegründet. Die Industrialisierung erforderte zur Vorbereitung auf die technischen Fähigkeiten eine veränderte Ausbildung der Arbeiter und Ingenieure. An der 1799 gegründeten Berliner Bauakademie konnten sich die künftigen Staatstechniker qualifizieren. Rangmäßig über dieser Schule stand die 1821 von Peter Christian Wilhelm Beuth (1781–1853), Chef der Abteilung für Handel und Gewerbe von 1818–1845, geschaffene Technische Gewerbeschule, die sich seit 1827 Gewerbeinstitut in Berlin nannte. Der Grundsatz von Beuth „Gewerbeförderung durch Bildung“ war jetzt eine allgemein akzeptierte Maxime. Preußen förderte auch im technischen Bereich Bildung und Ausbildung auf allen Gebieten. Die ersten brauchbaren technischen Lehrbücher sind dem Einfluß von Beuth zu verdanken. Die technischen Fach- und Gewerbeschulen folgten dem allgemeinen preußischen Erziehungsziel: neben der Aneignung von Fach- und Spezialkenntnissen sollte sich auch der Techniker zum verantwortungsbewußten, dem Gesamtinteresse verpflichteten Staatsbürger entwickeln. Die Mentalität eines nationalen Leistungswettbewerbs wurde gefördert.

Der 10. Oktober 1882 ist das nächste bedeutende Datum in der preußischen Bildungsgeschichte. An diesem Tag ernannte Kaiser Wilhelm I. den Professor Dr. Friedrich Theodor Althoff (1839–1908), der bis dahin im Reichsland Elsaß-Lothringen tätig und als Geheimer Regierungsrat mit Aufgaben für das Universitätswesen betraut gewesen war, zum Leiter des Universitätsreferats in der zweiten Abteilung des preußischen Kultusministeriums und damit, wie sich Professor Werner Sombart (1863–1941), Nationalökonom und Staatswissenschaftler, ausdrückte, zu einem der mächtigsten Männer in der preußischen Monarchie. „Wer einmal der Nachwelt die richtigen Schlüssel zum Verständnis des Zeitalters Kaiser Wilhelms II. überliefern will, wird die Persönlichkeit und das Wirken Althoffs würdigen müssen“, schrieben die Münchner Neuesten Nachrichten in seinem Todesjahr 1908. Die berühmte Vossische Zeitung zum gleichen Zeitpunkt: „Althoff war der Bismarck des preußischen Hochschulwesens.“ Der Amtsantritt Althoffs wurde von großen Hoffnungen begleitet. Und in der Tat, es war ein Glücksfall für die preußische Bildungspolitik, daß jetzt ein entscheidungsfreudiger Mann mit einer kleinen Gruppe von hochkarätigen Beamten die Schalthebel der Macht übernahm und die Einflüsse rivalisierender Interessengruppen zurückdrängte. Es war ferner ein Glücksfall, daß auf dem preußischen Thron mit Wilhelm II. ein Mann saß, der nicht nur die Notwendigkeit von allgemeiner Bildung erkannte, sondern die technische Bildung und Ausbildung persönlich förderte. 26 Jahre beherrschte Althoff, stets mit Kaiser Wilhelm II. im Rücken, das preußische und damit auch das deutsche Bildungssystem. Er war die überragende Persönlichkeit im Kultusministerium mit Einfluß und Wirkung bei allen Referaten. In den letzten 10 Jahren seines Berufslebens war er Abteilungsdirektor der 2. Abteilung im preußischen Kultusministerium. Diese Abteilung beschäftigte 34 Beamte, wozu auch die Bürodiener gehörten. Hauptsächlich war sie zuständig für:

Universitäten
Technische Hochschulen
Höheres Schulwesen
Wissenschaftliche Anstalten
Bibliotheken
Akademien
Museen
Kunsthochschulen
Handelshochschulen.

Wer nach den Gründen sucht, warum bis 1918
- 40 % aller Nobelpreise an deutsche Wissenschaftler verliehen wurden,
- 80 % der wissenschaftlichen Literatur in der Welt bis 1939 nicht in englischer, sondern in deutscher Sprache erschienen,
- die internationale Wissenschaftssprache deutsch und nicht englisch war,

- Deutschland im Gegensatz zu allen anderen Ländern so gut wie keine Analphabeten mehr kannte,
- die deutschen Universitäten zum begehrten Ziel ausländischer Studenten wurden,
- die deutsche medizinische Wissenschaft an der Weltspitze stand,

kann an seiner Exzellenz, dem Professor Dr. Friedrich Theodor Althoff, nicht vorbeigehen. Althoff rief die noch heute bestehende regelmäßige Konferenz der Universitätsrektoren ins Leben. Aus den Konferenzprotokollen lassen sich die sachorientierte Arbeitsweise Althoffs und seine Führungsqualitäten ablesen. Männer, die Verantwortung scheuen, sich hinter der Entscheidung von Gremien verbergen, werden zu der Arbeitsweise Althoffs kaum Zugang finden. Auf persönliche Wirkung war er nicht bedacht, seine innere Befriedigung bezog er aus der Verpflichtung zur Sache. In dieser Hinsicht war er ein echter Preuße.

Althoffs größte Einflußmöglichkeit erfolgte über die Berufung der Professoren. Hier setzte er den Hebel an. Schon Wilhelm von Humboldt hatte sich frühzeitig zu Professoren geäußert, sie seien „die unbändigste und am schwersten zu befriedigende Menschenklasse". Der Professorenegoismus hatte im Verlauf der ersten Hälfte des 19. Jahrhunderts an manchen deutschen Universitäten Zustände einreißen lassen, die Universitäten (wie Tübingen 1817) zu Familienoligarchien verwandelt hatten. Althoff sah in den Universitäten Staatseinrichtungen, nicht eigenständige „Gelehrtenrepubliken", und bewegte sich mit dieser Auffassung in der Tradition des „Allgemeinen Preußischen Landrechts von 1794". Universitäten seien kein Selbstzweck. Sie haben die Wissenschaft zu fördern und dem Staate Männer zu erziehen, die ihrem späteren Beruf gewachsen seien. Die Forschungsfreiheit der Universitäten blieb unter Althoff trotzdem unangetastet, er folgte auch weitgehend ihren Berufungsvorschlägen, die er jedoch im Vorfelde zu beeinflussen suchte. Nur in 30 von 100 Fällen ist Althoff den Wünschen der Fakultäten nicht gefolgt, zum Nutzen von Wissenschaft und Universität.

Die Zunahme der Anzahl der Studenten und die Ausweitung der Wissenschaften auf viele neue Gebiete erforderten erhebliche bauliche Investitionen an den Universitäten. Wie alles in Preußen unterlagen diese Aufgaben des Staates dem Zwang der Sparsamkeit, der Knute knapper Mittel. Althoff machte hier aus der Not eine Tugend, indem er zur Vermeidung doppelter Ausgaben Schwerpunkte an einzelnen Universitäten setzte. Dieser Politik verdankte die Universität Göttingen ihren internationalen Ruf als Mekka der Mathematik und der Physik, während die Berliner Universität als größte deutsche Universität schwerpunktmäßig zum Flaggschiff der geisteswissenschaftlichen Disziplin ausgebaut wurde, so daß sich der Name dieser Universität mit Philosophie, Geschichte, Orientalistik, Rechtswissenschaft und Medizin verband: „Das geistige Leibregiment der Hohenzollern", wie die Berliner Universität spöttisch genannt wurde.

Preußen besaß seit der Reformzeit 1810 bis zum Jahre 1866 sechs Universitäten:

Berlin
Bonn
Breslau
Greifswald
Halle (mit Wittenberg)
Königsberg

Danach kamen als Volluniversitäten hinzu:

Göttingen
Kiel
Marburg
Münster

Eine weitere Idee Althoffs war die Gründung von Instituten und Seminaren, womit er vorsichtig den Schritt von der reinen Lehruniversität zur Ausbildungs- und Arbeitsuniversität vollzog. Die während seiner Amtszeit gegründeten Universitäten, Institute und Seminare sowie die hierfür errichteten Baulichkeiten und Bibliotheken sind in ihrer Vielzahl, 300 dürfte die unterste Grenze sein, kaum abzuschätzen. Erwähnenswert sind ihrer Bedeutung wegen folgende Neubauten:

Universität Straßburg, Universität Münster, Universität Frankfurt, Technische Hochschule Charlottenburg (Berlin), Technische Hochschule Danzig, Technische Hochschule Breslau, Handelshochschulen: Leipzig, Köln, Frankfurt, Berlin, Mannheim, München und Königsberg.

Althoff ist es auch zu verdanken, daß der Universitätscharakter der Technischen Hochschulen durchgesetzt wurde und ihnen 1899 das Promotionsrecht verliehen wurde. Hiergegen hatte sich der Gelehrtenstolz der klassischen Universitäten mit allen zu Gebote stehenden Mitteln gewehrt. Die Professoren sahen hierin eine Beeinträchtigung ihrer sozialen Stellung.

Von keinem wissenschaftlichen Stand ist Althoff bis zum heutigen Tage mehr verehrt und anerkannt worden als von den Ärzten. Auf die Entwicklung der deutschen Medizin zur Weltgeltung hat Althoff den stärksten Einfluß ausgeübt. Zur Bekämpfung der Volkskrankheiten wie Tuberkulose, Diphtherie, Scharlach, Geschlechtskrankheiten und Krebs initiierte er die Gründung von internationalen Gesellschaften, die grenzüberschreitenden Erfahrungsaustausch ermöglichten. Hygiene und Vorsorgemedizin baute Althoff in Deutschland zur Weltgeltung aus. Anerkennung und Dank drückten sich darin aus, daß die internationale Gesellschaft für Hygiene ihren Sitz in Berlin nahm.

Viel zu wenig beachtet wird bis heute die Leistung Preußens auf dem Gebiet der Tropenmedizin. Deutsche Ärzte bereisten die Tropen, gründeten dort Forschungsanstalten und trugen dank ihrer persönlichen Erfahrungen und gesammelten Erkenntnisse wesentlich dazu bei, daß in dem deutschen Institut für Infektionskrankheiten, das durch Robert Koch weltbekannt geworden war, die Cholera- und Pestbazillen, die Keime der Schlafkrankheit, des Gelben Fiebers und der Malaria, die Ursachen der Beriberi-Krankheit entdeckt und ihre Bekämpfung entwickelt wurden.

Robert Koch führte in den Jahren 1906/1907 einen erfolgreichen Feldzug gegen die Schlafkrankheit in Ostafrika. Er wurde von den Engländern zu Hilfe gerufen, wenn in deren Gebieten Epidemien von Tropenkrankheiten auftraten.

Zu den großen Leistungen der deutschen Medizin in den Tropen gehörte nicht nur die Bekämpfung der Schlafkrankheit, sondern auch die Eindämmung der Pocken. Hierbei stellte sich die Schwierigkeit bei der Herstellung des Serums als größtes Hindernis heraus.

Zwei herausragende, bis in unsere Zeit nachwirkende Leistungen verdienen noch erwähnt zu werden:

1. Die Schulkonferenz des Jahres 1900.
2. Die Gründung der Kaiser-Wilhelm-Gesellschaft zur Förderung der Wissenschaft.

Nachdem die Schulkonferenz von 1890 trotz der persönlichen Anwesenheit des Kaisers ohne Ergebnis geblieben war, wurde sie 10 Jahre später auf Bitten des Kaisers von Althoff vorbereitet. Neben anderen Themen wie Sport und freie Fächerwahl ging es in erster Linie um die Gleichstellung des Realgymnasiums und der Realschule mit dem Gymnasium. Die Reifezeugnisse beider Schultypen sollten den Zutritt zur Universität ermöglichen, wie es von Althoff und dem Kaiser befürwortet wurde.

Dank der ausgezeichneten Regie durch Althoff lag die Antwort schon nach 3 Konferenztagen vor. Kurz und klar, ohne ideologische Phrase. Die Teilnehmer der Konferenz bestanden aus 34 Fachleuten, unter ihnen: Harnack, Mommsen, Koser, Emil Fischer und Virchow. Das Gymnasialmonopol fiel. Da in Preußen in der Tradition seit Süvern und Nicolovius Bildungsziele, Schulorganisation und Schulberechtigung nicht vom Parlament, sondern von der Unterrichtsverwaltung festgelegt wurden, konnte Althoff die Widerstände, die von den humanistischen Bildungsmonopolisten kamen, im Verwaltungswege ausmanövrieren. Die Beschlüsse dieser Konferenz behielten ihre Wirkung bis zu den Rahmenvereinbarungen der Kultusministerkonferenz von 1960, dem Beginn des Verfalls des deutschen Bildungssystems.

Bildung zu vermitteln, gehörte zur preußischen Staatsräson. Es ist daher durchaus charakteristisch, daß in den deutschen Kolonien ebenfalls intensive Bildungsbemühungen stattgefunden haben. In den Jahren von 1902 bis 1914 wurden beispielsweise in Deutsch-Ostafrika 10 Höhere, 89 Elementar- und 1.832 Missionsschulen errichtet. Mit 6 Gewerbeschulen und 6 Lehrerseminaren für den Lehrernachwuchs aus dem Kreis der Eingeborenen wurde das dortige Schulsystem ergänzt. 1913 betrug die Schülerzahl in dieser Kolonie 114.000 Kinder. Unterricht in deutscher Sprache wurde angeboten, war aber für die Schüler nicht obligatorisch. Nach dem Krieg berichtete der britische Gouverneur der als „Mandatsgebiet" verwalteten, in Wirklichkeit aber dem englischen Weltreich zugeordneten Kolonie Ostafrika: „Die Deutschen haben auf dem Gebiet des Schulwesens wahre Wunder vollbracht. Es wird noch viel Zeit vergehen, ehe die Erziehung der eingeborenen Bevölkerung wieder auf dem Niveau steht, das sie unter den Deutschen bereits erreicht hatte."

Zum hundertjährigen Bestehen der Berliner Universität, 2 Jahre nach dem Tode Althoffs, verkündete der Kaiser die Stiftung der Kaiser-Wilhelm-Gesellschaft zur „Förderung der Wissenschaft". In der Naturwissenschaft hatte die Überbürdung der Professoren durch Lehre und Forschung Althoff schon seit Jahren Sorge bereitet. Althoff hatte mit klarem Verständnis für diese Situation die Schaffung einer Bildungsakademie, der Kaiser-Wilhelm-Gesellschaft, vorgeschlagen. Er hat die Statuten entworfen, die Gründung selbst aber nicht mehr erlebt. Professor Harnack, Ordinarius für Kirchengeschichte in Berlin, hat als erster Präsident die Organisation und Leitung der Gesellschaft übernommen. Ihr legendärer Ruf auf naturwissenschaftlichem Gebiet war Grund genug, nach dem Zweiten Weltkrieg wenigstens ihren Namen auf den Müllhaufen der preußischen Geschichte zu werfen. Sie durfte nicht mehr Kaiser-Wilhelm-Gesellschaft heißen, sondern mußte sich in Max-Planck-Gesellschaft umbenennen.

„Nach einer einzigartigen Bildungs- und Ausbildungsgeschichte erklomm Preußen-Deutschland zum Ende des 19. Jahrhunderts den internationalen Gipfel der Wissenschaft, es wurde unumstritten das wissenschaftlich führende Land in der Welt" (Professor Dr. David Nachmansohn, New York). Die Welt hat von Preußen-Deutschland wissenschaftliches Arbeiten gelernt. Nicht englisch, sondern deutsch war bis zum Zweiten Weltkrieg die Sprache der Wissenschaft. Es war das international übliche Verständigungsmittel unter den Wissenschaftlern. Weil die grundlegenden Lehrbücher der Chemie in deutscher Sprache verfaßt waren, wurde noch 1950 in den USA die Kenntnis der deutschen Sprache für die Zulassung zum Chemiestudium gefordert. Mit dem hohen Bildungsniveau hing auch der Aufstieg Deutschlands zur führenden Industrienation zusammen. Mit synthetischen Farben und Fasern, mit Kunststoffen, mit Arznei und Düngemitteln aus Kohle, Wasser, Kalk und Luft stießen die deutschen Wissenschaftler die Tür zu einem neuen Zeitalter auf, dem Zeitalter der Chemie. Begriffe wie Perlon und Dralon, Plexiglas, Styropor, Buna und Moltopren, Indanthren und Agfacolor, Aspirin, Salvarsan und Bayer 205 wurden weltweit geläufige Begriffe, die fast zur Alltagssprache geworden sind. Besonders die USA und England neideten Deutschland diese herausragende Stellung. Sie raubten die Früchte deutscher Wissenschaft sowohl nach dem Ersten wie auch nach dem Zweiten Weltkrieg.

Die Leistungsauslese gehörte zur preußischen Staatsräson. Sie war gerecht und kam der Allgemeinheit zugute. Der Niedergang des Schulsystems in der Bundesrepublik Deutschland ist das Ergebnis einer ideologischen Verranntheit der politischen Klasse. Professor Dr. Hans Maier, 16 Jahre Unterrichts- und Kultusminister in Bayern, sagte im April 2003: „Es entsteht ein Trend, wo das pädagogische Moment durch ein sozialpolitisches ersetzt wird. Seit Ende der sechziger Jahre wurde die Schule ein Instrument der Chancenzuteilung, sie war nicht mehr eine pädagogische Institution. In dem Maße jedoch, in dem die Schule nicht mehr pädagogisch, sondern sozialpolitisch gesehen wurde, ist sie auch verrechtlicht worden. Bis in die sechziger Jahre hinein konnte das geltende Schulrecht noch in einem schmalen Band zusammengefaßt werden. Der Normbedarf war gering, da ein breiter vorrechtlicher Konsens über Erziehung und

Bildungsziele in der Gesellschaft bestand (ausgehend von der preußischen Bildungstradition). Heute braucht man für das Schulrecht der Bundesrepublik Deutschland mehrere Meter im Regal. Längst behandelt die Rechtsprechung nicht nur die Erteilung von Zeugnissen und Berechtigungen als verwaltungsrechtlich anfechtbare Regelungen, sondern auch Fachnoten, übrigens ein Unikum in der europäischen Rechtsprechung. Das bedeutet einen tiefen Einbruch in die pädagogische Autonomie des Lehrers."

Im Jahre 1911 gab es bei 65 Millionen Einwohnern in Deutschland in den allgemeinbildenden Schulen (Volksschulen, Mittelschulen und höhere Schulen):
11.359.000 Schüler und 234.923 Lehrkräfte.

Das allgemeine Bildungsniveau war hoch, die Analphabetenquote gering.

Zum Vergleich:

Im Jahr 2000 gab es bei 82 Millionen Einwohnern (75 Mio. Deutsche) in Deutschland in den allgemeinbildenden Schulen (ohne Kindergarten und Sonderschulen):
8.670.000 deutsche Schüler und 545.284 Lehrer.

Das deutsche Bildungsniveau ist dramatisch gesunken, die sogenannte Pisastudie beweist es. Nach einer Folgestudie der OECD fehlt es in den deutschen Schulen an Disziplin und an ausreichend qualifizierten Lehrkräften.

Dagegen fehlt es nicht an Geld, obwohl Universitäten und Schulpolitiker für die Bildungsmisere eine Mittelknappheit verantwortlich machen. Sie verweisen auf andere Länder und deren höheren prozentualen Aufwand für die allgemeine Bildung im Verhältnis zum jeweiligen Sozialprodukt. Zusätzlich wird die unzureichende Zahl von Studierenden in Deutschland gerügt. Beide Argumente gehen an den Problemen vorbei. In den deutschen Schulen und Universitäten bestehen erhebliche Effizienzreserven, die aus politischen Gründen nicht genutzt werden dürfen. Warum wird beispielsweise nicht zu einer durch den „Direktor" eigenverantwortlich geführten Schule zurückgekehrt? Der Verwaltungsmoloch an den Schulen und in der Schulverwaltung führt zur Lähmung des gesamten Schulbetriebes. Bei den Universitäten ist eine stärkere Orientierung an der Arbeitsweise der amerikanischen Universitäten erforderlich. Hierdurch würde auf Umwegen zur alten deutschen Ordinarienuniversität zurückgekehrt. Wie die OECD-Folgestudie vom Oktober/November 2002 weiter zeigt, fehlt es in Deutschland an der Freude am Lernen, an einem guten Verhältnis von Lehrer und Schüler und vor allen Dingen an einer strengeren Lerndisziplin. Bei einer eigenverantwortlich und selbständig geführten Schule mit dem Recht des Direktors zum „consilium abeundi" sind bessere Lernergebnisse innerhalb von kurzer Zeit zu erreichen. Die Politiker müßten jedoch die Schule nicht länger als sozialpolitische Kampfarena betrachten, sondern die Schule wieder zu ihren pädagogischen Aufgaben zurückführen. Vor 100 Jahren konnte Deutschland in der Welt eine Spitzenstellung in der Bildung einnehmen, obwohl der finanzielle Aufwand im Vergleich zu England und Frankreich an letzter Stelle stand. Im Jahre 1908 betrugen die Ausgaben für Bildung pro Kopf der Bevölkerung in Mark:

Deutschland	5,04
England	7,87
Frankreich	5,52

Effizienz in der Führung und Disziplin im Studienbetrieb würden auch bei den Universitäten erhebliche Reserven mobilisieren. 30 % der Studenten sind im Durchschnitt sogenannte Abbrecher, eine enorm hohe Zahl. Auch hier ist ein Umdenken erforderlich. Die Universität darf nicht die einzige allgemeine Bildungsstätte im Anschluß an die Schule sein. Es fehlt an außeruniversitären Bildungseinrichtungen. Sie gehören nicht in die Hand von Gewerkschaften, auch nicht in die Hand der Wirtschaft. Das ist allein Aufgabe des Staates. Auch hier könnte eine Orientierung an die Zeit in Deutschland vor 100 Jahren nicht schaden. Die Frage, ob die Rückkehr zur Ordinarienuniversität zu einer Leistungssteigerung der Universitäten führt, darf kein Tabu mehr sein.

Die von Friedrich Theodor Althoff vorbereitete und organisierte Schulkonferenz des Jahres 1900 konnte sich bis in die sechziger Jahre hinein Anerkennung und Wirksamkeit zurechnen. Über 65 Jahre hatte das Ergebnis dieser Schulkonferenz Bestand: es überlebte das Kaiserreich, die Weimarer Zeit, die Hitlerzeit und einen großen Teil der Bundesrepublik Deutschland. Dann haben die Kräfte der Studentenrevolten und sozialistischen Agitation nicht nur die Universitäten in die zweite Liga verbannt, sondern auch das bis dahin sehr wirkungsmächtige deutsche Schulsystem. Die „Pisa-Studie“ ist das traurige Ergebnis.

In Berlin gab es im Jahre 1911 eine erstaunliche Anzahl von Bildungseinrichtungen. Im einzelnen:

Universität, Königliche Bibliothek, Universitätsbibliothek, Bibliothek des preußischen statistischen Büros, Bibliothek der Kriegsakademie und des Generalstabs, Bibliothek des Kammergerichts, Bibliothek der Gesellschaft für Erdkunde, 27 Volksbibliotheken, Technische Hochschule, Königliche Bergakademie, Königliche Landwirtschaftliche Hochschule, Königliche Hochschule für Bildende Künste, Tierärztliche Hochschule, Königliche Hochschule für Musik, Seminar für Orientalische Sprachen, Königliche Sternwarte, Chemisches Zentrallaboratorium, Botanischer Garten, Botanisches Museum, Klinisches Institut für Chirurgie und Augenheilkunde, Zahnärztliches Institut, 16 Gymnasien, 8 Realgymnasien, 2 Oberrealschulen, 15 Höhere Bürgerschulen, 18 Höhere Knabenschulen, Frauengymnasium, 53 Höhere Mädchenschulen, 255 Gemeindeschulen (Volksschulen), Humboldt-Volkshochschule, Victoria-Lyzeum, 4 Handelsschulen, Taubstummen- und Blindenschule, 12 Fortbildungsschulen für Knaben, 13 Fortbildungsschulen für Mädchen, 2 Handwerksschulen, 18 Fachschulen, Hebammenschule, Königlich Pädagogisches Seminar, Königliche Lehranstalt für die Ausbildung von Turnlehrern, Hochschule für die Wissenschaft des Judentums, Theologisches Seminar der französischen Kolonie, Theologisches Seminar für Missionare, Akademie der Wissenschaften und der Künste, Versuchs- und Lehranstalt für Gärungstechnik und Brauerei (!), Schule für Glasmalerei, Kunstgewerbeschule, Seminar für Zeichenlehrer, Letteschule für Handwerk und Haushalt, Physikalisch Technische Reichsanstalt (!), Stenographenschule, 86 Wissenschaftliche Vereinigungen zum Erfahrungsaustausch und zur Weiterbildung, Medizinische Hochschule für Militärärzte, Urania Gesellschaft für Erwachsenenbildung.

Museen: Altes-, Hohenzollern-, Kolonial-, Kunstgewerbe-, Lessing-, Märkisches-, Neues-, Reichspost-, Schul- und Verkehrsmuseum, außerdem Museum für Meereskunde, Museum für Naturkunde, Museum für Völkerkunde.

Es erschienen 1.200 Zeitungen, Zeitschriften und Magazine, täglich 100 Zeitungen, davon 65 politische Zeitungen unterschiedlicher Richtungen. Die einflußreichsten Verleger waren die jüdischen Verleger Mosse, Ullstein, Sonnemann und Singer. Sie repräsentierten etwa 70 % der veröffentlichten Meinung. Nie wieder gab es in Berlin eine solche Meinungsvielfalt in Zeitungen und Medien. Selbst in der Zeit von 1914–1918 konnten ausländische Zeitungen in Berlin gekauft werden, auch die der Kriegsgegner, wie beispielsweise die Londoner Times. In London war der Kauf deutscher Zeitungen während des Krieges verboten.

---

7 – 13 – 35 – 46 – 52 – 53 – 58 – 72 – 77 – 81 – 82 – 96 – 97 – 110 – 118 – 122 – 125 – 127

XII.
Preußen und der Militarismus

Preußen und der Militarismus

„Der Staat Preußen ist seit jeher Träger des Militarismus und der Reaktion in Deutschland gewesen. Er wird hiermit aufgelöst“: so lautete das Gesetz 46 der Alliierten vom 25. Februar 1947. Es trägt die Unterschriften von:
General der Armee Pierre König, Frankreich
Marschall der Sowjetunion Wassilij D. Sokolowski, Sowjetunion
Generalleutnant Lucius D. Clay, USA
Generalleutnant Brian Robertson, Britannien.

Gehorsam gegenüber ihren Regierungen hat diese alliierten Generale zu ihrer Unterschrift veranlaßt. Amerikanische, englische und auch israelische Militärhistoriker heben bis heute Moral, Tugend und Kampfkraft der preußischen Armee hervor. Sie habe ritterlich gekämpft und ihre Gegner nicht moralisch herabgesetzt. Es ist nicht zu verstehen, daß die in Gesetzesform gekleidete Schmähung einer seit Jahrzehnten nicht mehr existierenden Armee ausgerechnet durch die Unterschrift von Generälen vorgenommen wurde. Fühlten sie sich nicht mehr an den international anerkannten militärischen Ehrenkodex gebunden?

Der preußische Oberst Johann Friedrich Adolf von der Marwitz widersetzte sich 1760 dem Befehl seines Königs, das sächsische Schloss Hubertusburg mit seinem Regiment zu plündern*. Mit der Ehre eines preußischen Offiziers sei diese Plünderung nicht vereinbar. Der König wollte sich für die Ausraubung des Charlottenburger Schlosses durch sächsische Truppen revanchieren. Marwitz verärgerte den König mit seiner Weigerung, fiel in Ungnade und nahm seinen Abschied. Auf seinem Grabstein in Friedersdorf (Oderland) ließ er einmeißeln: „Wählte Ungnade, wo Gehorsam keine Ehre brachte." Und ein anderes Beispiel aus der preußischen Geschichte zeigt ebenfalls die Eigenständigkeit der Offiziere. Über den befähigtsten Reitergeneral Friedrichs des Großen, es war Friedrich Wilhelm von Seydlitz (1721–1773), berichtete Karl August Varnhagen von Ense (1785–1858): Während der Schlacht gegen die Russen bei Zorndorf (1758) befahl der König den sofortigen Angriff der Kavallerie. Seydlitz zögerte, er hielt den Augenblick seines Eingreifens noch nicht für gekommen. Der König drohte mit dem Kriegsgericht. Darauf Seydlitz zu dem Kurier: „Sagen Sie dem König, nach der Schlacht steht ihm mein Kopf zur Verfügung, in der Schlacht aber möge er mir erlauben, daß ich von ihm für seinen Dienst Gebrauch mache."

Die Begriffe Militarismus und Reaktion werden in dem alliierten Gesetz nicht definiert, es sind Rechtsbegriffe, die der Interpretation bedürfen. Reaktion im politischen Sinn wird im Konversationslexikon von Meyers (1906) als Gegendruck gegen fortschrittliche Kräfte beschrieben,

---

* In einer anderen Version dieser Begebenheit heißt es, daß Marwitz das Angebot des Königs ablehnte, das Mobiliar des Hubertusburger Schlosses als Ersatz für seine durch ein Feuer zerstörten Möbel zu übernehmen.

insbesondere als Bestreben, veraltete öffentliche Zustände wiederherzustellen. Reaktion bedeutet somit Fortschrittsfeindlichkeit. Preußen, das sich nicht revolutionär, sondern evolutionär zum fortschrittlichsten Staat in Europa entwickelt hatte, Reaktion vorzuwerfen, zeugt entweder von Unwissenheit oder von ideologischer Verblendung und Haß. Auch beides ist denkbar.

Der Begriff des Militarismus dagegen läßt sich wegen seiner Vieldeutigkeit nicht in ein enges definitorisches Korsett zwängen. Akademische Versuche hierzu gab es zahlreich. Sie verliefen unbefriedigend und blieben ohne Ergebnis. Das Geburtsmerkmal eines politischen Kampfwortes hat der Militarismus niemals abstreifen können (Volker R. Berghahn). Ob es der französische Sozialist Pierre Joseph Proudhon (1809–1865) war, der das Militär als Element des monarchisch regierten Staates mit dem Wort „Militarismus" als erster argumentativ angegriffen hat, läßt sich zweifelsfrei nicht mehr ermitteln. Proudhon kritisierte mit der Verwendung des Begriffs „Militarismus" zunächst den französischen, später auch den preußischen Staat. Beide Staaten seien von der Armee dominiert. Obwohl die englische Regierung dem Sozialismus noch fern stand, übernahm sie von den französischen Sozialisten seit den achtziger Jahren des 19. Jahrhunderts in ihrer antideutschen Propaganda das Argument des „Militarismus".

Zur historischen Erhellung des gegen Preußen gerichteten Militarismusbegriffs ist zunächst nach den historischen Wurzeln der angefeindeten preußischen Militärmacht zu fragen.

Um vom deutschen Kaiser in Wien die Zustimmung zu seiner Krönung zum König in Preußen zu erlangen, verpflichtete sich der brandenburgische Kurfürst Friedrich III. im sogenannten Königstraktat vom 16. November 1700, den deutschen Kaiser bei seinen Ansprüchen auf die spanische Königskrone gegen die Nachfolgeansprüche des französischen Königs Ludwig XIV. politisch und militärisch zu unterstützen. Brandenburgische Truppen sollten die Armeen der antifranzösischen Koalition verstärken.

Was war geschehen?
Im Jahre 1700 war der letzte Habsburger auf dem spanischen Thron, nämlich Karl II., kinderlos gestorben, so daß jetzt französische und habsburgisch-österreichische Erbansprüche in Betracht kamen. Frankreich fürchtete, vom Haus Habsburg im Süden und im Norden umklammert zu werden. Der Wiener Habsburger sah die Gefahr, seinen Hausbesitz in den Niederlanden zu verlieren. England und Holland, die beiden Seemächte, waren dagegen von der Vorstellung, die Macht des französischen Königs könnte durch den Erwerb der spanischen Königskrone und damit auch durch den Erwerb der großen überseeischen Besitzungen Spaniens in Mittel- und Südamerika noch weiter gestärkt werden, in höchstem Maß beunruhigt. Sie erkannten daher die neue preußische Königswürde des brandenburgischen Kurfürsten an und verschafften damit der im Jahre 1701 in Königsberg vollzogenen Krönung den internationalen Durchbruch. Brandenburg ragte mit seinen vorgerückten Gebieten sowohl im Westen als auch im Osten in die Konfliktzonen des Spanischen Erbfolgekrieges und des Nordischen Krieges

hinein, der letztere wurde zwischen Schweden und Rußland geführt. Brandenburg-Preußen war militärisch und wirtschaftlich zu schwach, um sich in diesen europäischen Verwicklungen eigenständig zu behaupten. Es wurde zum ohnmächtigen, ja zum betrogenen Vasallen der um die Aufteilung der Welt kämpfenden Großmächte Frankreich, England, Holland und Österreich. Es war gleichzeitig das wehrlose Objekt der östlichen Mächte Rußland und Schweden, obwohl es in deren „Nordischen Krieg“ keine Kriegspartei war. Trotzdem mußte es den drückenden Durchmarsch von Russen und Schweden durch sein Gebiet hinnehmen. England und Österreich dagegen behandelten die preußischen Kontingente im Krieg gegen Frankreich nur als Hilfstruppen, denen ein eigenes Kommando verwehrt wurde, obwohl mit dem in preußischen Diensten stehenden Fürsten Leopold von Dessau und dem General von Natzmer hervorragende Heerführer zur Verfügung standen. In den entscheidenden Schlachten bei Höchstädt (1704) und Malplaquet (1709) unter Marlborough und Prinz Eugen gehörten die Brandenburger dank ihrer guten Ausbildung und ihrer Disziplin zu den erfolgreichsten Truppenteilen.

Über die abschätzige Einstufung seiner Soldaten war der preußische Kronprinz Friedrich Wilhelm, der an den Feldzügen der Koalition persönlich teilgenommen hatte, äußerst verärgert, auch wenn Marlborough ihn bei seinen häufigen Truppenbesuchen höflich und entgegenkommend behandelte. Enttäuscht war er auch darüber – dann schon als König –, daß England in geheimen Friedensverhandlungen mit Frankreich seine Verbündeten

Österreich und Brandenburg hintergangen hatte und sich unter Verletzung der Bündnisverpflichtungen die besten Stücke aus der Kriegsbeute von Frankreich hatte zusagen lassen.

Frankreich strebte nach der kontinentalen Hegemonie und war damals der aggressivste Staat in Europa, der sich schon bei der Beendigung des Dreißigjährigen Krieges 1648 als Garantiemacht neben Schweden die größten Vorteile über Deutschland verschafft hatte. Es erhielt in § 76 des Westfälischen Friedensvertrages das ewige Recht auf freien Durchzug durch das gesamte Reichsgebiet zu Wasser und zu Lande zur Heranführung von Soldaten und Proviant, sooft und soweit dies erforderlich sein würde. Schon wenige Jahre nach diesem dreißigjährigen Weltkrieg wurden die europäischen Staaten erneut von Frankreich und Schweden in kriegerische Konflikte verwickelt, die über das Ausmaß der Kriegshandlungen innerhalb des Dreißigjährigen Krieges teilweise sogar hinausgingen.

Es handelte sich hierbei um folgende Kriege:

1. Krieg gegen Spanien und die spanischen Niederlande 1667 bis 1668 (Friede zu Aachen).
2. Eroberungskrieg gegen Holland 1672 bis 1678 (Friedensschluß Nimwegen), Wilhelm III. von Oranien, Schleusenöffnung.
3. Reunionskriege von 1671 bis 1688, Straßburg wurde überfallen, besetzt und annektiert.
4. Von Frankreich vom Zaun gebrochener Pfälzischer Erbfolgekrieg von 1688 bis 1697, bei dem französische Truppen die Pfalz, insbesondere Worms, Heidelberg

und die Kaisergräber in Speyer, verwüsteten (Friedensschluß Rijswijk).

5. Von Frankreich mittelbar verursachter Spanischer Erbfolgekrieg von 1701 bis 1714.
6. Nordischer Krieg zwischen Rußland und Schweden von 1700 bis 1721.
7. Türkenkriege zwischen dem mit Frankreich verbündeten Osmanischen Reich und Europa von 1683 bis 1718. Österreich trug die Hauptlast bei der Verteidigung Europas.

In diesen kriegerischen Auseinandersetzungen hatten sich alle Staaten, mit Ausnahme Englands, völlig verausgabt und standen den Problemen eigener totaler Erschöpfung gegenüber. Während Brandenburg-Preußen, abgesehen von den Gebieten in Geldern und Neuchâtel, im Friedensvertrag von Utrecht 1713 trotz seines beachtlichen militärischen Beitrages zum Sieg der Großen Koalition über die französische Streitmacht leer ausging, stieg England zur ersten Weltmacht auf. Holland mußte sich fortan mit dem zweiten Platz begnügen. Das war der politische und persönliche Hintergrund, vor dem der junge – im Jahre 1688 geborene – Kronprinz Friedrich Wilhelm, den die Nachwelt den „Soldatenkönig" nennen sollte, am preußischen Hof aufwuchs: Schwäche und hohe Schulden des Staates, Abhängigkeit von anderen Mächten, sittliche Verderbnis am Hof und eine allgemeine Verschwendungssucht. Der Kronprinz kannte das Schicksal seines Landes im Dreißigjährigen Krieg mit den gewaltigen Zerstörungen und Brandschatzungen durch fremde Truppen. Er hatte aber auch stets das Schicksal seines Großvaters, des Großen Kurfürsten, vor Augen, der trotz seines Sieges über die Schweden (1675 bei Fehrbellin) im Friedensvertrag von Saint-Germain 1679 vom deutschen Kaiser in Wien und von den Franzosen um den Lohn seines Sieges, nämlich um den von Schweden okkupierten Teil Vorpommerns und um Stettin, gebracht worden war.

Auf sein düsteres, einsames Kastell in Wusterhausen zog sich der Kronprinz zurück. Hier präzisierte er seine Absichten und die künftige Gestaltung seines Staates. Er wollte später als König die staatliche Unabhängigkeit und wirtschaftliche Gesundung Preußens erreichen. Sein Staat sollte nicht mehr Spielball fremder Mächte sein. Das bedeutete für ihn Schuldenfreiheit und militärische Unangreifbarkeit (Abschreckung). Mit dieser Maxime der Abschreckung war Friedrich Wilhelm der modernste Fürst in Europa. Er kannte zwar noch keine Langstreckenraketen, auch keine Atom-U-Boote, aber er wußte, was Abschreckung für die Friedenserhaltung bedeutete. Abschreckung als militärische Maxime der letzten Jahrzehnte des 20. Jahrhunderts hatte dieser preußische Herrscher schon Anfang des 18. Jahrhunderts zum Staatsgesetz erhoben. Eine gut ausgebildete und kampfstarke Armee sollte die politische Unabhängigkeit Preußens gewährleisten. Sie sollte dem Staat Unversehrtheit und Handlungsfreiheit zurückgeben. Das war die Absicht, nicht der „Betrieb“ des Militärischen um seiner selbst willen.

Um gegenüber den Großmächten eine angemessene Truppenzahl aufstellen zu können – im Jahre 1660 verfügte Frankreich über 400.000 Mann unter Waffen –, war

Preußen geografisch zu klein und bevölkerungsmäßig zu schwach. Die Qualität der preußischen Armee mußte die überlegene Quantität der Soldaten der anderen Mächte ausgleichen. Das war der Grund dafür, daß der König den einzelnen Soldaten einem Drill und einer Disziplin unterwarf, die im damaligen Europa unbekannt waren und nicht nur höchste Verwunderung, sondern auch Neid bei den anderen Mächten auslösten.

Der Adel wurde seiner Standesprivilegien beraubt, stattdessen wurden seine männlichen Mitglieder als Offiziere der Armee zum höchsten sozialen Stand erhoben. Das schuf Loyalitäten, wie sie in den anderen europäischen Armeen unbekannt waren. Mit seiner schlagkräftigen Armee, die er auf 80.000 Mann brachte, führte der König keinen Krieg. „Si vis pacem, para bellum" – Wenn du den Frieden willst, bereite den Krieg vor (Marcus Tullius Cicero, 106–43 v. Chr.).

Friedrich Wilhelm war ein Reichsfürst, der Kaiser und Reich als verbindliche Norm anerkannte. „Kein Engländer und Franzose soll über uns Deutsche gebieten, und meinen Kindern will ich Pistolen und Degen in die Wiege geben, daß sie die fremden Nationen aus Deutschland helfen abhalten." Ganz aus eigener Kraft, nur durch Anstrengung, Energie und Organisation konnte dieser Staat, der keine Ressourcen wie Kolonien oder Handelsrouten besaß, unter den Großmächten einen eigenen Rang entwickeln. Es gehörte zum Schicksal Preußens und später Deutschlands, auf eine hochmotivierte und leistungsfähige Armee zur Selbsterhaltung des Staates inmitten hochgerüsteter Nachbarstaaten angewiesen zu sein.

Einige Jahrzehnte später, im Jahre 1775, schrieb Friedrich der Große in seinem „Exposée du Gouvernement prussien“: „Solange der Staat nicht eine größere Konsistenz und bessere Grenzen habe, muß er von Fürsten regiert werden, die „toujours en vedette“, die immer auf dem Posten sind, mit gespitzten Ohren, um ihre Nachbarn zu überwachen. Sie müssen bereit sein, sich von einem Tag zum anderen gegen die verderblichen Pläne ihrer Feinde zu verteidigen.“ Dieses „toujours en vedette“ ist angesichts der feindlichen Nachbarn zum Lebensgesetz dieses Staates geworden. Wie ein roter Faden zieht sich dieser Gedanke durch die jüngere deutsche Geschichte. Aus der geographischen Lage Preußens und später Preußen-Deutschlands hat Otto Hintze, der bedeutende Biograph der Hohenzollern, nicht nur die Notwendigkeit einer präsenten Armee, sondern auch ihr inneres Gefüge abgeleitet.

Der spätere englische Premierminister Lloyd George stellte am 31. Dezember 1913 in einem Zeitungsaufsatz fest: „Eine straffe deutsche Armee ist eine Lebensnotwendigkeit nicht nur für das Deutsche Reich, sondern auch für die Existenz und Unabhängigkeit der Nation, da Deutschland von zwei Seiten flankiert ist, deren jede eine fast ebenso starke Armee unterhält. Das Land wurde so oft von seinen Feinden besetzt, überrannt und zerstört, daß es sich keinen neuen ähnlichen Gefahren aussetzen darf. Wir dürfen auch nicht vergessen, daß, während wir eine Überlegenheit von 60 % über die Seestreitkräfte Deutschlands fordern, Deutschland selbst in militärischer Hinsicht nicht einmal Frankreich gegenüber eine solche Überlegenheit besitzt, und außerdem hat es auch mit Rußland zu rechnen. Deutschland aber erhebt im Gegensatz zu England keinen Anspruch auf einen Zwei-Mächte-Standard."

Die Einschätzung Lloyd Georges von der Notwendigkeit einer starken deutschen Armee verweist den Vorwurf des politisch zweckfreien Militärs in das Gebiet der reinen Propaganda. Damit sollten Angst und antideutsche Gefühle in der englischen Bevölkerung geweckt werden. Auf nichts anderes zielte die Propaganda des Militarismus, die weder einen realen noch einen berechtigten Hintergrund besaß. Herbert Spencer (1820–1903), ein bekannter englischer Philosoph, sah im Militarismus den grundlegenden Gegensatz zu erfolgreichem Wirtschaften, weil das Militär die in der Wirtschaft notwendigen individuellen Freiheiten behindere. Spencer konstruierte einen Gegensatz zwischen dem liberalen und dem militanten Grundtyp einer Gesellschaft. Nur die liberale und kapitalistische Gesellschaft sei „modern" und leistungsfähig, während die militante Gesellschaft „präindustrielle" Züge aufweise und daher leistungsunfähig sei. Zu den „militanten" Staaten rechnete Spencer Preußen und Rußland, sie seien „präindustrielle" Gesellschaften, die zu wirtschaftlichen Leistungen nicht fähig seien. Seine Schlußfolgerung in bezug auf Preußen beruhte auf einer von der Realität weit entfernten Fehleinschätzung, denn Preußen-Deutschland hatte sich zum leistungsfähigsten und innovativsten Industriestaat Europas entwickelt.

Die von der „Frankfurter Schule" beeinflußten oder ihr nahestehenden Historiker, wie beispielsweise die von Hans Ulrich Wehler dominierte „Bielefelder Schule", haben Spencers Diagnose von der „präindustriellen Gesellschaft“ zu ihrer Lieblingsthese erkoren, der sie ohne nachzudenken verfallen sind. Sie bezeichnen die deutsche Gesellschaft zum Ende des 19. Jahrhunderts als „präindustriell“ oder „vorindustriell“. Da sie jedoch die wirtschaftlichen und wissenschaftlichen Erfolge Deutschlands nicht ignorieren können, sprechen sie allerdings nur von einer politischen Rückständigkeit, von einem „präindustriellen“ Herrschaftssystem. Mit dieser Analyse mißachten sie nicht nur die Erfahrungen der Gegenwart, sondern auch die der vorangegangenen Jahrhunderte. Denn die gegenwärtigen demokratischen Regierungen werden für jeden Arbeitslosen und für jede Wachstumsschwäche verantwortlich gemacht. Unlogisch und widersprüchlich ist es dann, für die kaiserliche Zeit nicht den gleichen Maßstab anzulegen, zumal da dem kaiserlichen Staat nicht nur mehr Einfluß unterstellt, sondern ihm auch obrigkeitliches Handeln zugeschrieben wird.

An der Beurteilung der preußisch-deutschen Monarchie als „vorindustriell“ hat sich bei den Neomarxisten seit Proudhon nichts Entscheidendes verändert, immer noch tragen sie eine ideologische Binde vor den Augen und argumentieren nach dem Motto von Christian Morgenstern: „Weil nicht sein kann, was nicht sein darf“. Mit den herausragenden wirtschaftlichen Erfolgen des Kaiserreichs, mit seinem hohen Stand von Bildung und Wissenschaft, mit der geringsten Arbeitslosigkeit wie auch mit seiner allgemein anerkannten Rechtssicherheit habe die „militaristische“ Regierung und das „vorindustrielle“ Regierungssystem nichts zu tun? Diese unlogischen Behauptungen werden seit 1945 bis heute in den deutschen

Schulbüchern, in den Geschichtswerken und in den Medien verbreitet. Man kämpft verbissen um die Rechtfertigung der marxistisch inspirierten Thesen der Alliierten gegen Preußen. Die einmaligen Erfolge dieses monarchischen Staates auf nahezu allen Gebieten menschlichen Daseins dürfen einfach nicht mit der Idee und dem Staat Preußen in Verbindung gebracht werden. Denn ein solcher Zusammenhang würde die antipreußische Ideologie von Karl Marx und seinen Jüngern ad absurdum führen und viele der mühsam errichteten „Gebäude" der historischen Soziologie zum Einsturz bringen. Für die sozialistischen Schamanen ein schrecklicher Gedanke.

Auf einer Historikertagung über Preußen im Jahre 1978 behauptete Hans Ulrich Wehler, Herrschaft, Wirtschaft und Kultur besäßen eine relative Autonomie und seien daher nicht voneinander ableitbar. Diese Feststellung ist zumindest im Falle Preußens durch und durch falsch, sie stimmt weder im Großen noch im Kleinen. Auch der auf der gleichen Tagung von Otto Büsch unter Hinweis auf andere Autoren vertretene Grundgedanke: „Preußische Geschichte weist streckenweise einen durchaus staatsfernen bis staatsfreien Raum auf, wenn es um künstlerische und wissenschaftliche oder technisch-industrielle Entwicklungen geht", gehört in die gleiche Kategorie und verschleiert die staatliche Realität Preußens, statt sie zu erhellen. Selbst ein staatsferner oder staatsfreier Raum wäre ein Ausfluß der preußischen Staatlichkeit selbst. Wenn in der preußischen Verfassung von 1850 die Freiheit der Religionsausübung und die Freiheit von Wissenschaft und Lehre garantiert wird, dann ist dieser „staatsfreie" Raum das Ergebnis der preußischen Staatsidee. Als mit der Gründung des ältesten Instituts seiner Art, dem Deutschen Archäologischen Institut in Rom, am 21. April 1829 die internationale archäologische Forschung ins Leben gerufen wurde, erfolgte dieser Schritt unter dem Protektorat des damaligen Kronprinzen von Preußen Friedrich Wilhelm. Und als letztes von unzähligen möglichen Beispielen für den hier vertretenen Standpunkt soll die Hapag in Hamburg, die damals größte Einzelreederei der Welt, dienen. Die Reeder aller großen Nationen erhielten Zuschüsse von „ihrem“ Staat, denn die Unterhaltung von Handelsflotten verlieh den Staaten internationales Prestige. Daher gewährten 1903 die Staaten ihren Reedereien unterschiedliche Zuschüsse:

	Goldmark
England	58.545.000
Frankreich	41.255.000
Rußland	58.037.000
USA	32.000.000
Deutschland	6.950.000

Doch Albert Ballin, der jüdische Chef der Hapag, lehnte einen Zuschuß der deutschen Reichspost ab mit der Begründung, es sei für die Hapag wirtschaftlich nicht notwendig, und im übrigen sei es eine Ehre für die Hapag, Post nach Übersee für das Deutsche Reich zu befördern. Diese Haltung entsprach ebenfalls nicht einer staatsfernen, sondern einer urpreußischen Gedankenwelt, die den Dienst am „gemeinen Wesen“ (Christian Wolff) zum Maßstab menschlichen Verhaltens erklärt hatte.

Zum Ende des 20. Jahrhunderts bereitete endlich eine amerikanische Historikerin diesem marxistisch ideologischen Spuk über Preußen ein Ende.

Es handelt sich um die Studie von Margaret Lavinia Anderson mit dem Titel „Practicing Democracy“, die Professor Gerhard A. Ritter in der Historischen Zeitschrift vom Oktober 2002 besprochen hat. Es sei die erste systematische Studie über das politische Leben in Deutschland zur Zeit des Kaiserreichs. Nach 50 Jahren Deutungen der Zustände im Kaiserreich durch Soziologen und Sozialisten jetzt „die erste systematische Studie“! Sie ist nicht von einem deutschen Historiker, sondern von einer amerikanischen Professorin verfaßt worden und kritisiert indirekt die von Hans-Ulrich Wehler dominierte sogenannte „Bielefelder Schule“, die „etwas von der Totalität des Kaiserreichs, seiner Gesellschaft, Wirtschaft und Politik zu vermitteln sucht“. Diese Schule hat es sich zur Aufgabe gemacht, den Kampf der „präindustriellen Eliten“ gegen den Ansturm „moderner“ Kräfte zu schildern. Auf die zum Teil unwissenschaftliche Arbeitsweise von Soziologen hat der bekannte Staatsrechtslehrer Georg Jellinek schon im Jahre 1900 hingewiesen.

Zwar nicht zutreffender, aber zumindest logischer in ihrer Argumentation waren die Kommunisten. Sie forderten durch Rosa Luxemburg und Karl Liebknecht, daß der kapitalistische Klassenstaat mit antimilitaristischer Propaganda zu bekämpfen sei. „Militarismus“ diente ihnen als bequemes Propagandawort, das diffus ist, nicht nachprüfbar und nicht objektivierbar. Eine besser geeignete Qualität, als unbestimmt zu sein, kann eine Propagandaformel gar nicht haben. Doch auch bei den Kommunisten und Sozialisten zeigt sich Widersprüchlichkeit, denn sie selbst huldigten in ihrer eigenen Partei einer strengen, fast militärischen Ordnung, die nicht nur Disziplin, sondern von den Funktionären sogar Unterordnung verlangte. Sie wußten also, welche Voraussetzungen für Effektivität und Leistungsfähigkeit einer großen Organisation vorliegen müssen. Im Gegensatz zu Spencer sahen weder Kommunisten noch Sozialisten im Militarismus ein Hindernis für erfolgreiches Wirtschaften. Wladimir Iljitsch Lenin (1870–1924), nach Karl Marx die bekannteste und einflußreichste sozialistische Führerpersönlichkeit, bekannte sich ebenfalls zur antimilitaristischen Propaganda, weil Militarismus die unmittelbare Folge des Kapitalismus sei, diese wiederum in engem Zusammenhang mit dem Imperialismus stehe. Dieser Gleichung schloß sich die Sozialdemokratie in ihrer allgemeinen Agitation gegen die kaiserliche Regierung an.

Die Verknüpfung von Militarismus, Imperialismus und Kapitalismus gab den Sozialisten eine propagandistische Waffe in die Hand, die es ihnen ermöglichte, die Erscheinungen der damaligen Staatenwelt in ihren unterschiedlichen Strukturen und Formen mit einer einheitlichen Formel zu bekämpfen. Ihr Ziel war es, die Staaten für den Sozialismus sturmreif zu machen. Die Ententemächte setzten trotz ihrer eigenen Abneigung gegenüber Sozialismus und Kommunismus während des Ersten Weltkrieges diesen sozialistischen Propagandabegriff für ihre eigenen Zwecke ein, indem sie das Bild des Militarismus rücksichtslos als geistige Waffe gegen Deutschland verwendeten. Hierbei wurde allerdings auf die Assoziation von

Militarismus und Imperialismus verzichtet. Denn die Ententemächte selbst waren in ihrem Charakter sowohl kapitalistisch wie auch imperialistisch. Nach ihrer Lesart war Militarismus folglich eine nur dem deutschen Gegner typische Erscheinung. Aggressive Herrschaftsausdehnung als Folge militanter Denkweise konnte nämlich angesichts der eigenen imperialen Entwicklung der USA, Englands und Frankreichs nicht als Vorwurf gegen Deutschland eingesetzt werden. Trotzdem unterstellte man Deutschland im Anschluß an das Memorandum im englischen Außenministerium von Sir Eyre Crowe (1864–1925) die Absicht einer Weltexpansion und einer Verdrängung der englischen Weltmacht. Es gibt jedoch kein einziges Dokument, aus dem sich diese Thesen wissenschaftlich nachweisen lassen (Ferguson). Im übrigen reichten die realen Möglichkeiten Deutschlands unter keinen noch so günstigen Umständen für eine Verdrängung Englands aus.

Daraus folgt, daß die als nachdenklich und analytisch getarnte Schrift von Crowe in erster Linie Propagandazwecken diente. Die kritische Gegenschrift von Sanderson, international erfahrener Unterstaatssekretär im englischen Außenministerium, wurde von dem englischen Außenminister Sir Edward Grey (1862–1933) nicht beachtet, weil er die Propagandawirkung des Memorandums von Crowe nicht einschränken wollte. Es ist auch bezeichnend, daß diejenigen Historiker, die von der Alleinschuld oder Hauptschuld Deutschlands am Ersten Weltkrieg ausgehen, die Gegenschrift von Sanderson nicht erwähnen oder zumindest inhaltlich nicht erörtern.

Die von Crowe erwähnte deutsche „Herrschaftsausdehnung“ läßt sich aus der folgenden Tabelle widerlegen:

	1881 Kolonien qkm	Neuerwerb qkm	1913 Kolonien qkm
Deutschland	—	2.907.000	2.907.000
England	22.640.000	7.692.000	30.332.000
Frankreich	530.000	7.380.000	7.910.000

Daß die Verwendung einer griffigen Phrase zu Agitationszwecken keiner Begründung bedarf, ja daß eine logische Begründung sich sogar propagandistisch als schädlich erweisen kann, hat der französische Arzt Gustave Le Bon im Jahre 1895 in seinem Werk „Psychologie der Massen“ dargelegt. Zum Aufputschen von Menschen genüge die ständige Wiederholung einer dreisten Behauptung. So konnten beispielsweise mit dem undefinierbaren Kampfruf der Französischen Revolution „Gleichheit, Freiheit, Brüderlichkeit“ Millionen von Menschen bis zur Selbstaufopferung fanatisiert werden. In gleicher Weise entpuppt sich auch der Begriff „Militarismus“ als inhaltlose Propagandaphrase, die sich zur negativen Beschreibung eines historischen Gegenstandes oder zur Diffamierung von Menschen und Regierungen einsetzen läßt.

Auch wenn der Begriff „Militarismus“ vorwiegend als agitatorisches Kampfwort verwendet wird, muß zugegeben werden, daß sich gelegentlich der Versuch dahinter verbirgt, das Werte- und Ordnungssystem einer Gesellschaft zu beschreiben. Was auch immer sich dabei als Ergebnis herausstellt, den Geruch des Abschätzigen, des politischen Tadels und der Schmähung wird das Wort nicht abstreifen können. Militarismus deutet generell auf etwas Negatives hin, wobei merkwürdigerweise nur die Landstreitkräfte davon betroffen sind, die Flotten bleiben ausgeklammert. Hier zeigt sich deutlich der starke englische Einfluß bei der einseitigen Verwendung des Militarismusbegriffes zum Zwecke der Kriegspropaganda. Militarismus bleibt der Knüppel zur Herabwürdigung der Landmacht Preußen.

Alle Staatsverfassungen sind ursprünglich Kriegsverfassungen. Mit dieser These wollte Otto Hintze nicht provozieren. Der feste Zusammenhang größerer Menschengruppen sei in erster Linie auf Abwehr oder auf Angriff gerichtet gewesen. Folgen wir dieser Einschätzung, dann erklärt sich die Bedeutung der Flotte für die Sicherheit der Inselmacht England und andererseits die Bedeutung der Armee für die Sicherheit der bedrängten Landmacht Preußen. Der englische Schiffsoffizier mußte bei seinem Eintritt in die Flotte keine Privilegien aufgeben. Die Auseinandersetzung zwischen Adel und König hatte bereits in den sogenannten englischen Revolutionen, der puritanischen von 1642 und der „Glorious Revolution" von 1688, stattgefunden, bei denen sich der Adel mit „seinem" Parlament neben dem König eine Mitwirkung im Staat unter Aufgabe nur weniger Privilegien ertrotzt hatte. Anders verlief die Disziplinierung des Adels in Frankreich und in Brandenburg-Preußen. In Frankreich wurde er zum Hofadel degradiert. In Preußen fand seine Einbindung in den Staat statt, nicht als mitregierender, sondern als eingeordneter, jedoch in seiner sozialen Stellung höchst privilegierter Stand. Diese Entwicklung ist verbunden mit den Namen des Kurfürsten Friedrich Wilhelm, des „Großen Kurfürsten" (1640–1688), und des Königs Friedrich Wilhelm I. (1713–1740). Die soziale Privilegierung der Offiziere, die dem Adel entstammten, erleichterte dem Adel das Zugeständnis seiner Unterordnung. Doch allein aus der Dominanz des Adels in Armee und Verwaltung entstand noch nicht das bewunderte, beneidete und auch „verrufene preußische Ordnungssystem". Es hat sich erst aus dem Pietismus, dem der König zuneigte, und aus den Forderungen der Aufklärung entwickelt. Den Nachwuchs seiner Beamten und Pastoren rekrutierte König Friedrich Wilhelm I. vorwiegend aus Zöglingen der Halleschen Universität und der pietistischen Franckeschen Stiftungen. Beide Einrichtungen repräsentierten das Zentrum des Pietismus in Preußen. Das Militärwaisenhaus und die Kadettenanstalt in Potsdam nahmen sich die Franckeschen Stiftungen zum Vorbild. Ihre Lehrer kamen aus der halleschen „Schule". „Tugend ist nicht angeboren, sondern das Ergebnis der Erziehung" postulierte Christian Thomasius (1655–1728). Er war der große Aufklärer und Rechtsgelehrte in Halle. Pietismus forderte Askese im Essen und Trinken von Alkohol sowie in der Bekleidung, eine geregelte Lebensführung, Arbeitsdisziplin und soziale Verantwortung für den „anderen". Denken und Handeln waren auf das Gemeinwohl fixiert. Auf diese Weise erfolgte eine Durchdringung des preußischen Staates mit pietistischem Geist und den Gedanken der Aufklärung. Hiervon wurden selbstverständlich auch die Offiziere erfaßt, von denen Eigenständigkeit, Pflichterfüllung, persönliche Anspruchslosigkeit, patriarchalische Sorge für die ihnen anvertrauten Soldaten, uneingeschränkte Loyalität zu Land und Herrscher sowie Opferbereitschaft gefordert wurde. Den Vorstellungen des Königs von einem gutregierten Staat kamen die Forderungen der pietistisch-christlichen Lehre entgegen. Man kann den Pietismus trotz der im Staat herrschenden religiösen Toleranz und der überwiegend lutherisch gesinnten Bevölkerung daher durchaus als eine Art preußischer Staatsreligion bezeichnen.

Wie sah es bei den anderen Großmächten aus?

Von den englischen Seeoffizieren wurden Tugenden erwartet, die denen der preußischen Offiziere entsprachen: Loyalität zu Herrscher und Land sowie die calvinistischen Forderungen nach Pflichtbewußtsein, zurückhaltender Lebensführung und Durchsetzungsvermögen. Der englische Seeoffizier hatte eine strenge Disziplin auf seinem Schiff durchzusetzen, notfalls mit drakonischen Strafen. Der Bedeutung der Flotte für die englische Verteidigungs- und Ausdehnungsfähigkeit entsprach die herausgehobene soziale Stellung des Seeoffiziers. In der englischen Marinetradition wird Leben und Sterben des Admirals und Viscounts Horatio Nelson (1758–1805) als ein herausragendes Beispiel für die Tugenden englischer Seeoffiziere gewürdigt. Trotz des Verlustes eines Auges und eines Armes befehligte er die englische Flotte (1797), die dem napoleonischen Flottenverband vor Ägypten bei Abukir eine entscheidende Niederlage beibrachte. Er wurde am Kopf verwundet. Am 21. Oktober 1805 vernichteten englische Schiffe unter seinem Befehl bei Trafalgar die spanisch-französische Flotte. Es war ein Sieg von weltgeschichtlicher Bedeutung. Nelson wurde am

Ende der Schlacht von einer Musketenkugel tödlich getroffen.

Der französische General Charles de Gaulle (1890–1970) befand die Hochachtung, die den Tapferen, auch denen des Gegners, entgegengebracht wird, als sittliches Erbe des Menschengeschlechts. Der Respekt gegenüber den Tugenden des tapferen Soldaten sei Teil unserer abendländischen Kultur. Zum 50. Jahrestag des Kriegsendes sagte der französische Präsident François Mitterrand 1995 in Berlin unter anderem: „Die deutschen Soldaten sind in diesem Sturm losmarschiert unter Einsatz ihres Lebens. Den Verlust ihres Lebens haben sie für eine schlechte Sache hingenommen, aber wie sie es taten, hat mit dieser Sache nichts zu tun. Es waren Menschen, die ihr Vaterland liebten; dessen muß man sich stets bewußt sein." Im Römischen Reich drückte es Quintus Horatius (Horaz) Flaccus (65 v. Chr.–8 v. Chr.), der berühmteste Dichter des Augusteischen Zeitalters, so aus: „Dulce et decorum est pro patria mori." – Es ist süß und ehrenvoll, für das Vaterland zu sterben. Theodor Fontane berichtete in seinen Wanderungen durch die Mark Brandenburg (Oderland), daß zu Beginn des 17. Jahrhunderts die brandenburgischen Ritter auf ihrem Landtag beschlossen haben, denjenigen, der seine Schulden nicht prompt bezahle, für einen Bösewicht zu erklären und mit ihm nicht mehr an einem Tisch sitzen zu wollen. Wer böse Reden über das Vaterland führe, den Gottesdienst verhöhne, unduldsam gegenüber seinen Mitmenschen sei oder einen Bankrott verursache, solle die Vorrechte eines Ritters verlieren und seinen Gutsbesitz einem würdigeren Nachfolger übergeben. In diesem ritterlichen Sinne hatte der brandenburgische Adel seine Kinder in spartanischer Genügsamkeit für den Dienst am Herrscherhaus erzogen. Nach seiner Bewährung auf den Schlachtfeldern war der Adel zum ersten Stand aufgerückt.

Friedrich August Ludwig von der Marwitz, Herr auf seinem Rittergut in Friedersdorf im Oderland, schrieb Anfang des 19. Jahrhunderts: „Es hat niemals eine Institution gegeben, in welcher das Rittertum ähnlicher wieder aufgelebt wäre als im Offiziersstand des großen preußischen Königs. Es war die Entsagung jedes persönlichen Vorteils, jedes Gewinnstrebens und jeder Bequemlichkeit – wenn ihm nur die Ehre blieb. Das Leben des Offiziers erfüllte sich in der Aufopferung für die Ehre, für seinen König, für sein Vaterland, für seine Kameraden, für die Ehre der preußischen Waffen. Im Herzen Pflichtgefühl und Treue, für den eigenen Leib jedoch keine Sorge."

Das Oberkommando der II. Armee erließ am 6. August 1870 im französisch-deutschen Krieg folgenden Heeresbefehl:

> Soldaten der II. Armee.
> Ihr betretet den französischen Boden. Der Kaiser Napoleon hat ohne allen Grund an Deutschland den Krieg erklärt; er und seine Armee sind unsere Feinde. Das französische Volk ist nicht gefragt worden, ob es mit seinen deutschen Nachbarn einen blutigen Krieg führen wollte; ein Grund zur Feindschaft ist nicht vorhanden.
> Seid dessen eingedenk den friedlichen Bewohnern Frankreichs gegenüber; zeigt ihnen, daß in unserm

Jahrhundert zwei Kulturvölker, selbst im Kriege miteinander, die Gebote der Menschlichkeit nicht vergessen.
Denkt stets daran, wie Eure Eltern in der Heimat es empfinden würden, wenn ein Feind, was Gott verhüte, unsere Provinzen überschwemmte.
Zeigt den Franzosen, daß das deutsche Volk nicht nur groß und tapfer, sondern auch gesittet und edelmütig dem Feinde gegenüber ist.

Homburg, den 6. August 1870 Friedrich Karl,
Prinz von Preußen

Die Versuchung zu Plünderungen und Ausschreitungen konnte in keinem Krieg und von keiner Armee völlig unterdrückt werden. Wie ernst gerade preußische Truppenführer dieses Problem nahmen, schildert Gustav Droysen (1808–1884) in seiner bekannten Biographie über das Leben des Feldmarschalls Graf Yorck von Wartenburg:

Nach den schweren Kämpfen der „Schlesischen Armee" Blüchers hatten Truppen Yorcks die Kirche des eroberten und zerstörten Dorfes Athis demoliert, um ihre Biwakfeuer unterhalten zu können. Am Tage nach der siegreichen Schlacht, am 11. März 1814, fand ein Gottesdienst statt. Nach der Predigt des Feldpredigers Schultz ergriff Yorck das Wort; mit Dank und Stolz erkenne er, daß er und sein Korps gestern Gottes Werkzeug gewesen seien, über den hochmütigen Feind ein strenges Gericht zu halten; aber so tapfer seine Preußen wieder im Gefecht gewesen, so tief verletze, ja empöre ihn ihr rohes, verwildertes Verhalten; Plündern und Zerstören scheine ihre Losung zu sein, das Gotteshaus, das die wilde Flamme unversehrt gelassen, sei durch ihre frevelnde Hand zerstört. „Die stummen Steine werden euch vor Gott verklagen." Dann wies er auf den Stern auf seiner Brust: „Kennt ihr den Stern? Kennt ihr seine Umschrift? Sie bedeutet: Jedem das Seine. Das ist Preußens Wahlspruch. Habt ihr ihn wahr gemacht? Gebrochen habt ihr ihn, den Stern habt ihr befleckt, des Königs Wahlspruch zur Lüge gemacht, seinen und des Vaterlandes Namen geschändet, euren und meinen Ruhm mit Füßen getreten. Ihr seid nicht mehr das Yorcksche Korps, ich bin nicht mehr der General Yorck; eine Räuberbande seid ihr, ich bin euer Räuberhauptmann."

Dann stellte er ihnen dar, was die Folgen ihrer Raubsucht seien, wie sie mit der strengen Zucht den rechten Soldatenmut drangäben; die westpreußischen Grenadiere erinnerte er an ihren Obersten, den sie verwundet in Feindes Hand gelassen hätten. Er forderte, fortan wie brave Preußen einen ehrlichen Krieg, nicht mehr einen Räuberkrieg, führen zu wollen; es möge von jeder Kompagnie ein Mann vortreten und ihm mit Handschlag namens aller Besserung geloben."

In keiner Armee wurde das Ethos des Soldaten so hoch gehalten wie in der preußischen. Um der Versuchung zu Gewalttätigkeiten gegenüber der Zivilbevölkerung und zu Plünderungen zu widerstehen, wurde auch „Gottes Hilfe" angerufen. Im Kirchenbuch für die königlich-preußische Armee aus dem Jahre 1829 steht unter Nr. 60 das Lied „Auf dem Marsche", in der 4. und 5. Strophe heißt es:

„Seht, Brüder, welche Furcht
wir vor uns her verbreiten!
Wie todt ist Feld und Dorf!
Man flieht uns schon von weitem!
Wehrlose, fliehet nicht!
Unschuld'gen sind wir Schutz,
nur Kriegern trotzen wir.

Wir fürchten Gott, der jetzt
durch uns zu strafen handelt:
wir sind kein räub'risch Heer,
das gern in Wüsten wandelt.
Jedoch Versuchung reizt:
Drum Vater! Steh uns bei,
daß kein bethräntes Brot,
kein Unrecht bei uns sei."

Im französisch-deutschen Kriege von 1870/71 suchten Francs-tireurs die von den deutschen Truppen genutzten Eisenbahnlinien zu gefährden, überfielen einzelne Abteilungen der deutschen Armee und sprengten Brücken. Dieser Einsatz von „zivilen" Kräften verstieß gegen völkerrechtliche Grundsätze. „Der Bürger soll nicht merken, wenn ich Krieg führe", war das Leitmotiv Friedrichs des Großen. Der Bürger sollte sich aber auch nicht an Kampfhandlungen beteiligen. Dieser Gedanke fand seinen Niederschlag im preußisch-amerikanischen Abkommen von 1785, das 1870 noch vollständig gültig war. In der Haager-Landkriegsordnung (LKO) von 1907 wurde nur den ordentlichen Truppen, durch das Tragen von Uniformen erkennbar, ein Kombattanten-Status zuerkannt, und sie wurden somit der LKO unterworfen. Franktireure standen außerhalb des Kriegsrechts. Als 1914 die überwiegend jungen deutschen Soldaten bei ihrem Einmarsch in Belgien von Zivilisten aus dem Hinterhalt beschossen und an vielen Stellen bekämpft wurden, war die Reaktion der Soldaten von Wut und Zorn beeinflußt. Der Kampf gegen die „schießenden“ Zivilisten forderte Todesopfer, bei den belgischen Zivilisten und den deutschen Soldaten. Bis in die jüngste Zeit reagieren Soldaten und Offiziere, die aus dem Hinterhalt von „Nichtkombattanten“ angegriffen werden, mit Wut und Zorn.

Ein Akt des Ungehorsams mit weltgeschichtlicher Bedeutung war die Unterzeichnung des Neutralitätsabkommens von Tauroggen vom 30. Dezember 1812 durch den preußischen General Ludwig Yorck (1759–1830) mit dem russischen Generalmajor Graf Hans Karl Friedrich Anton von Diebitsch (1785–1831). Im Oktober und November 1812 zog sich die Armee des Kaisers Napoleon aus Rußland zurück und wurde hierbei weitgehend von russischen Truppen und russischen Bauern zerschlagen.

Die unter dem Befehl des Generals Yorck stehenden preußischen Truppen, sie bildeten im Gegensatz zu den anderen deutschen Soldaten in der napoleonischen Armee ein selbständiges Korps, blieben zusammen und wurden von Yorck auf russisch-litauisches Gebiet geführt. Der eigentliche Auftrag des Korps lautete, den Rückzug der französischen Armee in diesem Frontabschnitt gegen die nachrückenden russischen Truppen zu decken. Um gegen Napoleon kämpfen zu können, war Carl Philipp Gottfried von Clausewitz als Oberstleutnant aus der preußischen Armee ausgeschieden und in die russische eingetreten.

Jetzt versuchte er, den zögernden General Yorck von dem Ernst der Stunde und von dem historischen Augenblick zu überzeugen.

Die preußischen Truppen sollten, wenn sie schon nicht die Fronten wechseln konnten, wenigstens neutral bleiben, nicht gegen die russischen Soldaten kämpfen. Ein solches Verhalten verstieß gegen die soldatische Pflichtauffassung Yorcks. Aber endlich überwog seine Einsicht in die Gesamtinteressen Preußens, und Yorck unterzeichnete die „Konventionen von Tauroggen“. Im Falle einer anderweitigen Weisung des Königs blieb den Preußen das Recht, ungehindert durch das inzwischen von den Russen besetzte Gebiet zu marschieren. Yorck unterrichtete per Boten unverzüglich seinen König und endete den Brief:

> „Ich erwarte nun sehnsuchtsvoll den Ausspruch Ew. Majestät, ob ich gegen den wirklichen Feind vorrücke oder ob die politischen Verhältnisse erheischen, daß Ew. Majestät mich verurteilen. Beides werde ich mit treuer Hingebung erwarten, und ich schwöre Ew. königlichen Majestät, daß ich auf dem Sandhaufen ebenso ruhig wie auf dem Schlachtfelde, auf dem ich grau geworden bin, die Kugel erwarten werde. Ich bitte daher Ew. Majestät um die Gnade, bei dem Urteil, das gefällt werden muß, auf meine Person keine Rücksicht nehmen zu lassen. Auf welche Art ich sterbe, ich sterbe immer als Ew. Majestät aller untertänigster und getreuester Untertan Yorck.“

Ob das Verhalten Yorcks als Ungehorsam, Unfügsamkeit, Widerstand, Auflehnung oder sogar als Meuterei angesehen wird, ist nicht entscheidend, nach militärischer Tradition hätte der König ihn erschießen lassen müssen. Er tat es nicht, denn auch dem König wurde die Schicksalhaftigkeit des Yorckschen Entschlusses bewußt. Der allgemeine Widerstand Preußens, später Europas, formierte sich und läutete das Ende Napoleons ein. Eine militärische Meuterei, die Weltgeschichte machte.

Guillaume Guizot (1787–1876), französischer Staatsmann und Geschichtsschreiber, nannte vor der Nationalversammlung 1832 das preußische Heersystem eine Barbarei und einen großen Kasernenhof. Vielleicht liegt hier die Wurzel des propagandistischen Klamauks um das preußische Militärwesen. Und im Gegensatz zu Frankreich, wo es den Loskauf vom Militärdienst gab, galt der Militärdienst in Preußen als Ehrendienst der Nation, nicht als Entwürdigung für die oberen Stände. Die Masse der französischen Armee stand auf der untersten Stufe des sozialen Ranges. Militärdienst war Sache der armen Leute und der asozialen Elemente, die in überfüllten Kasernen zusammengepfercht wurden, „immer zu zweit auf eine Bettstatt angewiesen, zu acht aus einer Schüssel essend – dürftig bekleidet und ausgerüstet – waren sie mit einem Heiratsverbot belegt und fristeten so ihr Leben während ihres Militärdienstes“. Nicht wesentlich anders war die Situation der Soldaten in England. Die Kluft zwischen ihnen und den Bürgern war nicht überbrückbar. Das Erscheinen des Soldaten in einer bürgerlichen Gesellschaft wurde als „shocking“ empfunden. Der gemeine Soldat galt als Rohling. Der Offiziersberuf war kein vaterländischer Ehrendienst, sondern eine bequeme Versorgung für die jüngeren Söhne des Landadels. Die Ansprüche an ihre Vorbildung waren gering, die Dienste und Pflichten leicht zu erfüllen, sie nahmen die Zeit zwischen Frühstück und Lunch in Anspruch. (G. Ritter II/46 unten). Kennzeichnend für das Militär in England war der öffentliche Skandal im Jahr 1809, in den der zweite Sohn des englischen Königs Georg III., es war Frederick Herzog von York, durch seine Mätresse verwickelt war. Sie hatte unter Ausnutzung ihrer Beziehungen einen organisierten Handel mit Offiziersstellen betrieben.

Trotz ihrer polemischen, politisch motivierten Kritik übernahmen sowohl England wie auch Frankreich zur Anpassung ihrer Armeen an die moderne Kriegsführung Struktur und Organisation der deutschen Wehrverfassung. Beeindruckt von den Siegen der deutschen Armeen bei Königgrätz 1866 und gegen Frankreich 1871 bezeichnete der republikanische General Tochu im Jahre 1872 in der französischen Nationalversammlung die deutsche Armee als das einzige moderne Kriegsinstrument in Europa.

In den Napoleonischen Kriegen hatte sich deutlich gezeigt, daß die „Levée en masse“ eines modernen Krieges nicht mehr durch Improvisation zu erreichen ist, sondern nur durch eine hohe Anzahl kontinuierlich ausgebildeter Reservisten. Der Besitz ausreichender Reserven, die zum größten Teil schon im Frieden durch die Schule des Heeres gegangen waren, entweder drei Jahre lang oder in kürzeren Übungszeiten, alle aber militärisch erfaßt – das war das eigentliche Geheimnis der Überlegenheit des preußischen Heersystems im 19. Jahrhundert. Diese Überlegenheit wurde in den drei Einigungskriegen 1864–71 aller Welt so deutlich demonstriert, daß sie zur Nachahmung reizte. Die Stärke der preußisch-deutschen Armee rief Neid und Furcht bei den anderen Ländern hervor.

Gleichwohl hat Bismarck in seinem „privaten“ Brief an den englischen Premierminister Lord Salisbury am 22. 11. 1887 unter anderem geschrieben:

„Es wäre nicht vernünftig, wollte man einräumen, daß die Regierung eines Landes mit 50 Millionen Einwohnern – und unter Berücksichtigung der Kultur und der Macht der in Deutschland herrschenden öffentlichen Meinung – diesem Land die Leiden auferlegen könnte, die jeden siegreichen oder nicht siegreichen großen Krieg begleiten, ohne der Nation ausreichend seriöse und klare Gründe zu liefern, um die öffentliche Meinung von der Notwendigkeit des Krieges zu überzeugen. Mit einer Armee wie der unseren, die sich unterschiedslos aus allen Schichten der Bevölkerung rekrutiert, die die Gesamtheit der lebendigen Kräfte des Landes repräsentiert und nichts anderes ist als eine Nation in Waffen – mit einer solchen Armee hätten die Kriege der letzten Jahrhunderte, die aus Sympathien, Antipathien oder nur aus dynastischem Ehrgeiz resultieren, nicht geführt werden können. Seit nahezu einem Vierteljahrhundert bildet Deutschland jährlich 150 000 Soldaten aus und kann somit heute über 3 bis 4 Millionen Männer im Alter von 20 bis 45 Jahren verfügen, die mit dem Militärdienst vertraut sind. Für diese vielen Menschen verfügen wir nicht nur über die erforderlichen Waffen und Ausrüstungen, sondern auch über die Offiziere und Unteroffiziere, um sie in den Kampf zu führen. Unsere Führungskräfte sind gut ausgebildet – ein Vorteil, dessen sich die Offiziere und Unteroffiziere keiner anderen Nation rühmen könnten. Diese Millionen von Menschen folgen ausnahmslos den Fahnen und bewaffnen sich, sobald ein ernst zu nehmender Krieg die nationale Unabhängigkeit und die Integrität des Reiches bedroht. Aber dieser große Kriegsapparat ist in seiner Gesinnung so bewundernswürdig, daß er trotz dem insgesamt von monarchischen Gefühlen erfüllten Land nicht willkürlich und nicht nur durch den königlichen Willen in Gang gesetzt werden kann."

Militarismus, wie er Preußen noch heute vorgeworfen wird, kann weder von Kapitalismus noch von Imperialismus oder Eroberungssucht abgeleitet werden, auch nicht aus der Unterscheidung, wie es Gerhard Ritter versucht hat, von „Staatskunst und Kriegshandwerk". Ritter meinte, es sei ein Zeichen von militanter Staatsgesinnung, wenn die militärische vor der politischen Entscheidung den Vorzug genieße. Ritter hat sich in vier Bänden seines Werkes „Staatskunst und Kriegshandwerk" bemüht, seine These kenntnisreich und mit vielen überzeugenden Argumenten zu begründen. Der Altmeister der deutschen Geschichtswissenschaft hat aber übersehen, daß der Vorwurf des Militarismus nicht mit logischen Begründungen zu entkräften ist, weil er als Propagandainstrument Argumenten nicht zugänglich ist. Auch die Frage nach der Staatsform, ob Monarchie oder Demokratie, hilft zur Klärung nicht weiter. Im Verlauf der Geschichte hat es sich gezeigt, daß die Länder mit einer parlamentarischen Verfassung, wie England und Amerika, in gewissem Sinne auch Frankreich, eine durch und durch aggressive Ausdehnungspolitik betrieben haben. Daß demokratisch regierte Länder friedfertiger und menschlicher sind, ist eine Behauptung, die in der geschichtlichen Wirklichkeit keine Stütze findet. Die Brutalität und die Rücksichtslosigkeit, mit der England, Amerika und Frankreich gegenüber anderen Menschengruppen aufgetreten sind, haben in keinem Jahrhundert der preußischen Geschichte eine Entsprechung.

Die Modernisierung der Armee hieß in England Abschaffung der Prügelstrafe und Käuflichkeit von Offiziersstellen. Auch in der Flotte wurde die Prügelstrafe mit der „neunschwänzigen Katze", einem Stock mit neun geknoteten Lederriemen, im Jahr 1867 abgeschafft. Als Höchststrafe waren seit 1809 nur noch jeweils 1.000 Schläge erlaubt. Bei mehr als 100 Schlägen traten bei dem Geprügelten bereits gesundheitliche Dauerschäden ein, bei mehr als 200 Schlägen meistens sein Tod. In dieser brutalen Weise wurde die Prügelstrafe (mit Haselnußruten) in Preußen niemals vollzogen. Im Jahre 1807 wurde die Prügelstrafe in Preußen endgültig verboten, 60 Jahre früher als in England.

Die barbarischen Strafen auf den britischen Schiffen haben dem Ansehen, ja der Verehrung der Flotte und ihrer Offiziere in England keinen Abbruch getan. In der Zeit von 1839–1843 wurde in der Royal Navy die öffentlich vollzogene Prügelstrafe mit der „cat of nine tails" in 10.743 Fällen verhängt. Im Vergleich zu England hatten die Militärstrafen in Preußen immer noch einen Rest von Menschenwürde, worauf die Londoner Times in jenen Jahren besonders hingewiesen hat.

Obwohl sich Frankreich und England bemühten, sich bei der Modernisierung ihrer Armeen an die Organisation und Struktur der deutschen Armee anzulehnen, gelang es ihnen nicht, die soldatische Gesinnung und Mentalität der Preußen auf sich zu übertragen. Dazu hätte es einer sozialen Aufwertung des gemeinen Soldaten bedurft, wozu in beiden Ländern keine Bereitschaft bestand. Erst 1885 faßte Frankreich den Entschluß zur allgemeinen Wehrpflicht mit einer kurzen Dienstzeit. Auch hier diente Deutschland als Vorbild. Es waren die militärischen Zwänge des Weltkrieges, die 1916 auch in England zur Einführung der allgemeinen Wehrpflicht führten.

Als Ergebnis dieser Überlegungen bleibt die Erkenntnis, daß aus dem Aufbau und der Stärke einer Streitmacht, auch aus ihrer machtpolitischen Verwendung, keine Merkmale zu gewinnen sind, die den Vorwurf des „Militarismus“ rechtfertigen können, auch nicht in bezug auf Deutschland. Hinzu kommt, daß einschneidende Brüche in der geschichtlichen Entwicklung Deutschlands eine Berufung auf „traditionelle“ militärische „Werte“ verbieten.

Erinnert sei an die von der Französischen Revolution und die sich anschließenden Eroberungskriege Napoleons hervorgerufenen Veränderungen im preußischen Staat. Ihnen kam grundlegende Bedeutung zu. Die preußischen Konservativen sammelten sich unter dem Amt und der Person des Königs, lehnten aber das absolutistische Regime der friderizianischen Monarchie entschieden ab. Sie wollten die strenge Einordnung des Adels in den Staat rückgängig machen und die alten Adelsprivilegien wenigstens teilweise wiederherstellen. Gleichzeitig wurde eine ständisch-patriarchalische Gesinnung zum Ausdruck gebracht, die später im Zuge des Industrialisierungsprozesses eine verantwortliche Sozialpolitik ermöglichte. Sie wurde allerdings von den Sozialisten aus ideologischen Gründen gescholten und daher abgelehnt.

Mit der Bevorzugung des Adels läßt sich ebenfalls kein Kriterium für das Vorliegen einer militaristischen „Gesellschaft" gewinnen, denn als einflußreicher Stand, der Ziele und Geschäfte der Regierung unmittelbar beeinflussen konnte, kam nicht der preußische Adel, sondern ausschließlich der englische Adel in Betracht. Bis zum Beginn des 20. Jahrhunderts herrschte in England der Adel, der beide Häuser des Parlaments dominierte. Die in die Welt ausgreifende Politik Großbritanniens und die Unterdrückung fremder Völker im 19. Jahrhundert waren daher vor allen Dingen das Werk der englischen Aristokratie.

In Preußen-Deutschland war das Parlament weitgehend in bürgerlicher, nicht in adliger Hand. Der Adel konnte nur mittelbar Einfluß gewinnen. Seine Herkunft, seine Haltung, Erziehung und Staatsloyalität verschafften ihm zwar eine bevorzugte Stellung, die aber schon Mitte des 19. Jahrhunderts sowohl in der Beamtenschaft als auch in der Armee von der zunehmenden Anzahl Bürgerlicher ausbalanciert wurde. In dieser Bewertung ändert auch die bis zum Ende des Deutschen Kaiserreichs 1918 vorhandene Dominanz des Adels im Auswärtigen Dienst nichts.

Soldaten und Offiziere genossen in Preußen-Deutschland ein hohes Ansehen, das nicht nur der preußischen Tradition zu verdanken war, sondern wohl in erster Linie den drei siegreichen Einigungskriegen von 1864, 1866 und 1871. Wie sich nach den beiden Weltkriegen 1918 und 1945 gezeigt hat, haben sich Führer und Geführte der siegreichen Alliierten zu einem Siegestaumel hinreißen lassen, der teilweise die Form eines pathologischen Rausches angenommen hatte. Auch die Menschen in Deutschland freuten sich über die Siege und über die seit Jahrhunderten erhoffte und im Jahre 1871 endlich erreichte staatliche Einigung. Sie blickten mit Stolz und Selbstbewußtsein auf die Leistungen dieses neuen Staates, was angesichts seiner Erfolge niemanden verwundern kann.

Das Vorhandensein eines angeblich hypertrophen und gesellschaftlich krankhaften Ansehens von Offizieren in Deutschland wird gern am Bubenstück des „Hauptmanns von Köpenick" demonstriert. Allein die Uniform, die sich der aus der Strafhaft entlassene Schuster angezogen hatte, habe die Soldaten im sprichwörtlichen „Kadavergehorsam" zu ihrem Fehlverhalten veranlaßt, indem sie den Anordnungen des falschen Hauptmanns gefolgt sind und die Kasse im Rathaus Köpenick beschlagnahmt haben. Genausogut kann das Ereignis auch mit dem Vertrauen interpretiert werden, das der deutsche Offizier im Bewußtsein der Bevölkerung genoß. Es bedeutete mehr als Ansehen und Autorität, es war das Vertrauen, das der Person des Offiziers allgemein entgegengebracht wurde. Die persönlichen Erfahrungen mit ihren Vorgesetzten im Verlauf von drei Kriegen wie auch bei der Ableistung des

Wehrdienstes haben das Ansehen der Offiziere bei den Soldaten und allgemein auch bei der Bevölkerung gestärkt. Aus einer engen persönlichen Begegnung entwikkelten sich Achtung, Vertrauen und ein Gefühl der Zusammengehörigkeit zwischen Offizier und Soldat. In der Armee begannen die Standesunterschiede zu verblassen vor der sozialen Bedeutung der Berufsstellung des Offiziers mit seinem Rang. Auch in der Armee entwickelte sich eine adlig-bürgerliche Aristokratie.

Während die Maskerade des Schusters Voigt, des Hauptmanns von Köpenick, nur Häme und vielleicht politisches Schmunzeln ausgelöst hatte, verursachte die sogenannte Zabern-Affäre ein politisches Erdbeben in Deutschland. Das Verhältnis des in der elsässischen Stadt Zabern stationierten Infanterieregiments Nr. 99 zu der Bevölkerung war ungetrübt, die Soldaten erfreuten sich eines guten Rufs und waren bei den Einwohnern beliebt. Doch am 6. November 1913 berichtete die Lokalzeitung von Äußerungen des jungen Leutnants Günter v. Forstner (1893–1915) während einer Unterrichtsstunde, in der er von einem Elsässer als „Wackes“ gesprochen hatte.

Wackes galt und gilt als diskriminierende Bezeichnung für einen Elsässer. Die Verwendung dieses Wortes war in der Armee streng verboten. Die durch die Zeitungsnotiz ausgelösten Unruhen bei der jungen Bevölkerung in Zabern führten zu Kompetenzkonflikten zwischen der Zivil- und Militärverwaltung. Hierbei haben sich sowohl der Militärbefehlshaber als auch die Inhaber der Zivilgewalt politisch ungeschickt verhalten. Gegenüber den jungen Demonstranten der Zaberner Bevölkerung hat die

Zivilverwaltung von ihren rechtlichen Möglichkeiten nicht ausreichend Gebrauch gemacht. Das eigenmächtige Eingreifen des Militärs wiederum wurde bis hinauf zum Kaiser, Reichskanzler und Ministerium verurteilt und gegenüber der Militärverwaltung gerügt. Doch im Interesse der Gesichtswahrung des Militärs hat der Reichskanzler v. Bethmann Hollweg diese Haltung der Regierungsstellen vor dem Reichstag nicht in der erforderlichen Deutlichkeit zum Ausdruck gebracht. Das hat den politischen Streit angeheizt. Die umstrittene Militärdienstvorschrift aus dem Jahre 1820, auf die sich die Militärbehörden berufen hatten, wurde aufgehoben und durch eine neue Dienstvorschrift vom 19. März 1914 ersetzt. Das bedeutete nicht nur eine Stärkung der Zivilgewalt zu Lasten des Militärs, sondern indirekt eine Niederlage der militärischen Befehlshaber in Elsaß-Lothringen.

Im Jahre 1913 betrug die Stärke der deutschen Armee 790.800 Offiziere und Mannschaften. Der Soldat war Bürger in Uniform. Das entsprach der Empfindung der Bevölkerung. Die Affäre in Zabern hätte angesichts ihres Umfanges örtlich gelöst werden können, doch dazu hätte Zabern nicht eine Gemeinde im Reichsland Elsaß-Lothringen sein dürfen. Sowohl die jungen Demonstranten in Zabern als auch die Soldaten des Infanterieregiments 99 waren junge Männer, sozusagen Halbwüchsige. Es gibt keine Armee in der Welt, in der nicht junge Heißsporne gelegentlich Vorschriften verletzen und über die Strenge schlagen. In diesem Bewußtsein hätten die Parteien den Vorfall im Reichstag behandeln können. Daß hieraus eine Grundsatzfrage über die Abgrenzung von Zivilgewalt zur Militärgewalt entstand, erwies erneut die politische Unreife der im Reichstag vertretenen Parteien.

Als das Regiment Nr. 99 zur Beruhigung der Lage aus Zabern abgezogen wurde, es war eine Demonstration zu Gunsten der Zivilgewalt, hat die Zaberner Bevölkerung auf diese Entscheidung mit Enttäuschung und Mißvergnügen reagiert. Der Anlaß der Zabern-Affäre hatte die hohe Aufmerksamkeit im Inland und Ausland nicht verdient. Erst die Parteien und die Presse haben diese Affäre zu einer Haupt- und Staatsaktion aufgebläht. Ebenso wie der „Hauptmann von Köpenick“ hat auch die Zabern-Affäre das grundsätzliche Verständnis des Staates gegenüber dem Militär nicht verändert. Die Prägorative der Zivilgewalt blieb erhalten.

Mit den eigenen Erfahrungen der Wehrdienstpflichtigen deckte sich die bekannte Maxime der preußischen Armee: „Wer befehlen will, muß erst gehorchen lernen.“ In jedem Vorgesetzten sah der Soldat daher auch den streng ausgebildeten Rekruten, der, wie er selbst, die ganze Härte der militärischen Ausbildung ohne Rücksicht auf seine Herkunft durchlaufen hatte. Das führte zur Identifikation und zum Gefühl der Zusammengehörigkeit. Insofern bestand ein fundamentaler Unterschied zwischen Soldat und Offizier der preußischen Armee und dem angeworbenen Milizionär oder dem privilegierten, meistens aus dem Adel stammenden Offizier in Frankreich und England.

Aufschlußreiche Einblicke in das Denken und das Handeln der „einfachen Leute“ gewährten die Militärvereine, die sich Kriegervereine nannten. Im Jahre 1913 gab es 54.888 Vereine mit 4,9 Millionen Mitgliedern. Von diesen Mitgliedern waren mehr als die Hälfte im Alter von unter 25 Jahren. Natürlich erzählten die Älteren, sofern sie noch zur Kriegsgeneration gehörten, den Jüngeren von ihren Erlebnissen in den drei Kriegen. Aber die eigentlichen Aktivitäten dieser Vereine bestanden nicht in der Pflege kriegerischer Erinnerungen, sondern in der Pflege menschlicher Beziehungen und sozialer Aktivitäten. Sie haben soziale Verpflichtungen übernommen, indem sie Bedürftige in der jeweiligen Stadt unterstützten.

Diese Militärdienst- und Kriegervereine erfüllten im Zuge der Industrialisierung eine eminent wichtige soziale Aufgabe: Sie gaben dem jungen Mann vom Dorf wieder etwas „Tuchfühlung“ in der anonymen Stadt. In England und Frankreich kümmerten sich um die wurzellos gewordenen jungen Männer vom Lande nur kirchliche oder andere soziale Einrichtungen. Nicht nur die Sozialdemokratie mit ihren zahlreichen sozialen Einrichtungen, sondern auch die allgemeine Wehrpflicht und die Kriegervereine erleichterten den jungen Männern vom Lande ihre Eingliederung in die industrielle Welt. In der historischen Diskussion wird dieses Problem nicht nur übersehen, sondern auch deshalb nicht behandelt, weil Historiker bis zum heutigen Tage wenig oder kein Verständnis für wirtschaftliche Zusammenhänge besitzen.

Bei einer Bevölkerung von 67 Millionen Menschen hatten im Kaiserreich 42 Millionen noch nicht das 30. Lebensjahr erreicht. Mit der Verstädterung und den abnehmenden Beschäftigungsmöglichkeiten auf dem Lande setzte eine beachtliche „Landflucht“ ein, jeder zweite Deutsche lebte nicht an seinem Geburtsort. Hieraus und nicht nur aus dem hohen Ansehen der Soldaten erklärt sich die verhältnismäßig hohe Mitgliederzahl in den 54.888 Kriegervereinen. Man wünschte sich keinen neuen Krieg, sondern eine allgemeine Friedfertigkeit wurde in den Vereinen gepflegt. Doch sollte Deutschland so stark sein, daß kein Land einen Angriff wagte – eine Ideologie der Abschreckung, wie sie schon die Grundlage bei der Gründung der ersten preußischen Armee unter Friedrich Wilhelm I. war.

Genaue Angaben über die Zusammensetzung der Vereine sind nicht vorhanden, aber es ist bekannt, daß gewerbliche Arbeiter, darunter auch Mitglieder oder Wähler der Sozialdemokratie, die Mehrheit der Vereinsmitglieder stellten. Schon daraus wird die menschliche und soziale Arbeit dieser Vereine deutlich. Bei einigen Vereinen stellten Sozialdemokraten sogar den Vorsitzenden oder wenigstens seinen Stellvertreter.

Kapitalismus, Imperialismus, Industrialisierung, allgemeine Wehrpflicht, Reserveoffiziere und Reservisten sowie das Ansehen des Soldatenstandes: es sind Erscheinungen, die mit Militarismus in Verbindung gebracht werden, die aber nicht nur für Preußen, sondern für England, Frankreich und Rußland ebenso Gültigkeit haben. Ebensowenig kann die Anzahl der seit 1700 von den europäischen Mächten geführten Kriege den Militarismusvorwurf gegenüber Preußen-Deutschland rechtfertigen, denn nur an 8 % dieser Kriege war Preußen beteiligt.

Wie ideologisch besetzt der Militarismusbegriff immer noch ist, aufgrund seiner sozialistischen Wurzeln vorwiegend in der linkslastigen Historiographie, zeigt die vom Militärgeschichtlichen Forschungsamt unter Dr. Günter Roth veröffentlichte Dissertation des jungen Historikers Thomas Rohkrämer (1989). Er beginnt seine Untersuchung mit dem Satz: „Die beiden einflußreichsten Ideologien im Deutschen Kaiserreich, Nationalismus und Militarismus, sind schon häufig Gegenstand historischer Studien gewesen. ...Dabei wurde deutlich, daß die Indoktrination der Masse der Bevölkerung in manipulativer Absicht geschah, ein undemokratisches und unsoziales Ordnungsgefüge sollte möglichst lange im Sinne der privilegierten Klassen erhalten werden." Für diese abwegige Spekulation beruft sich Rohkrämer auf die Thesen von Hans-Ulrich Wehler.

In seinem Brief an Theodor Wolff, den Chefredakteur des „Berliner Tageblatts", schrieb Bernhard Fürst von Bülow, ehemaliger Reichskanzler, am 7. Februar 1925: „Im großen und ganzen kann man sagen, daß der Geist der Armee nicht nur ein vornehmer und männlicher war, sondern daß sich unsere Offiziere mit verschwindenden Ausnahmen durch gute Manieren und durch ungewöhnliche Bildung auszeichneten. Die Armee war alles in allem das beste, was wir hatten, weitaus.

Das Schimpfen unserer Feinde und Neider ‚auf unseren Militarismus' war natürlich eitel Heuchelei. Unsere militärische Stärke war den anderen nicht bequem. Die selben Leute, die früher erklärten, der Militarismus und das autokratische System in Deutschland bildeten eine

Barriere zwischen uns und anderen fortschrittlichen Völkern, höre ich heute sagen, wir wären als Marxisten eine permanente Gefahr für Europa. Richtig ist, daß in Frankreich, in Italien, in Belgien, noch mehr in England, am stärksten vielleicht in Amerika eine ausgesprochene Furcht, verbunden mit einem gefühlsmäßigen Widerwillen gegenüber sozialdemokratischen Ideen und Experimenten besteht. Es wird darauf hingewiesen, daß der wirkliche Marxismus, die unverfälschte Lehre des alten Marx in Rußland zu völligem Ruin, zu den scheußlichsten Greueln der neueren Geschichte geführt, der verdünnte Marxismus in Deutschland ein völliges Fiasko gemacht hätte."

Es läßt sich zugegebenermaßen nicht leugnen, daß gesellschaftliche Eigenschaften im Kaiserreich eine militärische Assoziation auslösen können. Gemeint ist hierbei nicht die in der Bevölkerung angeblich weithin „akzeptierte Gewalttätigkeit", wie es von Heiko Haumann, Professor in Freiburg, geboren 1945 in Westfalen, in unkritischer Voreingenommenheit unbewiesen und willkürlich behauptet wird, sondern die Akzeptanz und der allgemeine Sinn für Ordnung und Disziplin. Bei einer Meinungsbefragung (1904) von Mitgliedern der sozialdemokratischen Partei standen im Wunschkatalog der Befragten an oberster Stelle der Wunsch nach „Sicherheit und Ordnung". Man kann sicherlich davon ausgehen, daß dieser Wunsch in allen Schichten der Bevölkerung vorhanden war. Zu der Prioritätenliste gehörte auch ein Arbeitsplatz und ein besserer Verdienst. Der allgemeine Sinn für Ordnung und Disziplin in Deutschland wird als das eigentlich charakteristische Unterscheidungsmerkmal im Vergleich zu anderen Ländern angesehen. Daß hierbei die militärische und rechtliche Tradition Preußens eine nicht unerhebliche Rolle spielte, wird nicht in Abrede zu stellen sein. Es kann auch nicht übersehen werden, daß dieser Ordnungssinn der Schlüssel war zu der einmaligen und weltweit bewunderten wissenschaftlichen und industriellen Leistung Deutschlands bis 1914. In der OECD-Studie (FAZ 20.11.02) wird zutreffend festgestellt, daß für Schul- und Bildungserfolge sowohl Disziplin als auch gute Lehrer wichtige Voraussetzungen sind. Trotz einer jährlichen Bevölkerungszunahme von 600.000 Menschen hatte das deutsche Kaiserreich mit 0,9 % die mit Abstand geringste Analphabetenquote in der Welt. Hierzu war nicht nur der Bau von Schulen, sondern auch die Ausbildung von zusätzlich 5.000 Lehrern jährlich erforderlich. Mit einer durchschnittlichen Arbeitslosigkeit von nur 2 % lag die deutsche Arbeitslosigkeit am unteren Ende der europäischen Tabelle.

Deutschland war auch das führende Land der Wissenschaft. Die Zusammenhänge von Armee und Wirtschaft sind bisher nicht ausreichend untersucht worden.

Es war nicht nur der Ordnungssinn, der den jungen Soldaten während ihrer Dienstzeit beigebracht wurde, sondern auch die Erziehung zu einem selbständigen und unabhängigen Denken. Hierzu hören wir auch den bekannten schottischen Nationalökonom Adam Smith (1723–1790): „Im wirtschaftlichen Erfolg spiegelt sich der Freiraum des einzelnen wider." Der bereits erwähnte Herbert Spencer (1820–1903) vertrat in ähnlicher Weise die Meinung, daß ein militaristischer obrigkeitlich regierter Staat nicht erfolgreich in der Wirtschaft sein könne. Deutschland war der erfolgreichste Wirtschaftsstaat in Europa. Wie verträgt sich das miteinander?

August Hermann Francke, der pietistische Erzieher, hatte in seinem Halleschen Waisenhaus sowie in dessen Ablegern, dem Waisenhaus und der Kadettenanstalt in Potsdam, zu eigenständigem Handeln den Samen gelegt. Gerade daraus erwuchsen die Leistungsfähigkeit und die Stärke der deutschen Armee. Das disziplinierte Verhalten des Soldaten war begleitet von anerzogener Selbständigkeit. So hat der kritische englische Militärschriftsteller Whitman schon 1889 geurteilt, daß nirgends in der Welt die Unabhängigkeit des Denkens und die Freiheit des Handelns so gefördert werde wie in der deutschen Armee, vom kommandierenden General bis hinab zum letzten Unteroffizier. Und im Jahre 1870 wurde in der „École supérieure de Guerre" festgestellt, „daß die Unteroffiziere das Rückgrat der preußischen Truppen seien, wertvolle Stützen der Offiziere. Ihre besonderen Aufgaben, gestützt von einer in anderen Heeren unbekannten Achtung, sicherte ihnen eine ehrenhafte und beneidete Position. Die preußische Armee war stolz auf ihre Unteroffiziere." Im Gegensatz zu den anderen Armeen wurde eben der Mannschaftsdienstgrad nicht mißachtet, nicht abschätzig beurteilt und herabgewürdigt: der einfache Soldat war ein ebenso wichtiges Glied wie der Offizier. Dieses eigenständige und selbständige Denken, das von Disziplin und Einordnungsbereitschaft begleitet wurde, wird noch immer von den internationalen Militärs als „Auftragstaktik" bewundert. Diese Form der militärischen Erziehung erleichterte dem jungen Menschen die soziale Einordnung in das Industrieleben, das in wachsendem Maße in mittleren oder großen Städten stattfand. Der junge Mann mußte die Nestwärme seines Dorfes verlassen und lernte während seiner Militärdienstzeit die Fähigkeiten, die von ihm später in der Industrie, im Handwerksbetrieb oder in Dienstleistungsunternehmen erwartet wurden: Pünktlichkeit, Einordnung und Gruppenarbeit. Er fühlte Stolz, wenn er in Uniform seine Familie oder sein Dorf im Urlaub besuchen konnte. Der Soldat war im wahrsten Sinne des Wortes ein allgemein geachteter Bürger in Uniform, und er brauchte bei einer öffentlichen Vereidigung nicht von Tausenden von Polizisten geschützt zu werden. In der disziplinierten Eigenständigkeit, dem Erziehungsziel der preußischen Armee, erwuchs die herausragende Qualität des deutschen Facharbeiters, er war das Wachstumshormon der deutschen Industrie.

Ebenso hat auch die Stellung des Reserveoffiziers zum Erfolg der deutschen Industrie beigetragen. Der Reserveoffizier hatte Eigenständigkeit und Führungsverhalten gelernt, zu dem in preußisch-adliger Tradition auch die patriarchalische Fürsorge für die Untergebenen gehörte; er unterlag dem gleichen „esprit de corps“ wie der aktive Offizier. Unehrenhaftes Verhalten führte zu disziplinarischen Maßregeln und zu seinem Ausschluß aus dem Offizierskorps. Dem Bankrotteur blieb, wollte er seine soziale Ächtung vermeiden, manchmal nur noch die Pistole als letzter Ausweg. Diese geistig-psychologische Bedeutung des Reserveoffiziers in den Führungsetagen der Wirtschaft wird ebenfalls nicht selten verkannt. Bedenkenlos wurden Anfang des 21. Jahrhunderts „schmuddelige“ Geschäfte getätigt, Anleger, Aktionäre und Kunden betrogen, Bilanzen gefälscht, Konkurse in größtem Umfange verursacht, persönliche Abstandszahlungen in unangemessener Höhe gefordert, ohne daß diesem Fehlverhalten eine nachhaltige soziale Ächtung gefolgt wäre. Dieses hemmungslose Durchsetzen eigensüchtiger Interessen beschränkt sich nicht auf Deutschland, nein, es ist in der ganzen sogenannten westlichen Welt (Wertegemeinschaft), aber auch in den ehemaligen Ostblockländern anzutreffen.

Jüngster Fall am Beginn des Jahres 2004: Parmalat in Italien. Es sind dies Auswüchse, die von einer „modernen" Führungselite verursacht worden sind, die sich nicht mehr an Ethik und Anstand gebunden fühlt. Schmerzlich werden in Schule, Politik und Wirtschaft preußische Ordnungsvorstellungen und Verantwortungsbewußtsein vermißt. Gemeint ist hiermit auch die Ethik des Reserveoffiziers. Wilhelm Röpke, der geistige Vater der sozialen Marktwirtschaft und Lehrer Ludwig Erhards, betonte schon im Jahre 1951, daß die Marktwirtschaft sittliche Reserven brauche, die von jenseits des Marktes zu beziehen seien und von keinem Lehrbuch der Nationalökonomie ersetzt werden könnten. Es seien dies Selbstdisziplin, Gerechtigkeitssinn, Ehrlichkeit, Fairneß, Ritterlichkeit, Maßhalten, Gemeinsinn, Achtung vor der Menschenwürde des anderen, feste sittliche Normen. Diese Dinge müßten die Menschen bereits mitbringen, wenn sie auf den Markt gingen und sich im Wettbewerb miteinander messen wollten. Sie seien die unentbehrlichen Stützen, die sie vor ihrer Enthemmung bewahren. Die Menschen müßten unter Bedingungen aufwachsen, die solche moralischen Überzeugungen begünstigen. Es seien Bedingungen, die die Zusammenarbeit fördern, die Überlieferung achten und den einzelnen einbetten in eine natürliche Ordnung. Auf diesem Untergrund ruhe das Ethos der Marktwirtschaft.

Obwohl Röpke kein Bewunderer oder Befürworter der preußischen Monarchie war, müssen wir doch festhalten, daß preußisches Wollen und preußische Erziehungsziele nicht besser dargestellt werden können als mit diesen Grundforderungen der Marktwirtschaft durch Wilhelm Röpke.

Auch wenn Preußen in der Durchsetzung jener moralischen Grundsätze, deren Vorliegen für eine funktionierende Marktwirtschaft nicht nur von Röpke, sondern ebenso von Ludwig Erhard selbst gefordert wurde, am erfolgreichsten war, haben auch andere Industrieländer die Notwendigkeit der Beachtung von ethischen Grundnormen erkannt. In dieser Hinsicht zeigen Calvinismus und Pietismus deutliche Parallelen; die Lebensregeln in den USA und in England weisen daher in ihren fundamentalen Geboten keine so großen Unterschiede gegenüber Preußen auf, wie sie auf den ersten Blick zu bestehen scheinen. Vielleicht waren der dominierende Adel in England und die dem Adel entsprechenden Yankees in den USA in ihren moralischen Forderungen sogar noch rigider als es die Führungsschicht in Preußen jemals gewesen ist. Die komplizierten Abhängigkeiten innerhalb einer entwickelten Industriegesellschaft erfordern die Einhaltung eines bestimmten ethischen und moralischen Regelwerkes. Dessen Verletzung in den „oberen Etagen“ könnte größere Schäden in Wirtschaft und Gesellschaft auslösen als die Mißachtung dieser Regeln von Menschen der unteren Ebenen. Und doch kann auch hier „die Menge“ ebenfalls zu spürbaren Gesamtschäden führen. Wenn beispielsweise der Krankenstand im öffentlichen Dienst im Jahre 2002 mit 8,2 % mehr als doppelt so hoch war wie bei gleichartigen Tätigkeiten in der privaten Wirtschaft, dann wird hier ein rechnerischer Gesamtschaden verursacht, der bei einer entsprechenden Grundeinstellung dieser „öffentlich Kranken“ der Gesamtwirtschaft erspart geblieben wäre. Schon an diesem „kleinen Beispiel“ läßt sich ermessen, was es bedeutet, wenn sich der einzelne gegenüber der Gemeinschaft nicht mehr verantwortlich fühlt. Hier sehen wir auch den Grund, warum der Präsident der USA, George W. Bush, in seiner großen Rede vom 28./29. Januar 2003 von seinen Landsleuten forderte, Ehrlichkeit, Sauberkeit und Verläßlichkeit sowohl in der Wirtschaft wie auch im täglichen Leben wieder einkehren zu lassen. Er kündigte den Erlaß entsprechender Gesetze an. Es waren die riesigen Betrugsfälle und Bilanzfälschungen in den USA, die Bush zu dieser öffentlichen Forderung veranlaßten. Es war der Appell an den einzelnen, in seinem individuellen Verhalten das Gesamtinteresse wieder stärker zu beachten. Mit dem Ziel einer sittlichen Erneuerung der Römer beschrieb der römische Patrizier und Schriftsteller Publius Cornelius Tacitus (55–nach 115 n.Chr.) das Leben und die Gebräuche der Germanen in seiner Schrift „De origine et situ germanorum“ (Über den Ursprung und die geographische Lage der Germanen). Er sprach, ähnlich wie George W. Bush, zu seinen Römern: „Plusque ibi boni mores valent quam alibi bonae leges“ (Mehr vermögen dort gute Sitten als anderswo gute Gesetze).

Fassen wir zusammen: Für die ungewöhnlichen und beispiellosen Leistungen des Kaiserreichs in Wirtschaft, Recht und Wissenschaft leistete die Armee einen nicht unbeträchtlichen Beitrag. Mit der Unterweisung und Integration der jungen Bevölkerung als Vorstadium für das ungewohnte industrielle Berufsleben übernahm die Armee wie keine andere Institution eine bedeutende Aufgabe für den Staat, heute würden wir sagen, für die Gesellschaft.

Daß diejenigen Industriezweige, die sich zu Großunternehmen entwickelt hatten (Beispiel: Siemens), ihre Organisationsstruktur von der Armee übernahmen, ist nicht so augenscheinlich und daher weniger bekannt. Die berühmte und weltweit bewunderte Auftragstaktik der preußischen Armee beruhte zum einen auf einer strengen Hierarchie und zum anderen auf der selbständigen Entscheidungsbefugnis der Offiziere und Unteroffiziere „vor Ort". Der Erfolg dieses Systems hing von der Loyalität der Entscheidungsträger und ihres Fachwissens ab. Heute sprechen wir von der „Delegation von Entscheidungsbefugnissen" und tun so, als wenn das ein modernes Rezept für erfolgreiches Wirtschaften ist. In Wirklichkeit sind es „alte Hüte", die wieder entdeckt worden sind. Hierarchie und trotzdem Eigenständigkeit der Mitarbeiter, das war das Erfolgsrezept, das die deutsche Wirtschaft von der preußischen Armee übernommen hat. Es war einer der vielen Gründe, die den unerwarteten wirtschaftlichen Erfolg herbeigeführt haben.

---

8 – 13 – 18 (Seiten 7, 27) – 25 – 26 – 43 – 44 (Seite 99) – 54 – 85 – 88 (Seite II, 19) – 92 – 120 – 130 – 136 – 138 –139

ANHANG

Literaturverzeichnis
Personenregister

Literaturverzeichnis

(1) Margaret Lavinia Anderson
Practicing Democracy
Princeton University Press (Princeton 2000)
Kapitel 10

(2) Willy Andreas und K. F. Reinking (Hrsg.)
Bismarck Gespräche
Schibli-Doppler (Basel, o. J.)
Kapitel 5 (Bd. III, S. 59)
Kapitel 6

(3) Hermann Aubin und Wolfgang Zorn (Hrsg.)
Handbuch der deutschen Wirtschafts- und Sozialgeschichte
Band 2, Klett Cotta (Stuttgart 1976)
Kapitel 9

(4) Egon Bahr
Zum europäischen Frieden
Corso bei Siedler (Berlin 1988)
Kapitel 4, 5 (S. 89)

(5) Bank für deutsche Industrieobligationen
Zahlen aus Deutschlands Wirtschaft
Reimar Hobbing (Berlin 1931)

(6) Marie Baum und Jens Jessen (Hrsg.)
Ricarda Huch: Briefe an die Freunde
Manesse (Zürich 1986)
Kapitel 3

(7) Peter Baumgart (Hrsg.)
Bildungspolitik in Preußen zur Zeit des Kaiserreichs
Ernst Klett (Stuttgart 1980)
Kapitel 11

(8) Winfried Baumgart
Deutschland im Zeitalter des Imperialismus
Ullstein (Berlin 1972/1982)
Kapitel 8, 9, 12

Berghahn vgl. (130)

(9) Ernst Berner
Geschichte des preußischen Staates
Verlagsanstalt für Kunst und Wissenschaft
(München 1891)

(10) Otto von Bismarck
Werke in Auswahl (8 Bände)
Wissenschaftliche Buchgesellschaft
(Darmstadt 1975)
Kapitel 2 (Bd. 8, S. 9), Kapitel 9

(11) David Blackbourn, Geoff Eley
Mythen deutscher Geschichtsschreibung
Ullstein (Berlin 1980)
Kapitel 1, 2

(12) Klaus Böhme (Hrsg.)
Aufrufe und Reden deutscher Professoren im Ersten Weltkrieg
Reclam jun. (Stuttgart 1975)
Kapitel 2, 6

(13) Gustave Le Bon
Psychologie der Massen
Alfred Kröner (Stuttgart 1911/1982)
Kapitel 2, 11, 12

(14) Horst Boog u. a. (Hrsg.)
Das Deutsche Reich und der zweite Weltkrieg
Band 6: *Der globale Krieg*
Deutsche Verlags-Anstalt (Stuttgart 1990)
Kapitel 1

(15) Bernhard vom Brocke (Hrsg.)
Das „System Althoff" in historischer Perspektive
Verlag August Lax (Hildesheim 1991)

(16) Otto Brunner
Land und Herrschaft
Rudolf M. Rohrer (Wien 1943)
Kapitel 5

(17) Jacob Burckhardt
Über das Studium der Geschichte
C. H. Beck (München 1982)

(18) Otto Büsch (Hrsg.)
Das Preußenbild in der Geschichte
Walter de Gruyter (Berlin 1981)
Kapitel 1, 12 (S. 7 und 27)

(19) Otto Büsch und Wolfgang Neugebauer (Hrsg.)
Handbuch der Preußischen Geschichte, Band II und III
Walter de Gruyter (Berlin 1991, 2001)

(20) Deutsche Bundesbank
Währung und Wirtschaft in Deutschland 1876–1975
Fritz Knapp (Frankfurt 1976)
Kapitel 10

Dietrich vgl. (131)

Dowe/Klotzbach vgl. (132)

(21) Heinz Duchhardt
Das Zeitalter des Absolutismus
R. Oldenbourg (München 1989)
Kapitel 6 (S. 82)

(22) Theodor Eschenburg
Letzten Endes meine ich doch
Siedler (Berlin 2000)
Kapitel 1, 2, 5

(23) Theodor Eschenburg
Spielregeln der Politik
Deutsche Verlags-Anstalt (Stuttgart 1987)
Kapitel 2, 5, 8

(24) Walter Eucken
Die Grundlagen der Nationalökonomie
Springer Verlag (Berlin/Heidelberg 1989/1939)
Kapitel 4

(25) Niall Ferguson (Hrsg.)
Virtuelle Geschichte
Wissenschaftliche Buchgesellschaft
(Darmstadt 1997)
Seiten 126 ff

(26) Niall Ferguson
Der falsche Krieg
Deutsche Verlags-Anstalt (Stuttgart 1999)
Seiten 194 ff

(27) Josep Fontana
Europa im Spiegel
C. H. Beck (München 1995)

(28) Sigmund Freud und William C. Bullit
Thomas Woodrow Wilson
Weidenfeld and Nicolson (London 1967)

(29) Johannes Fried
„Erinnern und vergessen", in:
Historische Zeitschrift, Band 273, Seite 561
R. Oldenbourg (München 2001)

(30) Lothar Gall
Bismarck
Propyläen (Berlin 1980)
Kapitel 4 (S. 393), Kapitel 8, 9

(31) Lothar Gall, Dieter Hein
Fragen an die deutsche Geschichte
Museumskatalog (Berlin 1996)

(32) Rudolf Gneist
Der Rechtsstaat
Julius Springer (Berlin 1872)
Kapitel 8

Görlitz vgl. (133)

(33) Jens Hacker
Deutsche Irrtümer
Ullstein (Berlin 1992)

(34) Sebastian Haffner
Preußen ohne Legende
Wilhelm Goldmann (München 1981)
Kapitel 5, 7

(35) Gerd Hardach
Der Erste Weltkrieg (Geschichte der Weltwirtschaft)
dtv (München 1973)
Kapitel 11

(36) Hans Hattenhauer (Hrsg.)
Allgemeines Landrecht für
die Preußischen Staaten von 1794
Luchterhand (Berlin 1996)

(37) Hans Hattenhauer
Die geistesgeschichtlichen Grundlagen
des deutschen Rechts
C. F. Müller (Heidelberg 1996)
Seiten 863 ff

(38) Andreas Hillgruber
Die Zerstörung Europas
Ullstein (Berlin 1988)

(39) Andreas Hillgruber
Zweierlei Untergang
Die Zerschlagung des Deutschen Reiches
und das Ende des europäischen Judentums
Corso bei Siedler (Berlin 1986)

(40) Andreas Hillgruber
Die gescheiterte Großmacht
Drosteverlag (Köln 1980)

(41) Carl Hinrichs
Friedrich Wilhelm I.
Wissenschaftliche Buchgesellschaft
(Darmstadt 1974)
Kapitel 6, 7

(42) Carl Hinrichs
Preußen als historisches Problem
Walter de Gruyter (Berlin 1964)

(43) Otto Hintze
Die Hohenzollern und ihr Werk 1415–1915
Paul Parey (Berlin 1915)
Kapitel 12

(44) Otto Hintze
Soziologie und Geschichte
Vandenhoeck und Ruprecht (Göttingen 1982)
Seiten 66 ff

(45) Otto Hintze
Staat und Verfassung
Vandenhoeck und Ruprecht (Göttingen 1970)
Seiten 52 ff und 470 ff

(46) Historikerstreit
Die Dokumentation der Kontroverse
Piper (München 1987)

Hitler vgl. (134)

(47) Hohorst, Kocka, G. A. Ritter
Sozialgeschichtliches Arbeitsbuch II
C. H. Beck (München 1975)

(48) Ernst Rudolf Huber
Deutsche Verfassungsgeschichte seit 1789
Band 1 bis Band 8
W. Kohlhammer (Stuttgart 1960/1990)
Kapitel 4 und 10 (Bd. 4, S. 973),
Kapitel 8 (Bd. 3 und 4), Kapitel 9 (Bd. 4, S. 973)

(49) Albert Hunold (Hrsg.)
Masse und Demokratie
Eugen Rentsch (Zürich 1957)
Kapitel 1

(50) Jules Huret
Berlin um Neunzehnhundert
Verlag Tasbach (Berlin 1909/1997)
Kapitel 5, 10

(51) Institut für Zeitgeschichte (Hrsg.)
Deutscher Sonderweg – Mythos oder Realität
R. Oldenbourg (München 1982)

(52) Harold James
Vom Historikerstreit zum Historikerschweigen
Corso bei Siedler (Berlin 1993)
Kapitel 1, 3, 11

(53) Karl-Ernst Jeismann, Peter Lundgreen und
Christa Berg (Hrsg.)
Handbuch der deutschen Bildungsgeschichte 1800–1918,
Band III und Band IV
C. H. Beck (München 1987 und 1991)

(54) Georg Jellinek
Allgemeine Staatslehre
Julius Springer (Berlin 1900)
Kapitel 1, 2, 8, 12

(55) Walter Jellinek
Verwaltungsrecht
Springer (Berlin 1927)
Kapitel 8

(56) Steffen Kailitz
Die politische Deutungskultur
im Spiegel des „Historikerstreits"
Westdeutscher Verlag (Wiesbaden 2001)
Kapitel I, II

von Kathen vgl. (59)

(57) Karl Heinrich Kaufhold,
Guenther Roth, Yuichi Shiouoya
Max Weber und seine protestantische Ethik
Vademekum zu einem Klassiker
Verlag Wirtschaft und Finanzen
(Düsseldorf 1992)
Kapitel 1

(58) Karl Heinrich Kaufhold und
Bernd Sösemann (Hrsg.)
Wirtschaft, Wissenschaft und Bildung in Preußen
Franz Steiner (Stuttgart 1998)
Kapitel 1, 7, 11

(59) von Kathen (Hrsg.)
Das 3. Garde-Regiment zu Fuß 1860–1890
Mittler und Sohn (Berlin 1891)

(60) Lothar Kettenacker (Hrsg.)
Das „Andere Deutschland" im Zweiten Weltkrieg
Klett (Stuttgart 1977)
Kapitel 3 (S. 140)

(61) Ulrike Kirchberger
„Deutsche Naturwissenschaftler im britischen Empire", in:
Historische Zeitschrift, Band 271, Seite 621
R. Oldenbourg (München 2000)

(62) Henry A. Kissinger
Die Vernunft der Nationen („Diplomacy")
Wilhelm Goldmann (München 1996)
Kapitel 4, 5

(63) Henry A. Kissinger
The necessity for choice
Haper and Brothers (New York 1960)
Kapitel 1, 4

(64) Diether Koch (Hrsg.)
Karl Barth, Offene Briefe 1945–1968
Theologischer Verlag (Zürich 1984)
Kapitel 1

(65) Hans-Christof Kraus
„Soldatenstaat oder Verfassungsstaat", in:
Jahrbuch für die Geschichte Mittel- und Ostdeutschlands, Band 45 (1999)
Saur (München 2000)

ders. vgl. (135)

(66) Frank-Lothar Kroll
Das geistige Preußen
Ferdinand Schöningh (Paderborn 2001)

(67) Wolfgang Lautemann und
Manfred Schlenke (Hrsg.)
Geschichte in Quellen 1914–1945
Bayerischer Schulbuchverlag (München 1980)

Le Bon vgl. (13)

(68) Rolf Lieberwirth (Übers. und Hrsg.)
Christian Thomasius, Über die Folter.
Untersuchungen zur Geschichte der Folter
Böhlau (Weimar 1960)
Kapitel 7, 8

(69) Rolf Lieberwirth (Übers. und Hrsg.)
Christian Thomasius, Über die Hexenprozesse
Böhlau (Halle/Wittenberg 1967)
Kapitel 7, 8

(70) Friedrich List
Das nationale System der politischen Oekonomie
Cotta'scher Verlag (Stuttgart 1841)

(71) Hermann Lübbe
Ich entschuldige mich
Das neue politische Bußritual
Siedler (Berlin 2001)

(72) Reinhard Lüdicke
Die preußischen Kultusminister und
ihre Beamten von 1817–1917
Cotta'sche Buchhandlung (Stuttgart 1918)
Kapitel 11

(73) Thomas Mann
Betrachtungen eines Unpolitischen
S. Fischer (Frankfurt 1983)
Kapitel 9

(74) Gustav Mendelssohn-Bartholdy (Hrsg.)
Der König Friedrich der Große in seinen Briefen
Wilhelm Langewiesche-Brandt (Leipzig 1913)

(75) Otto Meyer
Deutsches Verwaltungsrecht
Duncker und Humblot (Leipzig 1895)

(76) Brian R. Mitchell
European Historical Statistics 1750–1975
Macmillan Press (London 1981)

Möller vgl. (79)

(77) Wolfgang J. Mommsen
Bürgerstolz und Weltmachtstreben
Propyläen (Berlin 1995)

(78) Wolfgang J. Mommsen
Das Ringen um den nationalen Staat
Propyläen (Berlin 1993)
Kapitel 2, 9, 10

(79) Horst Möller (Hrsg.)
Deutscher Sonderweg, Institut für Zeitgeschichte
R. Oldenbourg (München 1982)

(80) Carlo Mötteli
Licht und Schatten der Sozialen Marktwirtschaft
Eugen Rentsch (Zürich 1961)

(81) Christian Otto Mylius (Hrsg.)
Königl. preußis. und kurfürstl. brandenburgische Ordnungen, Edicta, Mandata, Reskripta Unter der Regierung Friedrich Wilhelms, König in Preußen
Buchladen des Waisenhauses
(Berlin und Halle 1737)

(82) David Nachmansohn
Die große Ära der Wissenschaft in Deutschland 1900–1933
Wissenschaftliche Verlagsgesellschaft
(Stuttgart 1988)
Kapitel 11

(83) Hans Navratil
Die deutschen Nachkriegsverluste
Herbig (München 1986)

(84) Sönke Neitzel
Weltmacht oder Untergang
Schöningh (Paderborn 2000)

Neutrale Kommission Norwegens vgl. (136)

(85) Thomas Nipperdey
Deutsche Geschichte 1800–1918, 3 Bände
C. H. Beck (München 1983/1993)

(86) Hans Pleschinski (Übers. und Hrsg.)
Voltaire – Friedrich der Große. Briefwechsel
Hoffmann (Zürich 1992)
Kapitel 7 (S. 21)

(87) Albert Ritter (Hrsg.)
Friedrich der Große. Werke und Schriften
Bechtermünz (Augsburg 1998/Berlin 1915)

(88) Gerhard Ritter
Staatskunst und Kriegshandwerk,
Band I bis Band IV
R. Oldenbourg (München 1954/1968)
Kapitel 12 (Bd. II, S. 19)

(89) Gerhard A. Ritter (Hrsg.)
Das Deutsche Kaiserreich 1871–1914
Vandenhoeck und Ruprecht (Göttingen 1975)
Kapitel 2

(90) Gerhard A. Ritter
Sozialgeschichtliches Arbeitsbuch II
Beck (München 1978)
Kapitel 2, 9, 10

(91) Gerhard A. Ritter
„Die Reichstagswahlen und die Wurzeln
der deutschen Demokratie im Kaiserreich“, in:
Historische Zeitschrift, Band 275, Seite 385
R. Oldenbourg (München 2002)

(92) Thomas Rohkrämer
Der Militarismus der „kleinen Leute“
R. Oldenbourg (München 1990)

(93) Wilhelm Röpke
Fronten der Freiheit
Eine Auslese aus dem Gesamtwerk
Seewald (Stuttgart 1965)
Kapitel 1, 6 (S. 148)

(94) Werner Rösener
„Adelsherrschaft als historisches Problem“, in:
Historische Zeitschrift, Band 268, Seiten 1–33
R. Oldenbourg (München 1999)

(95) Joseph Rovan
Geschichte der Deutschen
Edition du Senil/Hanser (Paris/München 1995)
Kapitel 9

(96) Bertrand Russel
Freiheit und Organisation
Cornelsen (Berlin 1927/1948)
Kapitel 2, 4, 6, 8, 10, 11

(97) Arnold Sachse
Friedrich Althoff und sein Werk
E. S. Mittler & Sohn (Berlin 1928)

Sch vgl. (100)–(109)

(98) Brigitte Seebacher-Brandt
Die Linke und die Einheit
Corso bei Siedler (Berlin 1991)
Kapitel 4

Shadwell vgl. (137)

(99) Wolf Singer
Der Beobachter im Gehirn (Hirnforschung)
Suhrkamp (Frankfurt/Main 2002)
Kapitel 2, 3

(100) Gregor Schöllgen (Hrsg.)
Flucht in den Krieg
Wissenschaftliche Buchgesellschaft
(Darmstadt 1991)

(101) Gregor Schöllgen
Imperialismus und Gleichgewicht
R. Oldenbourg (München 1984)

(102) Gregor Schöllgen
„Kriegsgefahr und Krisenmanagement vor 1914“, in: *Historische Zeitschrift,* Band 267, Seite 399
R. Oldenbourg (München 1998)

(103) Christoph Schönberger
„Die überholte Parlamentarisierung“, in: *Historische Zeitschrift,* Band 272, Seiten 659, 684
R. Oldenbourg (München 2000)

(104) Günter Schönbrunn
Geschichte in Quelle
Weltkriege und Revolutionen 1914–1945
Bayerischer Schulbuch-Verlag (München 1995)
Kapitel 2

(105) Hans-Joachim Schoeps
Preußen, Geschichte eines Staates
Ullstein/Propyläen (Berlin 1966/1995)

(106) Caspar Schrenk-Notzing
Charakterwäsche
Seewald (Stuttgart 1965)
Kapitel 1, 2, 3

(107) Hagen Schulze
Staat und Nation in der europäischen Geschichte
C. H. Beck (München 1994)

(108) Hagen Schulze und Ina Ulrike Paul (Hrsg.)
Europäische Geschichte. Quellen und Materialien
Bayerischer Schulbuchverlag (München 1994)
Kapitel 1

(109) Joseph Schumpeter
Theorie der wirtschaftlichen Entwicklung
Duncker und Humblot (Leipzig 1912)
Spencer vgl. (138)

(110) Statistisches Bundesamt
Bevölkerung und Wirtschaft 1872–1972
W. Kohlhammer (Stuttgart 1972)
Kapitel 4, 10, 11

(111) Statistisches Reichsamt
Die Wirtschaft des Auslandes 1900–1927
Reimar Hobbing (Berlin 1928)

(112) Gunda Stöber
Pressepolitik als Notwendigkeit
Franz Steiner (Stuttgart 2000)

(113) Michael Stürmer (Hrsg.)
Das Kaiserliche Deutschland
Droste (Kronberg/Ts. 1977)
Kapitel 2 (S. 449)

(114) Michael Stürmer
Das ruhelose Reich
Quadriga, Severin und Siedler (Berlin 1983)

(115) Raymond F. Toliver
Das waren die deutschen Jagdflieger-Asse 1939–1945
Motorbuch Verlag (Stuttgart 1998)

(116) Leo Tolstoi
Krieg und Frieden
Artemis und Winkler (Zürich 1993)

(117) Nikolai Tolstoy
Die Verratenen von Jalta
Albert Langen – Georg Müller (München 1977)

(118) M. E. Townsend
Macht und Ende des Deutschen Kolonialreiches
Günther Schulz (Leipzig 1930)
Kapitel 11

(119) Wolfgang Treue (Hrsg.)
Die Rolle der Nation in der deutschen Geschichte
Historische Kommission zu Berlin (Berlin 1985)

(120) Franz Uhle-Wettler
Höhe- und Wendepunkte deutscher Militärgeschichte
Mittler & Sohn (Hamburg 2000)

(121) Stephan L. Vaughn
Holding fast the inner lines
The University of North Carolina Press
(Carolina 1980)
Kapitel 2

(122) Rudolf Vierhaus und
Bernhard vom Brocke (Hrsg.)
Geschichte und Struktur
der Kaiser-Wilhelm-/Max-Planck-Gesellschaft
Deutsche Verlagsanstalt (Stuttgart 1990)

(123) Max Weber
Die protestantische Ethik
und der Geist des Kapitalismus
Archiv für Sozialwissenschaft und Sozialpolitik
(Tübingen 1905)

(124) Hans-Ulrich Wehler
Das Deutsche Kaiserreich (1871–1918)
Vandenhoeck und Ruprecht (Göttingen 1980)

(125) L. Wiese
Das höhere Schulwesen in Preußen
Wiegandt & Grieben (Berlin 1864)
Kapitel 11

(126) Erik Wolf
„Christian Thomasius", in:
Große Rechtsdenker der deutschen Geistesgeschichte
J. C. B. Mohr (Paul Siebeck)
(Tübingen 1939/1963)
Kapitel 7, 8, 9

(127) Christian Wolff
Vernünftige Gedanken von dem gesellschaftlichen Leben der Menschen
Ringersche Buchhandlung (Leipzig 1725)
Kapitel 2, 7, 11

(128) Christian Wolff
Vernünftige Gedanken von der Menschen Thun und Lassen
Ringersche Buchhandlung (Halle 1752)
Kapitel 2, 7

(129) Alfred M. de Zayas
Die Wehrmacht-Untersuchungsstelle
Langen Müller (München 1979/1984)

(130) Volker R. Berghahn (Hrsg.)
Militarismus
Kiepenheuer und Witsch (Köln, 1975)
Kapitel 2, 12

(131) Richard Dietrich
Testamente der Hohenzollern
Böhlau (Köln, 1986)
Kapitel 8

(132) Dowe und Klotzbach
Programmatische Dokumente der Deutschen Sozialdemokratie
Dietz (Bonn, 1990)

(133) Walter Görlitz
Die Junker
C. A. Starke (Limburg a. d. Lahn, 1964)
Kapitel 5

(134) Adolf Hitler
Mein Kampf
Franz Eher Nachf. (München, 1933)
Kapitel 3 (S. 261 und 628), Kapitel 9 (S. 525)

(135) Hans-Christof Kraus
„Nekrolog auf Heinz Gollwitzer", in:
Historische Zeitschrift, Band 271, Seite 263
R. Oldenbourg (München, 2000)

(136) Neutrale Kommission Norwegens (Hrsg.)
Neutrale Komitees und Gelehrte über die Schuld am Weltkriege 1914–1918
Deutsche Verlagsgesellschaft für Politik (Berlin, 1928)

(137) Arthur Shadwell M. A. M. D.
England, Deutschland und Amerika Eine vergleichende Studie ihrer industriellen Leistungsfähigkeit
Carl Heymann (Berlin 1908)
Kapitel 6, 10

(138) Herbert Spencer
The Principles of Sociology
(London 1886)
Kapitel 12

(139) Jürgen Kocka

Unternehmensverwaltung und Angestelltenschaft

am Beispiel Siemens 1847–1914

Klett (Stuttgart 1969)

Personenregister

Über den Autor

Ehrhardt Bödecker, geboren 1925 in Zwickau. Familie des Vaters entstammt dem sächsischen Bildungsbürgertum, die mütterliche Familie der ostpreußischen Rittergutstradition. Seit 1934 in Berlin wohnhaft. Kriegsteilnehmer und schwer verwundet. Studium von Recht, Wirtschaft und Geschichte in Berlin und USA. Amtsrichter, Verwaltungsrichter und Rechtsanwalt. Seit 1966 selbständiger und erfolgreicher Privatbankier in Berlin. 1995 Ruhestand. Errichtung und Konzeption des eigenen „Brandenburg-Preußen Museums" in Wustrau. Eröffnung Oktober 2000. Erfreulich hohe Besucherzahlen. Neben Aufsätzen und Vorträgen schrieb er über den Ersten Weltkrieg das Buch „Die europäische Tragödie".